"十三五"国际商贸类课程规划教材

报关实务实训教程

李爱红 主编

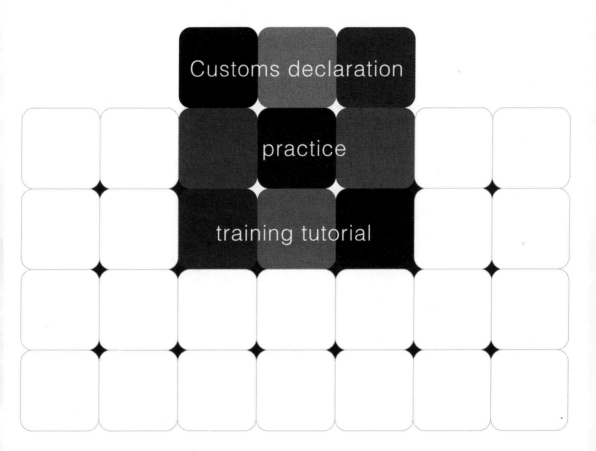

Customs declaration

practice

training tutorial

经济管理出版社
ECONOMY & MANAGEMENT PUBLISHING HOUSE

图书在版编目（CIP）数据

报关实务实训教程/李爱红主编. —北京：经济管理出版社，2016.8
ISBN 978-7-5096-4263-4

Ⅰ. ①报…　Ⅱ. ①李…　Ⅲ. ①进出口贸易—海关手续—中国—教材　Ⅳ. ①F752.5

中国版本图书馆 CIP 数据核字（2016）第 035677 号

组稿编辑：王光艳
责任编辑：许　兵　张　荣
责任印制：黄章平

出版发行：经济管理出版社
　　　　　（北京市海淀区北蜂窝 8 号中雅大厦 A 座 11 层　100038）
网　　址：www. E-mp. com. cn
电　　话：(010) 51915602
印　　刷：三河市延风印装有限公司
经　　销：新华书店
开　　本：720mm×1000mm/16
印　　张：16.5
字　　数：268 千字
版　　次：2016 年 8 月第 1 版　2016 年 8 月第 1 次印刷
书　　号：ISBN 978-7-5096-4263-4
定　　价：48.00 元

前　言

大连职业技术学院在过去十几年的专业建设中，逐渐完成了对物流管理、国际贸易与报关和国际货运3个专业的建设工作，专业培养的岗位包括报关与货运等专业，围绕这一岗位培养的专业课程包括报关、货代、国际贸易实务等，而报关课程是这几个专业的核心课程之一。报关是货物进出口的法定环节，随着贸易量的逐年增加，对于货物的通关效率要求也越来越高。报关从业人员作为这一任务的主要承担者，其业务素质和职业素养直接影响了报关的效率，因此报关课程承担了此重要岗位能力培养的职能，但是在过去十几年的教学中碰到了很多的困难和问题，具体情况如下：

一、存在的问题

存在的问题包括3个方面：

1. 课程的内容涉及的法律条文多、知识的关联度高

对于报关工作中某一具体的环节，涉及的正常法律条文就有十几个，如遇例外情况处理就会涉及更多的知识，因此，课程呈现出的特点是知识量和法律条文众多，流程复杂，学生在学习过程中枯燥单一，容易出现懈怠和没办法深入"消化"的情况。

2. 学生的学习兴趣低

由于涉及的法律条文规范、约束性强，如果没有深入的国际贸易的相关知识与法律基础知识作为保障，学生学习的难度就会加大，学生缺乏学习的兴趣。

3. 教学方式比较单一

由于高职教育教学的改革一直在路上，因此本课程的课时设计、教学理念等方面都一直处于探索阶段。更由于教学习惯使然，在教学内容上顾及全面，在教

学方式上以讲述式为主，因此教学的形态单一。

二、教育教学的改革

为了更好地实现高职教育教学的人才培养目标，报关课程的改革也一直在路上，这些实践归纳起来主要有两个方面：

1. 以任务为导向进行教学，提高学生的学习兴趣

采用基于工作过程项目任务的教学法，学生先"跟学"，边学边做，完成项目任务的同时学会相关岗位技能和知识，然后再进行项目模拟训练，达到巩固和熟练技能的效果。即按照下面 3 个步骤进行：首先，将一个整体的报关流程项目分解成单个的任务，让学生做完任务之后，基本掌握该项任务所涉及的报关知识与操作技能点。其次，设计一个完整的报关项目，把学生分成若干小组，进行实际操作训练，使学生掌握一项完整的报关操作技能。最后，在学完所有不同监管货物报关流程项目任务后，设置不同报关情景，进行通关综合实训，以小组为单位模拟货物综合报关流程，使学生对报关理论知识有更深刻的理解，将报关技能融会贯通，熟练应用。

2. 以贴合岗位职业能力目标为依据，设计报关实务课程内容

通过对企业调研以及对学生就业岗位的分析，从企业实践中选取比较典型的工作任务，将这些典型工作任务的职业技能要求、职业行为规范、职业意识和职业道德要求等贯穿于教学内容中，实现教学内容与工作内容相一致。同时，课程教学内容紧跟报关实践最新变化，以适应报关行业对人才最新的要求。

在这个过程中，对课程的内容依据其岗位能力培养的需求进行排序和分级，进行了一些艰难但是有效的取舍。

三、经验和认识

有 3 个方面的经验和认识在教学过程中也得到了增长和提升：

1. 对教学对象的认知有很大的提高

学生的学习兴趣、学习方式以及学习能力等有自身的特点，"做中学"更能提升学生的学习兴趣和效率。

2. 对高职教育教学的认识有很大的提升

高职教学的培养目标决定了高职教学的主要方式应该是"理实一体"的教学方式，它更符合高职教学的要求。

3. 对高职的教材认识也有很大的提升

高职教育的教材建设应该符合高职学生的阅读习惯：文字简洁、实践性强。

四、本教材特色

在上述 3 个方面综合的基础上，为了更好地实现教育教学改革的目标，本教材的建设具备了 3 个方面的特色：

1. 将实践与知识融合

以实训为主导，以简洁知识链接为辅助，既可以用于教师的教学使用，又更加符合学生的操作需要，知识的链接又为学生在操作过程中出现的问题进行有效的指导，因此，本教材有将实践与知识融为一体的特点。

2. 围绕职业能力培养目标进行教材内容的安排与设计

《报关实务实训教程》包含了报关人员必须具备的理论知识和多项实务技能，并与当前海关法律法规、国家经贸政策联系紧密。教材具有典型工作任务突出、实务性强、可操作性强的特点。

因此，教材从学生职业能力培养的基本规律出发，依据报关相关职业岗位的工作任务、工作流程中的知识与技能要求，遵循教、学、做合一的原则，整合教材内容，相对应地设计工作项目及工作任务。紧紧围绕职业能力目标的实现，以职业岗位活动来改造教材的内容和顺序。同时，考虑学生的认知规律，进行教材内容的组织和安排。将内容整合为：报关前的准备、进出口货物报关前的单证准备、进出口商品归类及税费计算、进出口货物的报关 4 个工作项目和任务，一目了然，方便学生对岗位知识和能力的认知、学习。

3. 在体例上突出实务性、可操作性，以任务驱动学习

本教材精简了理论知识，强化了报关作业操作技能的训练和培养。将职场情境引入课堂教学，实训项目与现实中的报关任务相对应，每个项目下设若干个子任务，每个子任务都按照实训任务、专业知识的体例进行安排，让学生带着任务去学习专业知识，在任务完成中熟悉、掌握专业知识。在实训任务的驱动下，实

现"做中学，做中教"，提高学生学习的兴趣与主动性。

总之，通过"示范校"以及"后示范"建设的几年高职教育教学理念的学习和熏陶，通过十几年教学经验的积累，形成了目前的教材。本教材由大连职业技术学院李爱红主编，张帅、马晓娜负责部分表单的整理工作。感谢那些未谋面的同行在这个过程中给予的各种启发，在参考书目中进行了呈现。希望同行们给予指导以更好地进行教材建设，提高教材的适用性和实用性。

目　录

报关前的准备

【学习目标】

了解报关概念

能够正确判断区分报关单位的类型

掌握报关单位等注册登记程序，能完成报关单位等的注册登记

任务一　报关单位的类型

【实训任务】

▶ 任务背景

中国国投国际贸易有限公司，成立于 1984 年，公司注册资本 10 亿元。公司主要从事国际贸易、实业和高科技产品的研发。主要经营品种有羊毛、棉花、农产品、化纤、纺织品服装以及肉类、水产品、乳制品、水果等。公司目前是中国最大的羊毛进口商，自 2000 年以来羊毛进口量均居中国首位；农产品的部分品种市场占有率不断提高，2008 年芝麻进口量居中国贸易企业第一。

上海琪邦国际货运代理有限公司，是经国家外经贸部批准成立的国际货运代理企业，属国家一级货运代理公司。公司具有货代、专业报送、集装箱堆场、集卡车队、仓库储存、物流管理等服务功能。公司经营范围：承办海运、空运国际货物运输代理，包括揽货、订舱、托运、仓储、包装、集装箱拆箱、分拨中转及相关的短途运输；报送、报检、保险；国际展品、私人物品及过境货物代理；咨询业务及其他国际货运代理业务和综合物流业务。

荣成华东国际船务代理有限公司，为石岛新港港务有限公司的下属公司，是经中华人民共和国交通部批准，于2002年4月成立的国际船舶代理企业。公司的经营范围包括缮制单证、代签提单、运输合同、速遣滞期协议、代收代付款项；办理船舶进出港手续；联系安排引水靠泊、装卸；报关，办理货物的托运和中转；揽货和组织客源，洽定舱位；联系水上救助、协助处理海商海事；代为处理船舶、船员、旅客或货物的有关事项。

上海欣海报关有限公司，具有海关授予的 AA 类报关企业资质。服务范围涉及全国各主要口岸及世界的服务网点，各口岸设有自己的报关行，如上海、北京、重庆、天津、成都、合肥、苏州、中国香港、南京。主要为客户提供货代业务、通关业务（一般贸易、加工贸易、转关退运、展会业务、私人物品等）、报检、外贸、商务、运输、仓储、包装和配送等一条龙优质服务。主要代理业务为出口报关、进口报关、报检服务、归类、快件报关、机场报关、仓库入仓报关、拖车、海运、空运、订舱等。

▶ **工作任务**

根据企业的介绍，判断报关单位的类型以及职能，完成表格。

企业名称	报关单位类别	报关单位职能	职能范围	备注
中国国投国际贸易有限公司			关境内各口岸	
上海琪邦国际货运代理有限公司				只能为本企业承揽的业务报关
荣成华东国际船务代理有限公司	报关企业			
上海欣海报关有限公司		代理报关		

【专业知识】

一、报关的概念

在进行国际交流和经贸往来活动过程中，为维护国家主权和利益，保障对外经贸和交流活动顺利进行，各国海关都依法对运输工具、货物、物品的进出境实行相关的管理制度。《中华人民共和国海关法》（以下简称《海关法》）规定："进出境运输工具、货物、物品，必须通过设立海关的地点进境或出境。" 因此，由设立海关的地点进出境并办理规定的海关手续是运输工具、货物、物品进出境的基本原则，也是进出境运输工具负责人、进出口货物收发货人、进出境物品的所有人应履行的一项基本义务。我们通常所说的报关就是与运输工具、货物、物品的进出境密切相关的一个概念，一般而言，报关是指进出口货物收发货人、进出境运输工具负责人、进出境物品的所有人或者其代理人，向海关办理货物、运输工具或物品进出境手续及其他相关海关事务的全过程。

在货物进出境过程中，有时候还需要办理报检手续。一般而言，报检手续的办理要先于报关手续。

【知识链接】

国境与关境

国境是指一个国家行使主权的国家空间，包括领陆、领海、领空。关境亦称"税境"，是指实行统一的海关法和关税制度的领域。一般而言，一国的关境与其国境的范围是一致的，关境即国境。但是，也有一些国家和地区的关境与国境不一致。在设有自由区、自由港、保税区的国家，这些自由港、自由区及保税区不属于该国的关境范围之内，这部分地区被称为"关境以外的本国领土"，此时，关境小于国境。例如我国除了有很多保税区、自由贸易区等经济特区外，还存在6个单独关境地区：中国香港、中国澳门、中国台湾、澎、金、马。相反，在缔结关税同盟的国家之间，相互不征收进出境货物的关税，关境包括了几个缔约国的领土，所包括的这一地区被称为"关境以内的外国领土"，关境则大于国境，例如欧盟。

二、报关单位的分类

报关单位是指在海关注册登记的进出口货物收发货人和报关企业。《海关法》将报关单位划分为两种，即进出口货物收发货人和报关企业。

1. 进出口货物收发货人

进出口货物收发货人是指依法直接进口或者出口货物的中华人民共和国关境内的法人、其他组织或者个人。

一般进出口货物收发货人分为两类，一类是依法向国务院对外贸易主管部门或者其委托的机构办理备案登记称为对外贸易经营者；另一类是未取得对外贸易经营者备案登记但按照国家有关规定需要从事非贸易性进出口活动的单位，在进出口货物时，海关也视其为进出口货物收发货人，其主要包括境外企业、新闻机构、经贸机构、文化团体等依法在中国境内设立的常驻代表机构，少量货样进出境的单位，国家机关、学校、科研院所等组织机构，临时接受捐赠、礼品、国际援助的单位，国际船舶代理企业等。

进出口货物收发货人可在关境内各口岸或海关监管业务集中的地点自理报关，不能代理其他单位报关。

2. 报关企业

报关企业是指按照海关规定向海关申请报关注册登记许可经海关准予注册登记，接受进出口货物收发货人的委托，以进出口货物收发货人的名义或者以自己的名义，向海关办理代理报关业务、从事报关服务的境内企业法人。

目前，我国的报关企业主要有两类，一类为主营报关服务兼营其他有关业务的企业，如各类报关公司或报关行，通常称为专业报关企业；另一类为主要经营国际货物运输代理和国际运输工具代理业务同时兼营报关服务的企业，如国际货物运输代理公司、国际运输工具代理公司、国际货物快递运输公司、进出口物流公司等，通常称为代理报关企业。这些报关企业从事代理报关业务必须经海关批准许可并向海关办理注册登记手续。

报关企业可以在取得注册登记许可的直属海关监管区域内各口岸或海关监管业务集中的地点，接受进出口货物收发货人的委托，从事代理报关业务。与专业报关企业不同，代理报关企业只能为本企业承揽、承运的货物办理相关报关、纳税等事宜，超出上述范围的属于非法报关，海关将不予受理。

【知识链接】

海关的垂直领导体系

中华人民共和国海关是在中国沿海、边境或内陆口岸设立的执行进出口监督管理的国家行政机构。它根据国家法令，对进出国境的货物、邮递物品、旅客行李、货币、金银、证券和运输工具等实行监管检查、征收关税、编制海关统计并查禁走私等任务。

海关作为国家的进出境监督管理机关，为了履行其进出境监督管理职能，提高管理效率，维持正常的管理秩序，建立了海关总署、直属海关和隶属海关三级领导体制。隶属海关由直属海关领导，向直属海关负责；直属海关由海关总署领导，向海关总署负责。

1. 海关总署

海关总署是国务院下属的正部级直属机构，在国务院领导下统一管理全国海关机构、人员编制、经费物资和各项海关业务，是海关系统的最高领导部门。海关总署下设广东分署，在上海和天津设立特派员办事处，作为其派出机构。海关总署机关内设 15 个部门、6 个在京直属事业单位、4 个社会团体、1 个派驻机构和 3 个驻外机构。海关总署的基本任务是在国务院领导下，领导和组织全国海关正确贯彻实施《中华人民共和国海关法》和国家的有关政策、行政法规，积极发挥依法行政、为国把关的职能，促进和保护社会主义现代化建设。

2. 直属海关

直属海关是指直接由海关总署领导，负责管理一定区域范围内海关业务的海关。目前直属海关共有 41 个，除中国香港、中国澳门、中国台湾地区外，分布在全国 30 个省、自治区、直辖市。直属海关就本关区内的海关事务独立行使职责，向海关总署负责。直属海关承担着在关区内组织开展海关各项业务和关区集中审单作业、全面有效地贯彻执行海关各项政策、法律、法规、管理制度和作用规范的重要职责，在海关三级业务职能管理中发挥着承上启下的作用。

3. 隶属海关

隶属海关是指由直属海关领导，负责办理具体海关业务的海关，是海关进出境监督管理职能的基本执行单位。一般都设在口岸和海关业务集中的地点。

【案例】

切勿委托非法公司代理报关

2008 年以来，深圳检验检疫局从不同渠道先后接到若干宗国外机构对我国出口商品所附贸易单证的查询，出口货物种类多为动植物产品、食品等，所附单证种类多为检验证书、健康证书、卫生证书等，所盖印章为"中华人民共和国xx出入境检验检疫局"，证单签发人签名为"李明"、"李文"、"李明威"等，经核实，这些单证均为假单证，其单证、印章、签字人均系伪造。

这些出口货物多为一些非法的小私营企业所代理。为了招揽生意，这些企业在网上大做广告，承诺"专业代办各种产品的通关出口手续"、"提供全套通关出口手续"等，而这些企业往往不具备代理报检报关资格，它们所提供的证书也只能是向造假团伙买单证。一些企业未能认清这些不法企业的"庐山真面目"，抑或为了贪图一时的方便，往往请这些"专业办理"代办通关手续，最后被国外退货，导致企业"赔了夫人又折兵"。

分析：我国海关规定只有在海关注册登记的进出口货物收发货人和报关企业才是合法的报关单位，因此如果要选择代理报关一定要选择那些依法在海关注册登记的报关行和国际货运代理企业，且选择信誉良好的代理企业，以免因单证造假遭受不必要的贸易损失。

（资料来源：摘自《深圳商报》2008 年 7 月。）

任务二 报关单位的注册登记

【实训任务】

▶ 任务背景

思达国际贸易有限公司是 2015 年 9 月在辽宁省大连市开发区新建的外商投资企业，主营女士内衣的生产，尚未办理进出口备案手续，也未注册登记为报关单位，现因业务需要，要拓展国外市场，货物主要从大连、营口口岸进出。思达国际贸易有限公司安排了经理小王去办理相关手续。

马晓曦与黄波在中国远洋运输公司任职多年，对进出口活动有较深了解，为了体现人生价值，他们在上海浦东新区注册登记成立了一家名为顺达的专业报关企业。公司经营 3 年后，因业务需要，想在宁波市开展报关业务，公司安排了小李去办理相关手续。

▶ 工作任务

任务 1：判断这两家企业开展经营业务之前需要办理的相关手续。

任务 2：为这两家企业相关业务的办理设计方案并执行。要求明确流程和相关单证。

▶ 相关单证

相关单证见单证 1-2-1 至单证 1-2-5。

单证 1-2-1 对外贸易经营者备案登记表

备案登记表编号：　　　　　　　　　　　　　　　　　进出口企业代码：

经营者中文名称			
经营者英文名称			
组织机构代码		经营者类型 （由备案登记机关填写）	
住所			
经营场所（中文）			
经营场所（英文）			

联系电话		联系传真	
邮政编码		电子邮箱	
工商登记		工商登记	
注册日期		注册号	
依法办理工商登记的企业还须填写以下内容			
企业法定代表人姓名		有效证件号	
注册资金			（折美元）
依法办理工商登记的外国（地区）企业或个体工商户（独资经营者）还须填写以下内容			
企业法定代表人/ 个体工商负责人姓名		有效证件号	
企业资产/个人财产			（折美元）
备注：			

填表前请认真阅读背面的条款，并由企业法定代表人或个体工商负责人签字、盖章。

备案登记机关

签　章

年　月　日

本对外贸易经营者作如下保证：

1. 遵守《中华人民共和国对外贸易法》及其配套法规、规章。

2. 遵守与进出口贸易相关的海关、外汇、税务、检验检疫、环保、知识产权等中华人民共和国其他法律、法规、规章。

3. 遵守中华人民共和国关于核、生物、化学、导弹等各类敏感物项和技术出口管制法规以及其他相关法律、法规、规章，不从事任何危害国家安全和社会公共利益的活动。

4. 不伪造、变造、涂改、出租、出借、转让、出卖《对外贸易经营者备案登记表》。

5. 在备案登记表中所填写的信息是完整的、准确的、真实的；所提交的所有材料是完整的、准确的、合法的。

6. 《对外贸易经营者备案登记表》上填写的任何事项发生变化之日起，30日内到原备案登记机关办理《对外贸易经营者备案登记表》的变更手续。

以上如有违反，将承担一切法律责任。

对外贸易经营者签字、盖章

年 月 日

注：（1）备案登记表中"组织机构代码"一栏，由企业、组织和取得组织机构代码的个体工商户填写。

（2）依法办理工商登记的外国（地区）企业，在经营活动中，承担有限/无限责任。依法办理工商登记的个体工商户（独资经营者），在经营活动中，承担无限责任。

（3）工商登记营业执照中，如经营范围不包括进口商品的分销业务，备案登记机关应在备注栏中注明"无进口商品分销业务"。

单证 1-2-2 中华人民共和国××海关进出口货物
收发货人报关注册登记申请书

中华人民共和国海关：

我单位已经（□登记备案，□批准设立），取得对外贸易经营权，并已在工商行政管理局领取了营业执照，具有缴纳进出口税费的能力。根据《中华人民共和国海关对报关单位注册登记管理规定》，特向贵关申请报关注册登记，并提交以下材料：

□1. 对外贸易经营者登记备案表复印件（法律、行政法规或者商务部规定不需要备案登记的除外）。

□2.《中华人民共和国外商投资企业批准证书》复印件（限外商投资企业提交）。

□3.《中华人民共和国台、港、澳、侨投资企业批准证书》复印件（限台、港、澳、侨投资企业提交）。

□4. 企业法人营业执照副本复印件（个人独资、合伙企业或者个体工商户提交营业执照）。

□5. 税务登记证书副本复印件（包括国税和地税）。

□6. 组织机构代码证书副本复印件。

□7. 银行基本账户开户证明复印件。

□8. 企业章程复印件（非企业法人免提交）。

□9.《报关单位情况登记表》、《企业管理人员情况登记表》（包括管理人员身份证复印件）、《出资者情况登记表》、《报关员情况登记表》。

□10. 报关专用章印模（应为椭圆形，长50毫米，宽36毫米，包含企业名称全称和"报关专用章"字样，不包含企业英文名称，中央刊五角星）及印模的电子图片（图片大小不超过200k）。

以上各项保证无讹，请贵关准予办理报关注册登记手续。如获批准，我单位保证遵守海关的法律、法规和其他有关制度，承担相应的法律责任。

（请在已提交材料的选项左边"□"处打"√"，其中第1~8项资料需提供原件供海关核对）。

申请单位（公章）：

法定代表人（签印）：

年　月　日

海关审核意见	
经办关员初审意见： 　　以上证件资料经与正本核对无讹，建议我关批准该单位为进出口货物收发货人，海关注册登记编码为 　　　　经办关员：　　　　　　年　月　日	
主管科长意见： 　　　　　　　　　　　　　　　年　月　日	
主管领导批示： 　　　　　　　　　　　　　　　年　月　日	

单证 1-2-3　报关单位情况登记表

海关注册编码		预录入编号		注册海关	
组织机构代码		海关注册日期		海关首次注册日期	
中文名称					
英文名称					
工商注册地址				邮政编码	
英文地址					
其他经营地址				管理类别	
营业执照注册号		工商注册日期		工商注册有效期	
进出口经营权或报关权批准机关		批准文号		报关有效期	
开户银行		开户账号		注销标志	
注册资本（万元）		注册资本币制		注册资本（万美元）	
投资总额（万元）		投资总额币制		投资总额（万美元）	
到位资金（万元）		到位资金币制		到位资金（万美元）	
税务登记号		进出口代码		报关类别	
行政区划		经济区划		经济类型	
经营类别		组织机构类型		行业种类	
企业传真		企业电子邮箱		企业网址	
法定代表人（负责人）		法定代表人（负责人）电话		法定代表人（负责人）身份证件	
法定代表人（负责人）电子邮箱					

续表

海关业务联系人		海关业务联系人电话		海关业务联系人传真	
				海关业务联系人电子邮箱	
员工人数		经营场所性质		经营总建筑面积	
是否为上市公司		是否实行会计电算化		财务管理软件名称	
记账方式		委托代理记账单位名称			
委托代理记账单位组织机构代码		委托代理记账单位地址			
委托代理记账单位联系人		委托代理记账单位联系人电话			
上级单位名称					
上级单位组织机构代码		与上级单位关系		认证标准类型	
是否允许异地报关		报关口岸			
经营范围					
备注					
填表人（签名）		单位公章			
填表日期					

说明：请填写底色为白色的项目。底色为灰色的项目由海关填写。

单证 1-2-4　企业管理人员情况登记表

海关注册编号			组织机构代码		
企业名称					
1	姓名				
	职务	法定代表人（负责人）			
	国籍				
	身份证件类型				
	身份证件号				

海关注册编码		组织机构代码	
企业名称			
1	出生日期		
	性别		
	学历		
	固定电话		
	移动电话		
	电子邮件		
	住址		
	备注		
2	姓名		
	职务	财务负责人	
	国籍		
	身份证件类型		
	身份证件号		
	出生日期		
	性别		
	学历		
	固定电话		
	移动电话		
	电子邮件		
	住址		
	备注		
3	姓名		
	职务	报关业务负责人	
	国籍		
	身份证件类型		
	身份证件号		
	出生日期		
	性别		
	学历		
	固定电话		
	移动电话		
	电子邮件		
	住址		
	备注		

填表人（签名）： 填表日期： 单位公章：

单证 1-2-5　出资者情况登记表

海关注册编码			组织机构代码	
企业名称				
1	出资者			
	出资国别			
	出资方式			
	出资金额（万元）			
	出资金额币制			
	到位资金（万元）			
	出资日期			
	组织机构代码			
	身份证件类型			
	身份证件号码			
2	出资者			
	出资国别			
	出资方式			
	出资金额（万元）			
	出资金额币制			
	到位资金（万元）			
	出资日期			
	组织机构代码			
	身份证件类型			
	身份证件号码			
3	出资者			
	出资国别			
	出资方式			
	出资金额（万元）			
	出资金额币制			
	到位资金（万元）			
	出资日期			
	组织机构代码			
	身份证件类型			
	身份证件号码			

填表人（签名）：　　　　　填表日期：　　　　　单位公章：

【专业知识】

《中华人民共和国海关法》规定："进出口货物收发货人、报关企业办理报关手续，必须依法经海关注册登记。报关人员必须依法取得报关资格。未依法经海关注册登记的企业和未依法取得报关从业资格的人员，不得从事报关业务。"以法律的形式明确了对向海关办理进出口货物报关纳税手续的企业实行注册登记管理制度。因此，依法向海关注册登记是法人、其他组织或者个人成为报关单位的法定要求。

报关单位注册登记制度是指进出口货物收发货人、报关企业依法向海关提交规定的注册登记申请材料，经注册地海关依法对申请注册登记材料进行审核，准予其办理报关业务的管理制度。报关单位注册登记分为报关企业注册登记和进出口货物收发货人注册登记。

考虑到进出口货物收发货人和报关企业两类报关单位的不同性质，海关对其规定了不同的报关注册登记条件。对于报关企业，海关要求其必须具备规定的设立条件并取得海关报关注册登记许可。对于进出口货物收发货人则实行备案制，其办理报关注册登记的手续和条件比报关企业简单。凡是依照《中华人民共和国对外贸易法》向对外贸易主管部门备案登记，有权从事对外贸易经营活动的境内法人、其他组织和个人均可直接向海关办理注册登记。

一、进出口货物收发货人注册登记

进出口货物收发货人注册登记之前，首先需要备案登记成为对外贸易经营者。

1. 对外贸易经营者资格管理

（1）管理制度。对外贸易经营者是指依法办理工商登记或者其他执业手续，依照《中华人民共和国对外贸易法》和其他有关法律、行政法规、部门规章的规定从事对外贸易经营活动的法人、其他组织或者个人。

我国对对外贸易经营者的管理实行备案登记制。法人、其他组织或者个人在从事对外贸易经营前，必须按照国家的有关规定，依法定程序在商务部备案登记，取得对外贸易经营的资格，在国家允许的范围内从事对外贸易经营活动。对外贸易经营者未按规定办理备案登记的，海关不予办理进出口货物的通关验放手续，对外贸易经营者可以接受他人的委托，在经营范围内代为办理对外贸易业务。

（2）备案登记。对外贸易经营者备案登记工作实行全国联网和属地化管理，对外贸易经营者在本地区备案登记机关办理备案登记即可。对外贸易经营者备案登记程序如下：

1）领取《对外贸易经营者备案登记表》。对外贸易经营者可以通过商务部政府网站下载，或到所在地备案登记机关领取《对外贸易经营者备案登记表》（见单证1-2-1，以下简称《登记表》）。

2）填写《登记表》。对外贸易经营者应按《登记表》要求认真填写所有事项的信息，并确保所填写内容是完整的、准确的和真实的。同时认真阅读《登记表》背面的条款，并由企业法定代表人或个体工商负责人签字、盖章。

3）向备案登记机关提交备案登记材料。提交备案机关的备案登记材料包括：①按要求填写的《登记表》。②《营业执照》复印件。③《组织机构代码证书》复印件。④对外贸易经营者为外商投资企业的，还应提交外商投资企业批准证书复印件。⑤依法办理工商登记的个体工商户（独资经营者），须提交合法公证机构出具的财产公证证明，依法办理工商登记的外国（地区）企业，须提交经合法公证机构出具的资金信用证明文件。

备案登记机关应自收到对外贸易经营者提交的上述材料之日起5日内办理备案登记手续，在《登记表》上加盖备案登记印章。备案登记机关在完成备案登记手续的同时，应当完整准确地记录和保存对外贸易经营者的备案登记信息和登记材料，依法建立备案登记档案。

（3）国营贸易管理。国家可以对部分货物的进出口实行国营贸易管理，国营贸易的商品一般为关系国计民生的重要进出口商品。实行国营贸易管理的进出口货物目录由国务院外经贸主管部门会同国务院有关经济管理部门制定、调整并公布。国务院外经贸主管部门和国务院有关经济管理部门按照国务院规定的职责划分确定国营贸易企业名录并予以公布。实行国营贸易管理的货物，国家允许非国营贸易企业从事部分数量的进出口。

国营贸易企业应当每半年向国务院外经贸主管部门提供实行国营贸易管理的货物的购买价格、销售价格等有关信息。国营贸易企业应当根据正常的商业条件从事经营活动，不得以非商业因素选择供应商或拒绝其他企业。对未批准擅自进出口实行国营贸易管理货物的，海关不予放行。目前我国实行国营贸易管理的商品主要包括玉米、大米、煤炭、原油、成品油、棉花、锑及锑制品、钨及钨制品、白银等。

2. 进出口货物收发货人注册登记程序

进出口货物收发货人应当按照规定到所在地海关办理报关单位注册登记手续。

（1）注册登记申请。进出口货物收发货人申请办理注册登记，应当提交下列文件材料，另有规定的除外：

1）《报关单位情况登记表》（见单证 1-2-3）。

2）营业执照副本复印件以及组织机构代码证书副本复印件（个人独资、合伙企业或者个体工商户提交营业执照）。

3）《对外贸易经营者备案登记表》复印件或者外商投资企业（台、港、澳、侨投资企业）批准证书复印件（法律、行政法规或者商务部规定不需要备案登记的除外）。

4）其他与注册登记有关的文件材料。

申请人按照本条款规定提交复印件的，应当同时向海关交验原件。

（2）海关对申请的处理。注册地海关依法对申请注册登记材料是否齐全、是否符合法定形式进行核对。申请材料齐全、符合法定形式的申请人由注册地海关核发《中华人民共和国海关进出口货物收发货人报关注册登记证书》，进出口货物收发货人凭此办理报关业务。除海关另有规定外，进出口货物收发货人持有的《中华人民共和国海关报关单位注册登记证书》长期有效。

进出口货物收发货人在海关办理注册登记后，可以在中华人民共和国关境内各个口岸地或者海关监管业务集中的地点办理本企业的报关业务。

（3）临时性注册登记。针对未取得《对外贸易经营者备案登记表》但按照国家有关规定需要从事非贸易性进出口活动的单位，按照国家有关规定需要从事非贸易性进出口活动的，应当办理临时注册登记手续。

办理临时注册登记，应当持本单位出具的委派证明或者授权证明以及非贸易性活动的证明材料。临时注册登记的，海关可以出具临时注册登记证明，但是不予核发注册登记证书。临时注册登记有效期最长为 1 年，有效期届满后应当重新办理临时注册登记手续。

临时注册登记单位在向海关申报前，应当向所在地海关办理备案手续。特殊情况下可以向拟进出境口岸或者海关监管业务集中地海关办理备案手续。

（4）进出口货物收发货人注册登记变更。进出口货物收发货人企业名称、企业性质、企业住所、法定代表人（负责人）等海关注册登记内容发生变更的，应当自变更生效之日起 30 日内，持变更后的营业执照副本或者其他批准文件以及复印件，到注册地海关办理变更手续。

所属报关人员发生变更的，进出口货物收发货人应当在变更事实发生之日起 30 日内，持变更证明文件等相关材料到注册地海关办理变更手续。

（5）进出口货物收发货人注册登记的注销。进出口货物收发货人有下列情形之一的，应当以书面形式向注册地海关办理注销手续。海关在办结有关手续后，应当依法办理注销注册登记手续。

1）破产、解散、自行放弃报关权或者分立成两个以上新企业的。

2）被工商行政管理机关注销登记或者吊销营业执照的。

3）丧失独立承担责任能力的。

4）《对外贸易经营者备案登记表》或者外商投资企业批准证书失效的。

5）其他依法应当注销注册登记的情形。

进出口货物收发货人未依照本条款主动办理注销手续的，海关可以在办结有关手续后，依法注销其注册登记。

二、报关企业注册登记

1. 报关企业设立条件

根据《中华人民共和国海关对报关单位注册登记管理规定》，设立报关企业应当具备的条件如下：

（1）具备境内企业法人资格条件。

（2）法定代表人无走私记录。

（3）无因走私违法行为被海关撤销注册登记许可记录。

（4）有符合从事报关服务所必需的固定经营场所和设施。

（5）海关监管所需要的其他条件。

2. 报关企业注册登记许可程序

报关企业应当经所在地直属海关或者其授权的隶属海关办理注册登记许可后，方能办理报关业务。

（1）报关企业注册登记许可申请。申请报关企业注册登记许可的申请人应当到所在地直属海关对外公布受理申请的场所向海关提出申请。提出申请时应提交的材料包括：①《报关单位情况登记表》。②企业法人营业执照副本复印件以及组织机构代码证书副本复印件。③报关服务营业场所所有权证明或者使用权证明。④其他与申请注册登记许可相关的材料。

申请人可以委托代理人提出注册登记许可申请。申请人委托代理人代为提出申请的，应当出具授权委托书。

（2）海关对申请的处理。申请人不具备报关企业注册登记许可申请资格的，应当作出不予受理的决定；申请材料不齐全或者不符合法定形式的，应当当场或者在签收申请材料后5日内一次告知申请人需要补正的全部内容，逾期不告知的，自收到申请材料之日起即为受理；申请材料仅存在文字性或者技术性等可以当场更正的错误的，应当允许申请人当场更正，并且由申请人对更正内容予以签章确认；申请材料齐全、符合法定形式，或者申请人按照海关的要求提交全部补正申请材料的，应当受理报关企业注册登记许可申请，并作出受理决定。

（3）海关对申请的审查。所在地海关受理申请后，应当根据法定条件和程序进行全面审查，并且于受理注册登记许可申请之日起20日内审查完毕。直属海关未授权隶属海关办理注册登记许可的，应当自收到所在地海关报送的审查意见之日起20日内作出决定。直属海关授权隶属海关办理注册登记许可的，隶属海关应当自受理或者收到所在地海关报送的审查意见之日起20日内作出决定。

（4）报关注册登记许可及注册登记的作出。申请人的申请符合法定条件的，海关应当依法作出准予注册登记许可的书面决定，并送达申请人，同时核发《中华人民共和国海关报关单位注册登记证书》。申请人的申请不符合法定条件的，海关应当依法作出不准予注册登记许可的书面决定，并且告知申请人享有依法申请行政复议或者提起行政诉讼的权利。

3. 报关企业跨关区分支机构备案

报关企业在取得注册登记许可的直属海关关区外从事报关服务的，应当依法设立分支机构，并且向分支机构所在地海关备案。报关企业分支机构可以在备案海关关区内从事报关服务。备案海关为隶属海关的，报关企业分支机构可以在备案海关所属直属海关关区内从事报关服务。报关企业对其分支机构的行为承担法律责任。

报关企业设立分支机构应当向其分支机构所在地海关提交下列备案材料：《报关单位情况登记表》；报关企业《中华人民共和国海关报关单位注册登记证书》复印件；分支机构营业执照副本复印件以及组织机构代码证书副本复印件；报关服务营业场所所有权证明复印件或者使用权证明复印件；海关要求提交的其他备案材料。

经审查符合备案条件的，海关应当核发《中华人民共和国海关报关单位注册登记证书》。报关企业分支机构备案有效期为 2 年，报关企业分支机构应当在有效期届满前 30 日持上述备案材料到分支机构所在地海关办理换证手续。

4. 报关企业注册登记许可的变更和延续

（1）变更。变更有以下两种情形：

1）企业的企业名称、法定代表人发生变更的，应当持《报关单位情况登记表》、《中华人民共和国海关报关单位注册登记证书》、变更后的工商营业执照或者其他批准文件及复印件，以书面形式到注册地海关申请变更注册登记许可。

2）报关企业分支机构企业名称、企业性质、企业住所、负责人等海关备案内容发生变更的，应当自变更生效之日起 30 日内，持变更后的营业执照副本或者其他批准文件及复印件，到所在地海关办理变更手续。所属报关人员备案内容发生变更的，报关企业及其分支机构应当在变更事实发生之日起 30 日内，持变更证明文件等相关材料到注册地海关办理变更手续。

对被许可人提出的变更注册登记许可申请，注册地海关应当参照注册登记许可程序进行审查。经审查符合注册登记许可条件的，应当作出准予变更的决定，同时办理注册信息变更手续。经审查不符合注册登记许可条件的，海关不予变更其注册登记许可。

（2）延续。报关企业注册登记许可期限为 2 年。被许可人需要延续注册登记许可有效期的，应当办理注册登记许可延续手续。办理延续，应当在有效期届满40 日前向海关提出申请并递交海关规定材料。海关比照注册登记许可程序在有效期届满前对报关企业的申请予以审查，对符合注册登记许可条件的，并且符合法律、行政法规、海关规章规定的延续注册登记许可应当具备的其他条件的，依法作出准予延续的决定，延续的有效期为 2 年。

5. 报关企业注册登记许可的注销

有下列情形之一的，海关应当依法注销注册登记许可：

（1）有效期届满未延续的。

（2）报关企业依法终止的。

（3）注册登记许可依法被撤销、撤回，或者注册登记许可证件依法被吊销的。

（4）因不可抗力导致注册登记许可事项无法实施的。

（5）法律、行政法规规定的应当注销注册登记许可的其他情形。

海关依据本条款规定注销报关企业注册登记许可的，应当同时注销该报关企业设立的所有分支机构。

三、海关对报关员的管理

1. 报关员的概念

由于进出口货物的报关手续比较复杂，办理人员需要熟悉法律、税务、外贸、商品知识，精通海关法律、法规和掌握办理海关手续的技能，为此，我国海关规定进出口货物的报关、纳税等海关事务必须由经海关批准的专业人员代表进出口货物收发货人或者报关企业向海关办理。这些专业人员就是报关员。

报关员是指经报关单位向海关备案，专门负责办理所在单位报关业务的人员。报关员是联系报关单位与海关之间的桥梁，其报关行为在海关工作中起着重要的作用。报关员报关质量的好坏和业务水平的高低不仅影响着正常通关速度，也影响着海关的工作效率。

2. 报关员资格

我国现代意义的报关员职业产生于 20 世纪 80 年代末、90 年代初。随着我国改革开放步伐的加快，对外贸易经营权逐步放开，国内出现了一批以为本企业办理海关事务为主要职责的业务人员；90 年代初，出现了以为进出口企业代理报关纳税手续为主要业务的报关企业，并随之产生了一批专门从事报关业务的从业人员。这批人员是最早从事报关员职业的群体。

随着海关监管制度的逐步严密，海关相继出台了报关员资格考试和报关员注册登记制度，规范了报关员从业的知识和技能条件、权利义务等。报关员要从事报关活动，必须通过海关组织的报关员资格考试，拥有报关员资格证，并依照程序在海关进行注册登记成为报关员。

但根据国务院简政放权、转变职能和关于进一步减少资质资格类许可和认定的有关要求，海关总署经过深入调研和广泛征求意见，决定改革现行报关从业人员资质资格管理制度，取消报关员资格核准审批，对报关人员从业不再设置门槛和准入条件。

基于此，海关总署决定自 2014 年起不再组织报关员资格全国统一考试。从 2014 年起，报关从业人员由企业自主聘用，由报关协会自律管理，海关通过指导、督促报关企业加强内部管理实现对报关从业人员的间接管理。这一做法符合简政放权、转变职能的要求以及行政审批制度改革的方向，同时有利于降低就业门槛，释放就业活力，营造就业创业的公平竞争环境。

3. 报关员备案

报关单位所属人员从事报关业务的，报关单位应当到海关办理备案手续，海关予以核发证明。报关单位可以在办理注册登记手续的同时办理所属报关人员备案。

4. 报关员执业

报关员应当经海关备案并核发证明后执业。报关单位的报关业务应当由报关员办理。

（1）报关员执业范围。报关员应当在一个报关单位执业。

报关企业及其跨关区分支机构的报关员，应当在所在报关企业或者跨关区分支机构的报关服务的口岸地或者海关监管业务集中的地点执业。进出口货物收发货人的报关员，可以在中华人民共和国关境内的各口岸地或者海关监管业务集中的地点执业。

报关员应当在所在报关单位授权范围内执业。报关员应当按照报关单位的要求和委托人的委托依法办理下列业务：

1）按照规定如实申报进出口货物的商品编码、商品名称、规格型号、实际成交价格、原产地及相应优惠贸易协定代码等报关单有关项目，并办理填制报关单、提交报关单证等与申报有关的事宜。

2）申请办理缴纳税费和退税、补税事宜。

3）申请办理加工贸易合同备案（变更）、深加工结转、外发加工、内销、放弃核准、余料结转、核销及保税监管等事宜。

4）申请办理进出口货物减税、免税等事宜。

5）协助海关办理进出口货物的查验、结关等事宜。

6）应当由报关员办理的其他报关事宜。

（2）报关员的权利和义务。报关员享有如下权利和义务：

1）报关员的权利。报关员的权利包括：①以所在报关单位的名义执业，办理报关业务。②向海关查询其办理的报关业务情况。③拒绝海关工作人员的不合法要求。④对海关作出的处理决定享有陈述、申辩、申诉的权利。⑤依法申请行政复议或者提起行政诉讼的权利。⑥合法权益因海关违法行为受到损害的，依法要求赔偿。⑦参加执业培训的权利。

2）报关员的义务。报关员应当履行以下义务：①熟悉所申报货物的基本情况，对申报内容和有关材料的真实性、完整性进行合理审查。②提供齐全、正确、有效的单证，准确、清楚、完整填制海关单证，并按照规定办理报关业务及相关手续。③海关查验进出口货物时，配合海关查验。④配合海关稽查和对涉嫌走私违规案件的查处。⑤按照规定参加直属海关或者直属海关授权组织举办的报关业务岗位考核。⑥持《报关员证》办理报关业务，海关核对时，应当出示。⑦妥善保管海关核发的《报关员证》和相关文件。⑧协助落实海关对报关单位管理的具体措施。

（3）报关员执业禁止行为。报关员执业不得有以下行为：

1）故意制造海关与报关单位、委托人之间的矛盾和纠纷。

2）假借海关名义，以明示或者暗示的方式向委托人索要委托合同约定以外的酬金或者其他财物、虚假报销。

3）同时在2个或者2个以上报关单位执业。

4）私自接受委托办理报关业务或者私自收取委托人酬金及其他财物。

5）其他利用执业之便谋取不正当利益的行为。

5. 报关员的职责

报关员主要负责公司进出口货物的批文报批、单证制作、通关手续、减免税务与通关后核销等相关手续办理。其主要工作职责为：

（1）对进出口货物的批文报批与通关手续的办理。

（2）对报批资料的审核与单证制作。

（3）办理外经委与海关相关批文，海关年审相关工作。

（4）办理海关申报、查验、征税、审价、放行和检验检疫局报检查验、原产地证明等手续。

（5）办理通关后海关手册核销手续和外汇管理进出口收汇付汇核销手续。

（6）办理税务机关出口退税手续与其他通过后的相关手续。

（7）协调关务、商务之间的业务操作和公司内部门业务操作及与船务之间的运作。

（8）完成上级交办的其他工作。

四、报关活动相关人

报关活动相关人主要指的是经营海关监管货物仓储业务的企业、保税货物的加工企业、转关运输货物的境内承运人等。这些企业、单位虽然不具有报关资格，但与报关活动密切相关，承担着相应的海关义务和法律责任。

1. 报关活动相关人的类型

（1）海关监管货物仓储企业。经营海关监管货物仓储业务的企业，主要有以下几种类型：

1）在海关监管区内存放海关监管货物的仓库、场所，一般存放海关尚未放行的进口货物和已办理申报、放行手续尚待装运离境的出口货物。

2）保税仓库，主要存放经海关监管现场放行后按海关保税制度继续监管的货物。

3）出口监管仓库，主要专门存放已向海关办完全部出口手续并已对外卖断结汇的出口货物。

4）其他经海关批准存放海关监管货物的仓库、场所。

经营海关监管货物仓储的企业必须经海关批准，办理海关注册登记手续，其仓储的海关监管货物必须按照海关的规定收存、交付。在保管期间造成海关监管货物损毁或者灭失的，除不可抗力外，仓储企业应承担相应的纳税义务和法律责任。

（2）从事加工贸易生产的企业。这里所称的从事加工贸易的生产企业是指具有法人资格的企业接受加工贸易经营单位的委托，将进口料件按经营单位与外商签订的加工贸易合同规定加工成品后，交由其委托人即经营单位办理成品出口手续的生产加工企业。这一类企业虽然没有报关权，但因其从事保税料件的加工，也需向海关办理登记手续，接受海关监管。

（3）转关运输货物的境内承运人。转关运输货物的境内承运人须经海关批准，并办理海关注册登记手续，其从事转关运输的运输工具和驾驶人员也须向海关注册登记。运载转关运输货物的运输工具、装备应具备密封装置和加封条件。在运输期间转关运输货物损毁或者灭失的，除不可抗力外，承运人应承担相应的纳税义务和法律责任。

（4）其他报关活动相关人。其他报关活动相关人，如保税区、出口加工区内的部分企业、使用减免税进口货物的企业等。

2. 报关活动相关人的法律责任

根据《海关法》的规定，海关准予从事有关业务的企业，如违反《海关法》有关规定的，由海关责令改正，可以给予警告、暂停其从事有关业务，直至撤销注册的处罚。

报关活动相关人在从事与报关相关的活动中，违反《海关法》和有关法律、法规的，要承担相应的行政、刑事法律责任。

五、典型工作项目演示

1. 案例

畅优国际贸易有限公司是 2014 年 9 月在辽宁省大连市高新技术区新建的外商投资企业，主营涤纶丝的生产，尚未办理进出口备案手续，也未注册登记为报关单位，现因业务需要，要拓展国外市场，货物主要从大连、营口口岸进出。畅优国际贸易有限公司安排了小李去办理相关手续。小李应携带材料到哪里办理何种手续？

2. 工作任务

任务 1：办理对外贸易经营者注册登记手续。

任务 2：办理海关注册登记手续。

3.任务实施

（1）实施任务1：办理对外贸易经营者注册登记手续。办理对外贸易经营者注册登记手续有如下几个步骤：

1）小李准备好以下需提交的材料：①营业执照副本复印件。②组织机构代码证复印件。③外商投资企业批准证书复印件。④验资报告复印件或资金信用证明复印件。

2）到网上提交企业基本情况，在联网计算机上键入地址（http：//iecms.eC、com.cn/iecms/index.jsp）后，出现"对外贸易经营者备案登记系统"（见图1-2-1），选择左侧菜单第一项"备案登记"，出现备案登记机关选择"大连市外经贸局"，屏幕出现一个空白登记表，按照要求输入企业的相关内容。点击"提交备案登记"，系统提示"提交成功"，打印《对外贸易经营者备案登记表》，将"正面"、"反面"全部打印下来，并由企业法定代表人或负责人签字、盖公章。

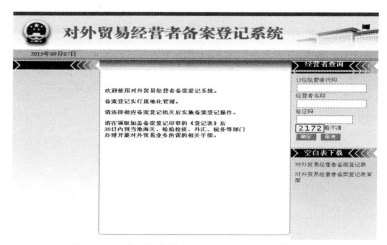

图1-2-1 "对外贸易经营者备案登记系统"页面

3）小李将备案登记需要提交的材料一式两套，一套先送高新技术园区投资促进局存档，另一套再送市外经贸局备案。

4）材料提交合格后5个工作日到市外经贸局领取《对外贸易经营者备案登记表》，并由企业法定代表人或负责人在背面签字、盖章。

5）通过http：//iecms.eC、com.cn/iecms/index.jsp第三项"经营者查询"查询，输入企业名称和进出口企业代码（2102+组织机构代码），企业显示出来即备案通过。

（2）实施任务 2：办理海关注册登记手续。办理海关注册登记手续有以下几个步骤：

1）小李到大连海关网（http：//dalian.customs.gov.cn）下载并按文件提示填好以下材料：①注册企业档案（封面）。②进出口货物收发货人注册登记申请书（按其要求准备附件：企业法人营业执照副本原件及复印件，对外贸易经营者登记备案表原件及复印件，企业章程原件及复印件，企业合同原件及复印件，中华人民共和国外商投资企业批准证书、税务登记证书副本原件及复印件，银行开户证明原件及复印件，组织机构代码证书副本原件及复印件，房屋租赁合同和产权证原件及复印件，法人身份证原件及复印件，所有复印件加盖公章）。③报关单位情况登记表。④出资者情况登记表。⑤企业管理人员情况登记表。⑥授权委托书。

2）到大连海关企管窗口提交材料，办理注册登记。

3）获得了企业的 10 位海关编码和《中华人民共和国海关进出口收发货人报关注册登记证书》。

进出口货物报关前的单证准备

【学习目标】

能够进行代理报关委托

掌握许可管理的相关规定，能够正确申领相关许可证件

能够完成出口核销单、进出境通关单的申领

掌握报关单各项的填写规范和技巧，能够正确地填写报关单

任务一　代理报关委托书的填制

【实训任务】

▶ **任务背景**

青岛富士家具有限公司（海关注册编号：3702230523）进口红橡木皮。运输工具于 2005 年 9 月 5 日申报进境，公司将相关单证交与青岛大华物流有限公司（海关注册编号：3702980196）委托其向青岛大港海关（4227）报关，大华物流公司收取 120 元的报关费。

▶ **工作任务**

根据任务背景，完成报关委托书的填写。

▶ **相关单证**

相关单证见单证 2-1-1 至单证 2-1-4。

单证 2-1-1 代理报关委托书

正面

编号：□□□□□□□□□□

我单位现 A（A. 逐票；B. 长期）委托贵公司代理 A 等通关事宜。（A. 填单申报；B. 辅助查验；C. 垫缴税款；D. 办理海关证明联；E. 审批手册；F. 核销手册；G. 申办减免税手续；H. 其他）详见《委托报关协议》。

我单位保证遵守《海关法》和国家有关法规，保证所提供的情况真实、完整、单货相符。否则，愿承担相关法律责任。

本委托书有效期自签字之日起至　　年　月　日止。

委托方（盖章）：

法定代表人或其授权签署《代理报关委托书》的人（签字）

年　月　日

委托报关协议

为明确委托报关具体事项和各自责任，双方经平等协商签定协议如下：

委托方		被委托方		
主要货物名称		* 报关单编码	No.	
HS 编码	□□□□□□□□□□	收到单证日期	年　月　日	
货物总价		收到单证情况	合同□	发票□
进出口日期	年　月　日		装箱清单□	提（运）单□
提单号			加工贸易手册□	许可证件□
贸易方式			其他	
原产地/货源地		报关收费	人民币：　　元	
其他要求：		承诺说明：		
背面所列通用条款是本协议不可分割的一部分，对本协议的签署构成了对背面通用条款的同意。		背面所列通用条款是本协议不可分割的一部分，对本协议的签署构成了对背面通用条款的同意。		
委托方业务签章：		被委托方业务签章：		
经办人签章：		经办报关员签章：		
联系电话：　年 月 日		联系电话：　年 月 日		

（白联：海关留存；黄联：被委托方留存；红联：委托方留存）中国报关协会监制。

背面

委托报关协议通用条款

委托方责任：

委托方应及时提供报关报检所需的全部单证，并对单证的真实性、准确性和完整性负责。

委托方负责在报关企业办结海关手续后，及时、履约支付代理报关费用，支付垫支费用以及因委托方责任产生的滞报金、滞纳金和海关等执法单位依法处以的各种罚款。

负责按照海关要求将货物运抵指定场所。

负责与被委托方报关员一同协助海关进行查验，回答海关的询问，配合相关调查，并承担产生的相关费用。

在被委托方无法做到报关前提取货样的情况下，承担单货相符的责任。

被委托方责任：

负责解答委托方有关向海关申报的疑问。

负责对委托方提供的货物情况和单证的真实性、完整性进行"合理审查"，审查内容包括：①证明进出口货物实际情况的资料，包括进出口货物的品名、规格、用途、产地、贸易方式等。②有关进出口货物的合同、发票、运输单据、装箱单等商业单据。③进出口所需的许可证件及随附单证。④海关要求的加工贸易（纸质或电子数据的）及其他进出口单证。

因确定货物的品名、归类等原因，经海关批准，可以看货或提取货样。

在接到委托方交付齐备的随附单证后，负责依据委托方提供的单证，按照《中华人民共和国海关进出口报关单填制规范》认真填制报关单，承担"单单相符"的责任，在海关规定和本委托报关协议中约定的时间内报关，办理海关手续。

负责及时通知委托方共同协助海关进行查验，并配合海关开展相关调查。

负责支付因报关企业的责任给委托方造成的直接经济损失，所产生的滞报金、滞纳金和海关等执法单位依法处以的各种罚款。

负责在本委托书约定的时间内将办结海关手续的有关委托内容的单证、文件交还委托方或其指定的人员（详见《委托报关协议》"其他要求"栏）。

赔偿原则：

被委托方不承担因不可抗力给委托方造成损失的责任。因其他过失造成的损失，由双方自行约定或按国家有关法律法规的规定办理。由此造成的风险，委托方可以投保的方式自行规避。

不承担的责任：

签约双方各自不承担因另外一方原因造成的直接经济损失以及滞报金、滞纳金和相关罚款。

收费原则：

一般货物报关收费原则上按当地《报关行业收费指导价格》规定执行。特殊商品可由双方另行商定。

法律强制：

本《委托报关协议》的任一条款与《海关法》及有关法律、法规不一致时，应以法律、法规为准。但不影响《委托报关协议》其他条款的有效。

协商解决事项：

变更、中止本协议或双方发生争议时，按照《中华人民共和国合同法》有关规定及程序处理。因签约双方以外的原因产生的问题或报关业务需要修改协议条款，应协商订立补充协议。双方可以在法律、行政法规准许的范围内另行签署补充条款，但补充条款不得与本协议的内容相抵触。

单证 2-1-2 **Expeditors International Ocean Bill Lading**

SHIPPER（Name and Full Address）WASHINTON INTERNATIONAL TRADE CO., 8021 SOUTH 210TH STREET KENT WASHINTON 98032 USA TEL：（253）486-8790 FAX：（253）486-8798	BOOKING NUMBER HOUI 56352	B/L NUMBER LAXSHP643105
	EXPORT REFERENCES SHPR REF：JOHNSON/501132	
CONSIGNEE QINCDAO FUJI FURNITURE CO., 112 XINHUA ROAD ECONOMY TECHNOLOGY DEVELOPMENT ZONE，QINGDAO，CHINA	FORWARDING AGENT REFERENCES	
	POINT AND COUNTRY OF ORIGIN OF GOODS U.S.A.	
NOTIFT PARTY SAME AS CONSICNEE	**ALSO NOTIFT**	
CARRIAGE NORTHERN V. 127N		
PORT OF LOADING LOS ANGELES	**PLACE OF RECEIPT** LOS ANGELES	
PORT OF DISCHARGE OSAKA	**PLACE OF DELIVERY** QINC DAO	

		PARTICULARS FURNISHED BY SHIPPER		
MAKS & NOS. CONTAINER NOS	NOS. OF PKGS	DESCRIPTION OF PACKACES AND GOODS	GROSS WEIGHT KGS	MEASUREMENT (CBM)
N/M 14.5m³ CCLU4230875 20H TARE：2250 CCLU1141680 20H TARE：2250	30 PLT	RED OAK VENEER 14.5 CBM, 30 PALLETS, 14760. KGS. TOTAL 2 × 20′ CONTAINER LOADEN ON BOARD 05/08/08	14760.00	14.5m³

单证 2-1-3 INVOICE

Signed by

Sold To Customer: QLICDAO FUJI FURNITURE CO., LTD.	Invoice No. WIT 1024
	Payment Terms：T/T
Vessel: NORTHERN V. 127N	Contract No.: 105-145
	Country of Origin：U.S.A

From: LOS ANGELES	To: QINGDAO	VIA: OSAKA by MARE DRICUM 0332W		
ITEN	DESCRIPTION OF GOODS	QUANTITY	UNIT PRICE	AMOUNT
	Red Oak Veneer Length > 8 feet width > 4inch Thickness 0.6mm	14.5m³	USD1630.00 FOB LOS ANGELES	23635.00
		TOTAL: 14.5m³	USD23635.00	

WASHINTON INTERNATIONAL TRADE.CO

单证 2-1-4 PACKING LIST

Sold To Customer: QINGDAO FUJI FURNITURE CO., LTD.	Invoice No. WIT 1024
	Payment Terms：T/T
Vessel: NORTHERN V. 127N	Contract No.: 105-145
	Country of Origin：U.S.A

From: LOS ANGELES	To.: QINCDAO	Per: OSAKA by MARE DRICUM 0332W		
MARKS AND NOS.	DESCRIPTION OF PACKAGES AND GOODS	QUANTITY (CBM)	N. WEIGH (KG)	G. WEIGH (KG)
	Red Oak Veneer packed in 30 pallets 2 × 20′ Container To Contain 30 Pallets	14.5	13820.00	14760.00
TOTAL：14.5m³			13820.00	14760.00

Signed by

WASHINTON INTERNATIONAL TRADE.CO

【专业知识】

一、《代理报关委托书》

《代理报关委托书》是托运人委托承运人或其代理人办理报关等通关事宜，明确双方责任和义务的书面证明。委托方应及时提供报关报检所需的全部单证，并对单证的真实性、准确性和完整性负责。

二、《代理报关委托书》填制说明

1. 说明

（1）《代理报关委托书》是进出口货物收发货人根据《海关法》要求提交报关企业的具有法律效力的授权证明，由进出口货物收发货人认真填写，并加盖单位行政公章和法人或被授权人签字。

（2）《委托报关协议》是进出口货物收发货人（或单位）经办人员与报关企业经办报关员按照《海关法》的要求签署的明确具体委托报关事项和双方责任的具有法律效力的文件，分正文表格和背书两大部分。

（3）规范统一的《代理报关委托书》、《委托报关协议》纸质格式，是将两个独立的文件印制在一张 A4 无碳复写纸上，一式三联，由中国报关协会监制。

（4）根据《中华人民共和国海关进出口货物申报管理规定》的要求，《代理报关委托书》和《委托报关协议》作为代理报关时报关单的必备随附单证使用。其编号为 13 位阿拉伯数字。第一个 2 位数表示所在直属海关关区代码，第二个 4 位数表示年份，剩下的 7 位数是代理报关业务的流水号。

（5）双方经办人员应在开始委托报关操作前认真填写格式化《代理报关委托书》、《委托报关协议》，并签字、加盖业务专用章后生效。

2. 填写

（1）《委托报关协议》正文表格分必填项、补填项。没有标记的各项为必填项，应在签署前填写；标明"*"的各项为补填项，应在本协议作为报关单随附单证递交海关前填写。

（2）根据新修订的《中华人民共和国进出口关税条例》第五条的立法解释，

委托方是关税的纳税义务人，应承担 HS 编码的填写责任。被委托方因业务熟悉，可帮助委托方进行填写。

（3）填写"收到单证情况"一栏时，可用"√"表示收到，否则表示没有收到。

3. 要求

（1）委托方"其他要求"一栏，是对被委托方服务内容的具体说明。被委托方"服务承诺"一栏，是被委托方对能否满足委托方"其他要求"的承诺。

（2）填写《代理报关委托书》、《委托报关协议》应使用签字笔，字迹工整。涂改处盖章后才能有效。

任务二　相关监管证件的申领

【实训任务】

【任务一】

根据进出口许可的相关规定，完成下表：

序号	商品	进出口类型	许可管理手段（类型）	管理（发证）机构
1	微晶石蜡	出口		
2	二氧化锆	出口		
3	1＜排量≤1.5升带点燃往复式活塞内燃发动机小轿车	出口		
4	柠檬酸	出口		
5	冻的鸡翼（肉鸡）	进口		
6	冻牛舌	进口		
7	初榨的豆油	进口		
8	烟草制的卷烟	进口		
9	石油原油	进口		
10	iPhone 6S 手机	进口		
11	24≤座≤29装有非压燃式活塞内燃发动机的客车	进口		
12	家用型热水锅炉（旧的）	进口		
13	含铅汽油淤渣（包括含铅抗震化合物的淤渣）	进口		
14	二噁英	进口		
15	冷冻或干的发菜（不论是否碾磨）	出口		
16	已脱胶的虎骨（指未经加工或经脱脂等加工的）	出口		
17	小麦（Wheat）	进口		
18	糖（Sugar）	进口		
19	龙门式起重机	进口		
20	制造纤维素纸浆的机器	进口		
21	充气的娱乐或运动用快艇（包括充气的划艇及轻舟）	进口		
22	三氯氟甲烷（CFC-11）	进口		
23	种用玉米	出口		
24	未梳的棉花，包括脱脂棉花	出口		

序号	商品	进出口类型	许可管理手段（类型）	管理（发证）机构
25	籼米糙米	出口		
26	活鸡（超过185克的非改良种用珍珠鸡）	出口		
27	镝	出口		
28	钨矿砂及其精矿	出口		
29	蓖麻毒素（可作为化学武器的化学品）	进口		
30	硫酸麻黄碱	进口		
31	放射性同位素	进口		
32	云母废料	进口		
33	硝化甘油炸药	进口		
34	已录制唱片	进口		
35	白马鸡（Crossoptilon crossoptilon）	进口		
36	南美响尾蛇（Crotalus durissus）	进口		
37	氯灭鼠灵	进口		
38	回收（废碎）的未漂白牛皮、瓦楞纸或纸板	进口		
39	黄晶项链	进口		
40	磁悬浮轴承	进口		

【任务二】

▶ 任务背景

大连市瑞华家具公司（21029183435）委托大连欧通进出口贸易有限公司（适用海关收发货人 A 类管理，海关注册码为 2102245317）向海关申报进口一批红橡木皮（监管条件 A，B，E，F），欧通公司将此业务委托给大连顺通报关公司（21022801486）办理进口报关，与此同时，顺通公司还接到一单专营食品贸易的公司出口柠檬酸（监管条件 4，A，B，x，y）的报关委托。

▶ 工作任务

任务 1：分别列出顺通公司在办理这两项报关业务前应准备的单证。

任务 2：分别画出办理这些单证的流程图，要求标明各环节涉及的相关文件及单证。

▶ 相关单证

相关单证见单证 2-2-1 至单证 2-2-4。

单证 2-2-1　中华人民共和国自动进口许可证申请表

1. 进口商：　　　　　代码：	3. 自动进口许可证申请表号： 　自动进口许可证号：
2. 进口用户：	4. 申请自动进口许可证有效截止日期： 　　　　　　　年　　　月　　　日
5. 贸易方式：	8. 贸易国（地区）：
6. 外汇来源：	9. 原产地国（地区）：
7. 报关口岸：	10. 商品用途：

11. 商品名称：　　　　　　　　商品编码：　　　　　　　　设备状态：

12. 规格、等级	13. 单位	14. 数量	15. 单价（币别）	16. 总值（币别）	17. 总值折美元
18. 总计					

19. 备注： 联 系 人： 联系电话： 申请日期：	20. 签证机构审批意见：

单证 2-2-2 中华人民共和国出入境检验检疫
出境货物通关单

编号：

1. 发货人			5. 标记及号码
2. 收货人			
3. 合同/信用证号	4. 输往国家和地区		
6. 运输工具名称及号码	7. 发货日期		8. 集装箱规格及数量
9. 商品名称及规格	10. H.S 编码	11. 申报价格	12. 数/重量、包装数量及种类
13. 证明 　　上述货物业经检验检疫，请海关予以放行。 　　本通关单有效期至　　年　　月　　日 　　　签字：　　日期：　年　月　日			
14. 备注			

① 货物通关 [2-2（2000.1.1）]

单证 2-2-3 中华人民共和国出入境检验检疫
入境货物通关单

编号：

1. 发货人			5. 标记及号码
2. 收货人			
3. 合同/提（运）单号	4. 输出国家和地区		
6. 运输工具名称及号码	7. 目的地		8. 集装箱规格及数量
9. 商品名称及规格	10. H.S 编码	11. 申报总价	12. 数/重量、包装数量及种类
13. 内容 　　上述货物办完海关手续后，请及时联系落实检验检疫事宜。未经检验检疫，不得销售、使用。对未经检验检疫而擅自销售使用的，检验检疫机构将按照法律法规规定予以处罚。 　　　签字：　　　　日期：　年　月　日			
14. 备注			

① 货物通关 [2-2（2000.2.2）]

单证 2-2-4　出口收汇核销单

| 出口收汇核销单
存根 | 出口收汇核销单 | 出口收汇核销单
出口退税专用 |

编号：　　　　　　　　　　　　　　编号：　　　　　　　　　　　　　　编号：

出口单位					出口单位			
单位代码	出口单位 单位代码				单位代码			
出口币种总价：		币种金额	日期	盖章	货物名称	数量	币种总价	
收汇方式：	银行 签注栏							
预计收款日期								
报关日期								
备注：	海关签注栏：				报关单编号：			
此单报关有效期截止到	外汇局签注栏：				外汇局签注栏：			
	年 月 日 (盖章)				年 月 日 (盖章)			

未经核销此联不得撕开

【专业知识】

一、我国货物、技术进出口许可管理制度

进出口许可是国家对进出口的一种行政管理制度，它包含准许进出口有关证件的审批和管理制度本身的程序及以国家各类许可为条件的其他行政管理手续。这种行政管理制度被称作进出口许可制度。这是一项非关税措施，常见于世界各国进出口贸易的管理之中，长期且广泛应用于国际贸易中。

货物、技术进出口许可管理制度是我国进出口许可管理制度的主体，是国家对外贸易管制中极其重要的管理制度，其管理范围包括禁止进出口货物和技术、限制进出口货物和技术、自由进出口的技术以及自由进出口中部分实行自动许可管理的货物。

1. 禁止进出口管理

为维护国家安全和社会公共利益，保护人民的生命健康，履行中华人民共和国所缔结或者参加的国际条约和协定，国务院商务主管部门会同国务院有关部

门，依照《对外贸易法》的有关规定，制定、调整并公布禁止进出口货物、技术目录。海关依据国家相关法律法规对禁止进出口目录商品实施监督管理。

（1）禁止进口。对列入国家公布的禁止进口目录以及其他法律法规明令禁止或停止进口的货物、技术，任何对外贸易经营者不得经营进口。

1）禁止进口货物管理规定。我国政府明令禁止进口的货物：列入由国务院商务主管部门或会同国务院有关部门制定的《禁止进口货物目录》商品、国家有关法律法规明令禁止进口的商品以及其他各种原因停止进口的商品。

A. 列入《禁止进口货物目录》的商品。目前，我国公布的《禁止进口货物目录》包括以下几批：

a.《禁止进口货物目录》（第一批），是为了保护我国的自然生态环境和生态资源，从我国国情出发，履行我国所缔结或者参加的与保护世界自然生态环境相关的一系列国际条约和协定而发布的。如国家禁止进口属破坏臭氧层物质的四氯化碳，禁止进口属世界濒危物种管理范畴的犀牛角、麝香、虎骨等。

b.《禁止进口货物目录》（第二批），均为旧机电产品类，是国家对涉及生产安全（压力容器类）、人身安全（电器、医疗设备类）和环境保护（汽车、工程及车船机械类）的旧机电产品所实施的禁止进口管理。

c. 2008 年颁布的《禁止进口固体废物目录》，由原三、四、五批禁止进口目录补充合并而成，所涉及的是对环境有污染的固体废物类，包括废动物产品、废动植物油脂，矿产品、矿渣、矿物油、沥青的废料，废药物，杂项化学品废物，废橡胶、皮革，废特种纸，废纺织原料及制品，玻璃废物，金属和含金属废物等。

d.《禁止进口货物目录》（第六批），为了保护人类的健康，维护环境安全，淘汰落后产品，履行《关于在国际贸易中对某些危险化学品和农药采用事先知情同意程序的鹿特丹公约》和《关于持久性有机污染物的斯德哥尔摩公约》而颁布的，如长纤维青石棉、二噁英等。

B. 国家有关法律法规明令禁止进口的商品。国家法律法规明令禁止进口的商品有以下几类：

a. 来自动植物疫情流行的国家和地区的有关动植物及其产品和其他检疫物。

b. 动植物病源（包括菌种、毒种等）及其他有害生物、动物尸体、土壤。

c. 带有违反"一个中国"原则内容的货物及其包装。

d. 以氯氟羟物质为制冷剂、发泡剂的家用电器产品和以氯氟羟物质为制冷工质的家用电器用压缩机。

e. 滴滴涕、氯丹等。

f. 莱克多巴胺和盐酸莱克多巴胺。

g. 列入《废弃电器电子产品处理目录（第一批）适用海关商品编号（2010 年版）》（国家发展和改革委员会、海关总署、环境保护部、工业和信息化部联合公告 2010 年第 35 号公布），涉及电视机、电冰箱、洗衣机、房间空气调节器、微型计算机 5 类商品。

C. 其他各种原因停止进口的商品。其他停止进口商品有以下几类：

a. 以 CFC–12 为制冷工质的汽车及以 CFC–12 为制冷工质的汽车空调压缩机（含汽车空调器）。

b. 旧服装。

c. Ⅷ因子制剂等血液制品。

d. 氯酸钾、硝酸铵。

e. 100 瓦及以上普通照明白炽灯。

2）禁止进口技术管理。根据《对外贸易法》、《技术进出口管理条例》以及《禁止进口限制进口技术管理办法》的有关规定，国务院商务主管部门会同国务院有关部门，制定、调整并公布禁止进口的技术目录。属于禁止进口的技术，不得进口。

目前《中国禁止进口限制进口技术目录》所列明的禁止进口的技术涉及钢铁冶金技术、有色金属冶金技术、化工技术、石油炼制技术、石油化工技术、消防技术、电工技术、轻工技术、印刷技术、医药技术、建筑材料生产技术等技术领域。

禁止进口的技术主要是一些没有价值或者会对我国造成不良影响的具体技术，目录中标示的都很具体和明确。这里不是指这些领域的所有技术都禁止进口，对于这些领域中的先进技术、对我国有利的技术国家是鼓励进口的。

（2）禁止出口。对列入国家公布禁止出口目录的以及其他法律法规明令禁止或停止出口的货物、技术，任何对外贸易经营者不得经营出口。

1）禁止出口货物管理规定。我国政府明令禁止出口的货物主要有列入《禁止出口货物目录》商品、国家有关法律法规明令禁止出口的商品以及其他各种原因停止出口的商品。

A. 列入《禁止出口货物目录》的商品。目前，我国公布的《禁止出口货物目录》共有5批：

a.《禁止出口货物目录》(第一批)，是为了保护我国自然生态环境和生态资源，从我国国情出发，履行我国所缔结或者参加的与保护世界自然生态环境相关的一系列国际条约和协定而发布的。如国家禁止出口属破坏臭氧层物质的四氯化碳，禁止出口属世界濒危物种管理范畴的犀牛角、虎骨、麝香，禁止出口有防风固沙作用的发菜和麻黄草等植物。

b.《禁止出口货物目录》(第二批)，主要是为了保护我国匮乏的森林资源，防止乱砍滥伐而发布的，如禁止出口木炭。

c.《禁止出口货物目录》(第三批)，为了保护人类的健康，维护环境安全，淘汰落后产品，履行《关于在国际贸易中对某些危险化学品和农药采用事先知情同意程序的鹿特丹公约》和《关于持久性有机污染物的斯德哥尔摩公约》而颁布的，如长纤维青石棉、二噁英等。

d.《禁止出口货物目录》(第四批)，主要包括硅砂、石英砂及其他天然砂。

e.《禁止出口货物目录》(第五批)，包括无论是否经化学处理过的森林凋落物以及泥炭(草炭)。

B. 国家有关法律、法规明令禁止出口的商品。国家明令禁止出口的商品有以下几类：

a. 未定名的或者新发现并有重要价值的野生植物。

b. 原料血浆。

c. 商业性出口的野生红豆杉及其部分产品。

d. 劳改产品。

e. 以氯氟烃物质为制冷剂、发泡剂的家用电器产品和以氯氟烃物质为制冷工质的家用电器用压缩机。

f. 滴滴涕、氯丹等。

g. 莱克多巴胺和盐酸莱克多巴胺。

2) 禁止出口技术管理。根据《对外贸易法》、《技术进出口管理条例》以及

《禁止进口、限制进口技术管理办法》的有关规定，国务院外经贸主管部门会同国务院有关部门，制定、调整并公布禁止出口的技术目录。属于禁止出口技术的，不得出口。

目前列入《中国禁止出口限制出口技术目录》禁止出口部分的技术涉及核技术、测绘技术、地质技术、药品生产技术、农业技术等技术领域。

2. 限制进出口管理

为维护国家安全和社会公共利益，保护人民的生命健康，履行中华人民共和国所缔结或者参加的国际条约和协定，国务院商务主管部门会同国务院有关部门，依照《对外贸易法》的规定，制定、调整并公布各类限制进出口货物、技术目录。海关依据国家相关法律法规对限制进出口目录货物、技术实施监督管理，其范围如图2-2-1所示。

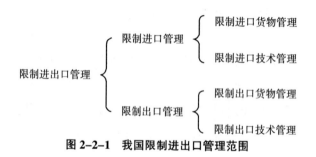

图 2-2-1 我国限制进出口管理范围

（1）限制进口管理。国家实行限制进口管理的货物、技术，必须依照国家有关规定取得国务院商务主管部门或者由其会同国务院有关部门许可，方可进口。

国家对货物或技术实行限制进口管理的主要原因是为维护国家安全、社会公共利益或者公共道德需要限制进口的；为保护人的健康或者安全，保护动物、植物的生命或者健康，保护环境，需要限制进口的；为实施与黄金或者白银进出口有关的措施，需要限制进口的；为建立或者加快建立国内特定产业，需要限制进口的；对任何形式的农业、牧业、渔业产品有必要限制进口的；为保障国家国际金融地位和国际收支平衡，需要限制进口的；依照法律、行政法规、部门规章的规定，其他需要限制进口的；根据我国缔结或者参加的国际条约、协定的规定，其他需要限制进口的。

1）限制进口货物管理。目前，我国限制进口货物管理按照其限制方式划分为许可证件管理和关税配额管理。

A. 许可证件管理。许可证件管理是我国限制进口管理中范围最大、涉及管理部门及管理证件最多的管理。许可证件管理系指在一定时期内根据国内政治、工业、农业、商业、军事、技术、卫生、环保、资源保护等领域需要以及为履行我国所加入或缔约的有关国际条约规定，以国家各主管部门签发许可证件的方式来实现各类限制的进口措施。

许可证件管理主要包括进口许可证、濒危物种进口、可利用废物进口、进口药品、进口音像制品、黄金及其制品进口等管理。

国务院商务主管部门或者国务院有关部门在各自的职责范围内，根据国家有关法律法规及国际公约的有关规定签发上述各项管理所涉及的各类许可证件。

B. 关税配额管理。关税配额管理系指一定时期内（一般是 1 年），国家对部分商品的进口制定配额优惠税率并规定该商品进口数量总额，在限额内，经国家批准后允许按照配额内税率征税进口，如超出限额则按照配额外税率征税进口的措施。一般情况，配额税率优惠幅度很大，有的商品如小麦，税率相差达 65 倍。国家通过这种行政管理手段对一些重要商品以规定配额税率这个成本杠杆来实现限制进口的目的，因此关税配额管理是一种相对数量的限制。企业进口属于关税配额管理的商品时持国家相关部门发放的关税配额证明报关，海关按配额内税率征税，否则按配额外税率征税。目前，实行进口关税配额管理的货物有小麦、玉米、稻谷和大米、糖、羊毛、毛条、棉花、化肥。

2）限制进口技术管理。限制进口技术实行目录管理。根据《对外贸易法》、《技术进出口管理条例》以及《禁止进口、限制进口技术管理办法》的有关规定，国务院商务主管部门会同国务院有关部门，制定、调整并公布限制进口的技术目录。属于目录范围的限制进口的技术，实行许可证管理；未经国家许可，不得进口。

（2）限制出口管理。国家实行限制出口管理的货物、技术，必须依照国家有关规定取得国务院商务主管部门或者由其会同国务院有关部门许可，方可出口。

国家对货物或技术实行限制出口管理的主要原因是为维护国家安全、社会公共利益或者公共道德需要限制出口的；为保护人的健康或者安全，保护动物、植物的生命或者健康，保护环境，需要限制出口的；为实施与黄金或者白银进出口有关的措施，需要限制出口的；国内供应短缺或者为有效保护可能用竭的自然资源，需要限制出口的；输往国家或者地区的市场容量有限，需要限制出口的；出口经营秩序出现严重混乱，需要限制出口的；依照法律、行政法规、部门规章的规定，其他需要限制出口的；根据我国缔结或者参加的国际条约、协定的规定，其他需要限制出口的。

1）限制出口货物管理。对于限制出口货物管理，《货物进出口管理条例》规定：国家规定有数量限制的出口货物，实行配额管理；其他限制出口货物，实行许可证件管理。实行配额管理的限制出口货物，由国务院商务主管部门和国务院有关经济管理部门按照国务院规定的职责划分进行管理。

目前，我国货物限制出口按照其限制方式划分为出口配额限制、出口非配额限制，其范围如图 2-2-2 所示。

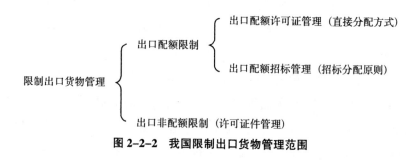

图 2-2-2　我国限制出口货物管理范围

A. 出口配额限制。出口配额限制系指在一定时期内为建立公平竞争机制、增强我国商品在国际市场的竞争力、保障最大限度的收汇，保护我国产品的国际市场利益，国家对部分商品的出口数量直接加以限制的措施。在我国出口配额限制有两种管理形式，即出口配额许可证管理和出口配额招标管理。

a. 出口配额许可证管理。出口配额许可证管理是国家对部分商品的出口，在一定时期内（一般是 1 年）规定数量总额，经国家批准获得配额的允许出口，否则不准出口的配额管理措施。出口配额许可证管理是国家通过行政管理手段对一些重要商品以规定绝对数量的方式来实现限制出口的目的。

出口配额许可证管理是通过直接分配的方式，由国务院商务主管部门或者国务院有关部门在各自的职责范围内根据申请者需求结合其进出口实绩、能力等条件，按照效益、公正、公开和公平竞争的原则进行分配。国家各配额主管部门对经申请有资格获得配额的申请者发放各类配额证明。

申请者取得配额证明后，到国务院商务主管部门及其授权发证机关，凭配额证明申领出口许可证。

b. 出口配额招标管理。出口配额招标管理是国家对部分商品的出口，在一定时期内（一般是 1 年）规定数量总额，采取招标分配的原则，经招标获得配额的允许出口，否则不准出口的管理配额措施。出口配额招标管理是国家通过行政管理手段对一些重要商品以规定绝对数量的方式来实现限制出口的目的。

国家各配额主管部门对中标者发放各类配额证明。中标者取得配额证明后，到国务院商务主管部门及其授权发证机关，凭配额证明申领出口许可证。

B. 出口非配额限制。出口非配额限制系指在一定时期内根据国内政治、军事、技术、卫生、环保、资源保护等领域的需要以及为履行我国所加入或缔结的有关国际条约的规定，以国家各主管部门签发许可证件的方式来实现的各类限制出口措施。目前，我国非配额限制管理主要包括出口许可证、濒危物种出口、两用物项出口、黄金及其制品出口等许可管理。

国务院商务主管部门或者国务院有关部门在各自的职责范围内，根据国家有关法律法规及国际公约的有关规定签发上述各项管理所涉及的各类许可证件。

2）限制出口技术管理。根据《对外贸易法》、《技术进出口管理条例》、《中华人民共和国生物两用品及相关设备和技术出口管制条例》、《中华人民共和国核两用品及相关技术出口管制条例》、《中华人民共和国导弹及相关物项和技术出口管制条例》、《中华人民共和国核出口管制条例》以及《禁止出口限制出口技术管理办法》等有关规定，限制出口技术实行目录管理，国务院商务主管部门会同国务院有关部门，制定、调整并公布限制出口的技术目录。属于目录范围的限制出口的技术，实行许可证管理；未经国家许可，不得出口。

经营限制出口技术的经营者在向海关申报出口手续时必须主动递交相关技术出口许可证件，否则经营者将承担为此而造成的一切法律责任。

3. 自由进出口管理

除上述国家禁止、限制进出口货物、技术外的其他货物，均属于自由进出口范围。自由进出口货物、技术的进出口不受限制。但基于监测进出口情况的需要，国家对部分属于自由进出口的货物实行自动进出口许可管理，对自由进出口的技术实行技术合同登记管理。

属于自由进出口的货物、技术进出口不受限制，实行自动进出口许可管理的只是部分货物，自由进出口的技术都需要进行合同登记。

（1）货物自动进口许可管理。自动进口许可管理是在任何情况下对进口申请一律予以批准的进口许可制度。这种进口许可实际上是一种在进口前的自动登记性质的许可制度，通常用于国家对这类货物的统计和监督目的的需要，是我国进出口许可管理制度中的重要组成部分，是目前被各国普遍使用的一种进口管理制度。

进口属于自动进口许可管理的货物，进口经营者应当在办理海关报关手续前，向国务院商务主管部门或者国务院有关经济管理部门提交自动进口许可申请。进口经营者凭国务院商务主管部门或者国务院有关经济管理部门发放的自动进口许可证明，向海关办理报关手续。

（2）技术进出口合同登记管理。进出口属于自由进出口的技术，应当向国务院商务主管部门或者其委托的机构办理合同备案登记。国务院商务主管部门应当自收到规定的文件之日起 3 个工作日内，对技术进出口合同进行登记，颁发技术进出口合同登记证，申请人凭技术进出口合同登记证办理外汇、银行、税务、海关等相关手续。

4. 我国货物、技术进出口许可管理措施

货物、技术进出口许可管理制度作为我国进出口许可管理制度的主体，主要是通过国务院商务主管部门或者国务院有关部门在各自的职责范围内，根据国家有关法律法规及国际公约的有关规定签发上述各项管理所涉及的各类许可证件来实现其管理的。而各类许可证件具体的管理范围、报关规范如表 2-2-1 所示。

表2-2-1　我国贸易管制主要管制措施

进出口许可证管理		管理范围	证件名称	报关规范		发证机构
				有效期	使用规范	
进口许可证管理		重点旧机电产品：旧化工设备类、旧金属冶炼设备类、旧工程机械类、旧造纸设备类、旧电力电气设备类、旧食品加工及包装品类、旧农业机械类、旧印刷机械类、旧船舶类、旧纺织机械类、砂砂鼓等	进口许可证	1年，当年使用有效，跨年使用不超过次年3月31日	一证一关　一批一证　非一批一证不超过12次　散装货物：溢装数量不超过总量5%（原油，成品油3%）	商务部配额许可证事务局
		消耗臭氧层物质：三氯甲烷（CFC-11）、二氯二氟甲烷（CFC-12）等	进口许可证			各地外经贸委　各地商务厅　在京中央企业由配额许可证事务局签发
出口许可证管理	出口配额许可证管理	玉米、大米、小麦、玉米粉、大米粉、小麦粉、棉花、活牛（对港澳地区）、成品油、活猪、煤炭、原油、焦炭、钨及钨制品、稀土、锑及锑制品、白银、铟及铟制品、锡及锡制品、锌及锌制品、钼及钼制品、磷矿石	出口配额证明—出口许可证		一证一关　一批一证　非一批一证不超过12次	商务部配额许可证事务局
	出口配额许可证管理	甘草及麻黄草制品、碳化硅、滑石块、镁砂、矾土、甘草及甘草制品	出口配额证明—出口许可证	6个月且不超过当年12月31日	一证一关　一批一证　非一批一证不超过12次	各地特派员办事处　各地外经贸厅商务厅
	出口许可证管理	活牛、活鸡、活猪、冰鲜牛肉、冻牛肉、冰鲜猪肉、冻猪肉、鸡肉、消耗臭氧层物质、石蜡、铂金、汽车及其底盘、摩托车及其发动机和车架、部分金属及制品、锌及锌、天然砂、钼制品、柠檬酸、维生素C、青霉素工业盐、硫酸二钠	出口许可证			
两用物项和技术进出口许可证管理		列入《两用物项和技术进出口管理目录》	两用物项和技术进出口许可证	不超过一年，跨年使用不超过次年的3月31日	进口：非一批一证　一证一关　出口：一批一证　一证一关	商务部配额许可证事务局和受商务部委托的省级主管部门

续表

进出口许可证管理	管理范围	证件名称	报关规范		发证机构
			有效期	使用规范	
密码产品和含有密码技术的设备进口许可证管理	列入《密码产品和含有密码技术的设备进口管理目录》	密码产品和含有密码技术设备进口许可证			国家密码管理局
自动进出口许可证管理	非机电产品、机电产品、旧机电产品	自动进口许可证	6个月，仅限公历年度内有效	一般：一批一证；部分：非一批一证（不超过6次）	商务部配额许可证事务局
固体废弃物进口管理	列入《中华人民共和国固体废弃物污染环境防治法》管理范围内的废物	废物进口许可证		一般：非一批一证；特殊：一批一证	环境保护部
进口关税配额管理	农产品：小麦、玉米、大米和稻谷、棉花、糖、羊毛、毛条（商务部）工业品：化肥（发改委）	农产品：农产品进口关税配额证 工业品：化肥进口关税配额证明	1月1日~12月31日	农产品实行一批多证，最迟不超过次年2月底	农产品：国家发展改革委 商务部
野生动植物物种进出口管理	全世界保护	濒危野生动植物种国际贸易公约允许进口证明书——"公约证明"	物种证明一次使用自签发之日不超过6个月；多次使用截至当年12月31日	非公约证明：一批一证；公约证明：一批一证；物种证明：一次使用，多次使用	国家濒危物种进出口管理办公室或其授权的办事处
	我国自主保护	中华人民共和国国家濒危物种进出口管理办公室允许野生动植物进出口证明书——"非公约证明"			
	一般保护	非《进出口野生动植物种商品目录》——"物种证明"			
进出口药品管理	精神药品进出口管理	《精神药品管制品种目录》去氧麻黄碱/复方甘草片《麻醉药品管制品种目录》卡因/大麻/海洛因《兴奋剂目录》——咖啡因《进口药品目录》《生物制品目录》——各种制剂	精神药品进出口准许证	一批一证	国家食品药品监督管理局

续表

进出口许可证管理		管理范围	证件名称	报关规范		发证机构
				有效期	使用规范	
麻醉药品进出口管理		列入《麻醉药品管制目录》的药品	麻醉药品进出口许可证		一批一证	国家食品药品监督管理部门
兴奋剂进出口管理		列入《兴奋剂目录》的药品	兴奋剂进出口准许证	进口：一年 出口：不超过3个月（不能跨年使用）	一证一关	国家体育总局
进出口药品管理	一般药品	列入《进口药品目录》、《生物制品目录》，首次在境内销售的药品	进口药品通关单		一批一证	国家食品药品监督管理局
美术品进口管理		艺术创作者以线条、色彩或者其他方式、经艺术创作者以原创方式创作的作品，包括绘画、书法、雕塑、摄影等作品以及艺术创作者签名并有审美意义的造型艺术作品，数量在200件以内的复制品	批准文件			文化部
音像制品进口管理		外国音像制品成品、进口用于出版及其他用途的音像制品	进口音像制品批准单	音像制品成品批准单有效，当年出版的音像制品用于出版的音像制品批准单有效期为1年	一次报关使用有效	新闻出版总署
黄金及其制品进出口管理		列入《黄金及其制品进出口商品管理》	黄金及其制品进出口许可证			中国人民银行 商务部
有毒化学品管理		列入《中国禁止严格限制的有毒化学品目录》	有毒化学品环境管理放行通知单			环境保护部
农药进出口管理		列入《农药名录》的农药	农药进出口登记管理放行通知单	30日有效期内一次使用	一批一证	国家农业主管部门
兽药进出口管理		列入《进口兽药管理目录》的兽药	进口兽药通关单 对于同时列入《进口药品目录》的，海关免予验核——进口药品通关单	在30日有效期内一次性使用	一单一关	国家农业主管部门

注："一证一关"指进出口许可证只能在一个海关报关。
　　"一批一证"指进出口许可证在有效期内一次报关使用。
　　"非一批一证"指进出口许可证在有效期内可多次报关使用。

5. 自动进口许可证申请流程

（1）申请。进口属于自动进口许可管理的货物，收货人（包括进口商和进口用户）在办理海关报关手续前，应向所在地或相应的发证机构提交自动进口许可证申请。凡申请进口法律法规规定应当招标采购的货物，收货人应当依法招标。

收货人可以直接向发证机构书面申请《自动进口许可证》，也可以通过网上申请。

1）书面申请。收货人可以到发证机构领取或者从相关网站下载《自动进口许可证申请表》（可复印）等有关材料，按要求如实填写，并采用送递、邮寄或者其他适当方式，与本办法规定的其他材料一并递交发证机构。

2）网上申请。收货人应当先到发证机构申领用于企业身份认证的电子钥匙。申请时，登录相关网站，进入相关申领系统（http://licenceapp.ec.com.cn/ielic/ielic.jsp，如图 2-2-3 所示），按要求如实在线填写《自动进口许可证申请表》等资料。同时向发证机构提交有关材料。

图 2-2-3　商务部进出口许可证申领平台

（2）申请时应提交的材料。收货人申请自动进口许可证，应当提交以下材料：

1）收货人从事货物进出口的资格证书、备案登记文件或者外商投资企业批准证书（以上证书、文件仅限公历年度内初次申领者提交）。

2）《自动进口许可证申请表》。

3）货物进口合同。

4）属于委托代理进口的，应当提交委托代理进口协议（正本）。

5）对进口货物用途或者最终用户法律法规有特定规定的，应当提交进口货物用途或者最终用户符合国家规定的证明材料。

6）针对不同商品在《中国禁止进口限制进口技术目录》中列明的应当提交的材料。

7）商务部规定的其他应当提交的材料。

收货人应当对所提交材料的真实性负责，并保证其有关经营活动符合国家法律规定。

（3）发证机构发证。许可申请内容正确且形式完备的，发证机构在收到相关材料后应当予以签发《自动进口许可证》，其时间最多不超过 10 个工作日。

海关凭加盖自动进口许可证专用章的《自动进口许可证》办理验放手续。银行凭《自动进口许可证》办理售汇和付汇手续。

（4）《自动进口许可证》的有效期。《自动进口许可证》在公历年度内有效，有效期为 6 个月。《自动进口许可证》需要延期或者变更，一律在原发证机构重新办理，旧证同时撤销，并在新证备注栏中注明原证号。

实行"非一批一证"的自动进口许可证需要延期或者变更，核减原证已报关数量后，按剩余数量发放新证。

（5）《自动进口许可证》的撤销与补发。收货人已申领的《自动进口许可证》如未使用，应当在有效期内交回原发证机构，并说明原因。发证机构对收货人交回的《自动进口许可证》予以撤销。《自动进口许可证》如有遗失，收货人应当立即向原发证机构以及自动进口许可证证面注明的进口口岸地海关书面报告挂失。原发证机构收到挂失报告后，经核实无不良后果的，予以重新补发。

《自动进口许可证》自签发之日起 1 个月后未领证的，发证机构可予以收回并撤销。

6. 进口许可证申请流程

（1）提出申请。经营者申请进口许可证时，应当认真如实填写《中华人民共和国进口许可证申请表》，并加盖印章。属于网上申请，需通过商务部许可证局的电子钥匙进行申请。

（2）申请时应提交的材料。经营者申请进口许可证须提交以下材料：

1）主管机关签发的进口批准文件。

2）进口合同正本复印件。

3）进口商与收货人不一致的，应当提交《委托代理协议》正本复印件。

4）商务部规定的其他应当提交的材料。

网上申请的，领取进口许可证时提交上述材料；书面申请的属于年度内初次申请进口许可证的，还应提交以下材料的复印件：《企业法人登记营业执照》；加盖对外贸易经营者备案登记专用章的《对外贸易经营者备案登记表》或《中华人民共和国进出口企业资格证书》；经营者为外商投资企业的，应当提交《外商投资企业批准证书》。上述材料如有变化，经营者须及时向当地发证机构提交变更后的材料。

（3）发证机构受理。发证机构按照授权范围受理经营者提交的进口许可证的申请。

（4）发证机构审核。发证机构审核如下事项：

1）审核内容。经营者是否具有经营资格。经营者提交的进口批准文件是否完整、有效；申请表的相关内容与进口货物管理及许可证管理的有关规定、进口批准文件以及进口合同的内容是否相符；备注栏中的内容是否完整、准确；需要提交的其他材料是否符合有关规定。

2）审核程序。审核程序如下：

A. 网上申请的审核。经审核符合规定的，发证机构工作人员点击通过；不符合规定的，须在申请表审核意见栏一次性注明不予通过的原因，点击不予通过。经营者可在企业网上申领系统中获取未通过的原因。

B. 书面申请的审核。经审核符合规定的，发证机构工作人员在申请表审核意见栏注明审核意见；不符合规定的，须在申请表审核意见栏注明不予通过的原因，并将申请材料退还经营者。

（5）进口许可证的发放。发证机构自收到符合规定的申请之日起3个工作日内发放进口许可证。特殊情况下，最多不超过10个工作日。

发证机构凭加盖经营者公章的申请表取证联和领证人员本人身份证明材料发放进口许可证。发证机构依据国家发展和改革委员会颁发的《收费许可证》中有关收费项目和收费标准的规定收取证件费。

（6）进口许可证的更改与延期。进口许可证一经签发，任何机构和个人不得擅自更改证面内容。因故需要更改、延期时，发证机构应受理经营者在进口许可证有效期内提出的申请。受理进口许可证更改、延期申请时，发证机构应要求经营者提交加盖本单位公章的《中华人民共和国进口许可证更改申请表》、进口许可证原件以及上述的相关材料，并经审核程序换发新证。对未使用的进口许可证，发证机构在办理更改、延期时，在进口许可证发证系统中删除原证，换发新证。

出口许可证的申领与此相似，不再赘述。

二、出入境检验检疫制度

1. 含义

出入境检验检疫制度是指由国家出入境检验检疫部门依据我国有关法律和行政法规以及我国政府所缔结或者参加的国际条约协定，对进出境货物、物品及其包装物、交通运输工具、运输设备和进出境人员实施检验、检疫监督管理的法律依据和行政措施的总和。其目的是维护国家荣誉和对外贸易有关当事人的合法权益，保证国内的生产，促进对外贸易健康发展，保护我国的公共安全和人民生命财产安全等，是国家主权的具体体现。

2. 出入境检验检疫的职责范畴

出入境检验检疫的范围主要是法定检验，凡列入《法检目录》的商品实施强制性检验，进出口货物的收发货人应当在办理通关手续前，向口岸检验检疫部门申请商品检验。另外还有法定检验以外的检验，它是检验检疫机构接受委托所实施的检验和根据实际情况进行抽查的监督管理，如合同检验、公证检验等。

3. 出入境检验检疫制度的组成

我国出入境检验检疫制度包括进出口商品检验制度、进出境动植物检疫制度以及国境卫生监督制度。

（1）进出口商品检验制度。进出口商品检验制度是根据《中华人民共和国进出口商品检验法》及其实施条例的规定，由国家质量监督检验检疫总局及其口岸出入境检验检疫机构对进出口商品进行品质、质量检验和监督管理的制度。商品检验机构实施进出口商品检验的内容包括商品的质量、规格、数量、重量、包装以及是否符合安全、卫生要求。检验种类主要有法定检验、合同检验、公正鉴定、委托检验。

（2）进出境动植物检疫制度。进出境动植物检疫制度是根据《中华人民共和国进出境动植物检疫法》及其实施条例的规定，国家质量监督检验检疫总局及其口岸出入境检验检疫机构对进出境动植物、动植物产品的生产、加工、存放过程实行动植物检疫的进出境监督管理制度。

检验的范围包括进境、出境、过境的动植物、动植物产品和其他检疫物；装载动植物、动植物产品和其他检疫物的装载容器、包装物、铺垫材料；来自动植物疫区的运输工具；进境拆解的废旧船舶；有关法律、行政法规、国际条约或者贸易合同约定应当实施进出境动植物检疫的其他货物、物品。

口岸出入境检验检疫机构实施动植物检疫监督管理的方式有实行注册登记、疫情调查、检测和防疫指导等。

（3）国境卫生监督制度。国境卫生监督制度是指出入境检验检疫机构卫生监督执法人员，根据《中华人民共和国国境卫生检疫法》及其实施细则以及国家其他的卫生法律、法规和卫生标准，在进出口口岸对出入境的交通工具、货物、运输容器以及口岸辖区的公共场所、环境、生活措施、生产设备所进行的卫生检查、鉴定、评价和采样检验的制度。

我国实行国境卫生监督制度是为了防止传染病由国外传入或者由国内传出。实施国境卫生检疫，保护人体健康，其监督职能主要包括进出境检疫、国境传染病检测、进出境卫生监督等。

4. 出入境检验检疫管辖机构及法律依据

原国家质量技术监督局和国家出入境检验检疫局（包括原来的国家进出口商品检验局、国家动植物检疫局和国家卫生检疫局）合并成立的中华人民共和国国家质量监督检验检疫总局（以下简称国家质检总局），负责对进出口商品进行检验，对进出境动植物以及进出境卫生进行检疫工作。

主要依据的法律、法规包括《中华人民共和国国境卫生检疫法》、《中华人民共和国进出境动植物检疫法》和《中华人民共和国进出口商品检验法》及相应的实施细则。

5. 出入境检验检疫管理

对列入《法检目录》及其他法律法规规定需要检验检疫的货物进出口时，货物所有人或其合法代理人，在办理进出口通关手续前，必须向口岸检验检疫机构报检。海关凭口岸出入境检验检疫机构签发的"中华人民共和国检验检疫入境货物通关单"或"中华人民共和国检验检疫出境货物通关单"验放。

自 2008 年 1 月 1 日起，国家实行出入境货物通关单电子数据联网，出入境检验检疫机构对法检商品签发通关单，实时将通关单电子数据传输至海关，企业持通关单向海关办理法检商品验放手续，办结海关手续后将通关单使用情况反馈检验检疫部门。中华人民共和国检验检疫出入境货物通关单具体使用见表 2-2-2。

表 2-2-2　"中华人民共和国检验检疫出入境货物通关单"适用情况

单证	适用情况	管理
入境货物通关单	(1) 列入《法检目录》的商品 (2) 外商投资财产价值鉴定（受国家委托，为防止外商瞒骗对华投资额而对其以实物投资形式进口的投资设备的价值进行的鉴定） (3) 进口可用作原料的废物 (4) 进口旧机电产品 (5) 进口货物发生短少、残损或其他质量问题需对外索赔时，其赔付的进境货物 (6) 进口捐赠的医疗器械 (7) 其他未列入《法检目录》，但国家有关法律、行政法规明确由出入境检验检疫机构负责检验检疫的入境货物或特殊物品等	实行"一批一证"制度，证面内容不得更改
出境货物通关单	(1) 列入《法检目录》的货物 (2) 出口纺织品标识 (3) 对外经济技术援助物资及人道主义紧急救灾援助物资 (4) 其他未列入《法检目录》，但国家有关法律、行政法规明确由出入境检验检疫机构负责检验检疫的出境货物	实行"一批一证"制度，证面内容不得更改

三、进出口货物收付汇管理制度

对外贸易经营者在对外贸易经营活动中，应当依照国家有关规定结汇、用汇。这里所提的国家有关规定就是我国的外汇管理制度，即国家外汇管理局、中国人民银行及国务院其他有关部门，依据国务院《中华人民共和国外汇管理条例》及其他有关规定，对包括经常项目外汇业务、资本项目外汇业务、金融机构外汇业务、人民币汇率的生成机制和外汇市场等领域实施的监督管理。进出口货物收付汇管理是我国实施外汇管理的主要手段，也是我国外汇管理制度的重要组成部分。

1. 出口货物收汇管理

我国对出口收汇管理采取的是外汇核销形式。为完善企业货物贸易出口收结汇管理，加强出口交易与收结汇的真实性及一致性的核查，根据《中华人民共和国外汇管理条例》，国家外汇管理局先后颁布了《出口收汇核销管理办法》和《出口收汇核销管理办法实施细则》，并会同商务部、海关总署联合制定了《出口收结汇联网核查办法》，明确通过出口收结汇联网核查系统进行出口电子数据联网核查的方式。

具体的操作办法为：①出口企业获得自营进出口经营权。②办理外汇备案登记，同时办理"中国电子口岸"入网认证手续，领取"中国电子口岸"操作员IC卡。③用"中国电子口岸"操作员IC卡进行网上申领，同时向外汇局申领纸质核销单。④用"中国电子口岸"操作员IC卡进行口岸备案后报关出口。⑤足额收汇，取得银行的收汇核销专用联。对预计收汇日期超过报关日期180天以上（含180天）的，出口单位应当在货物出口报关后60天内凭远期备案书面申请、远期收汇出口合同或协议、核销单、报关单及其他相关材料向外汇局办理远期收汇备案。⑥及时取得退回的报关单和核销单。⑦用"中国电子口岸"操作员IC卡进行网上交单3天后，办理出口收汇核销，取得核销单出口退税专用联供退税用。

2. 进口货物付汇管理

进口货物付汇管理采取外汇核销形式。国家为了防止汇出外汇而实际不进口商品的逃汇行为的发生，通过海关对进口货物的实际监管来监督进口付汇情况。

其具体操作程序为：①进口单位经商务部或其授权单位批准或备案取得进出口权，并取得"中国电子口岸"操作员IC卡。②进口单位持有关材料向注册所在地外汇局申请办理列入"对外付汇进口单位名录"。③外汇局审核无误后，为进口单位办理"对外付汇进口单位名录"手续。④进口单位付汇或开立信用证前，判断是否需到外汇局办理"进口付汇备案表"手续。如需要，持有关材料到外汇局办理进口付汇备案手续，领取进口付汇备案表；如不需要，进口单位持有关材料到外汇指定银行办理开证或购汇手续即可。⑤进口单位在有关货物报关后一个月内到外汇局办理进口核销报审手续。

任务三 《中华人民共和国进出口货物报关单》的填制

【实训任务】

【任务一】

根据报关单的填制规范，完成报关单单个项目选择填写。

（1）H2000 通关系统中，一票报关单编号为 0203200810036056987，编号中"0203"和"1"各代表：

A. 接受申报关区代码；该单为进口货物报送单

B. 实际进出境关区；该单为出口货物报送单

C. 接受申报关区代码；该单为出口货物报送单

D. 实际进出境关区；该单为进口货物报关单

（2）石家庄某企业从韩国进口起重机 2 台，载货船舶经停青岛港（4200），运至天津新港（0202）转关到石家庄报关（0401），其"进口口岸"应填报：

A. 青岛海关 4200   B. 天津海关 0201

C. 新港海关 0202   D. 石家庄 0401

（3）北京平谷某服装企业（0110）经营来料加工进口面料一批，《登记手册》上备案的进出口口岸为天津（0201），该批货物实际进口口岸为大连港湾海关（0901），其"进口口岸"应填报：

A. 大连港湾海关 0901   B. 天津海关 0201   C. 平谷海关 0110

D. 更改备案登记后填报大连港湾海关 0901

（4）安徽某服装企业将加工贸易产品，从安徽芜湖海关（3301）结转给江苏工业园区（2346）某服装企业继续加工出口，其"进口口岸"应填报：

A. 芜湖海关 3301   B. 芜湖海关驻出口加 3312

C. 苏州海关 2303   D. 苏州工业园区海关 2346

（5）广东东莞某机械设备公司（5204）通过铁路运输出口至荷兰一批设备，在广州车站（5143）装车后，经北京、哈尔滨、满洲里（0609）出境，其"出口口岸"应填报：

A. 东莞海关 5204

B. 广州车站 5143

C. 满洲里海关 0600

D. 满铁路 0609

（6）南京昆山出口加工区（2335）某加工企业的货物，经海关批准转让给南通出口加工区（2333）某加工企业，昆山出口加工区企业的出口报送单中"出口口岸"应填报：

A. 昆山加工 2335

B. 南通关办 2333

C. 南通海关 2302

D. 南京海关 2300

（7）天津 A 合资企业购买产自深圳 B 企业来料加工贸易项下生产的四色印刷机，作为投资设备。来料加工手册编号为：B10205642359，征免税证明编号为：Z01123B01125。天津 A 合资企业应分别填报哪种报关单和备案号：

A. 进口报关单 B10205642359

B. 出口报关单 B10205642359

C. 进口报关单 Z01123B01125

D. 出口报关单 Z01123B01125

（8）北京某企业进口原产于香港的香水（CEPA 项下），该企业凭《原产地证书》（编号：YHK06065663）通过原产地证书联网管理系统向海关申报，其"备案号"栏和"随附单据"栏应填报：

A. Y；Y：<3>

B. YHK06065663

C. YHK06065663；Y：<3>

D. 不填；YHK06065663

（9）湖南某服装加工企业，将 2008 年 1 月 6 日从日本进口的料件，于 2008 年 4 月 28 日经海关批准结转给上海某服装加工企业进行深加工。其"进口日期"填报：

A. 2008.01.06

B. 2008.01.06

C. 2008.04.28

D. 2008.04.28

（10）上海某加工贸易企业于 2008 年 4 月 23 日向上海浦东机场海关申报出口一批玩具，该航班于 4 月 28 日离开浦东机场。其"出口日期"填报：

A. 2008.04.23

B. 2008.4.28

C. 2008.04.28

D. 不填

（11）某企业进口一批冻带鱼，货物于 2007 年 8 月 13 日到港，2007 年 8 月 15 日向海关申报，贸易方式为一般贸易，经人工审单后，海关以规格型号申报不规范为由退单，企业按海关要求对原报关单修改后于 2007 年 8 月 17 日重新申报后海关接受申报，该报关单的"申报日期"应填报：

A. 2007.08.13　　　　　　　　　　B. 2007.08.15

C. 2007.08.17　　　　　　　　　　D. 不填

（12）北京某玩具进出口企业委托北京顺义玩具厂来料加工玩具一批，但是《登记手册》登记为北京大兴玩具厂，后经变更为北京顺义玩具厂。其"经营单位"应填报：

A. 北京某玩具进出口企业　　　B. 北京顺义玩具厂　　　C. 北京大兴玩具厂

D. 北京某玩具进出口企业的单位名称及其编码

（13）北京大学（1108990025）委托北京瀚海进出口有限公司（1108915567）接受美国耶鲁大学赠送的教学用仪器 3 台，瀚海公司又委托北京迅捷报关有限公司（110890065）代为办理报关手续，其进口报关单中"经营单位"应填报：

A. 北京大学 1108990025　　　　　　B. 北京瀚海进出口有限公司 1108915567

C. 北京迅捷报关有限公司 110890065　　　D. A 或 B 均可

（14）天津经济技术开发区某企业，在天津开发区海关（关区代码 0207）报关出口转关运输货物一批，货物经铁路运输至拱北，在横琴海关作转关（关区代码 5795），再由拱北汽车运输至中国澳门，从中国澳门空运到美国。其出口货物报关单上的"运输方式"栏应填报：

A. 铁路运输　　　　　　　　　　B. 汽车运输

C. 航空运输　　　　　　　　　　D. 其他运输

（15）一批进口货物，从美国用船运到中国香港，再从中国香港用汽车运到深圳，然后再从深圳用火车运抵天津，该批进口货物报关时，进口货物报关单上的"运输方式"栏应填报：

A. 2　　　　　　B. 3　　　　　　C. 4　　　　　　D. 9

（16）上海某企业 2008 年 1 月 4 日海运进口货物一批，船名 JIANJUN，航次号：Y304。按照纸质报关单填报格式要求，"运输工具名称"栏应填报：

A. V304　　　　　　　　　　　B. JIANJUN

C. JIANJUN V304　　　　　　　　　　　　D. JIANJUN/V304

（17）中国出版集团图书进出口有限公司，经海关批准进口图书，先期以《集中申报清单》申报第一批于 2008 年 1 月 3 日由 CA3458 号航班运抵首都机场，第二批于 2008 年 1 月 8 日 CA3432 号航班运抵首都机场。2008 年 1 月 10 日该公司以报关单方式集中向海关办理报关手续，该报关单中"运输工具名称"栏应填报：

A. CA3458　　　　　　　　　　　　　　B. CA3432

C. 分单填报　　　　　　　　　　　　　D. 集中报关

（18）北京某企业海运进口设备一批，在天津东港海关直接申报进口。其提运单号分别为：HTT381221771991、HTT381221771992。其进口货物报关单"提运单号"栏应填报：

A. HTT381221771991、HTT381221771992

B. 将其中一个填报在"提运单号"栏，另一个填报在"备注"栏

C. 分单填写　　　　　　　　　　　　　D. 不填

（19）上海某企业向上海浦东国际机场海关申报空运进口设备一批。总运单号为：CAR33166578，分运单号为：CA789321。其进口货物"提运单号"栏应填报：

A. CAR33166578　　　　　　　　　　　B. CA789321

C. CAR33166578/ CA789321　　　　　　D. CAR33166578_CA789321

（20）中国粮油进出口公司（1105914059）收购广东省粮油进出口公司（4401916853）在番禺炼油厂（442395124）生产的花生油，经上海浦东港出口，报关单的"发货单位"栏应填报：

A. 1105914059　　　　　　　　　　　　B. 4401916853

C. 442395124　　　　　　　　　　　　D. 番禺炼油厂

（21）广东嘟嘟玩具有限公司（4409935648），2008 年 3 月从意大利进口一批玩具样品，在向海关申报时，其报关单"贸易方式"栏应填报：

A. 货样广告品 A　　　　　　　　　　　B. 货样广告品 B

C. 一般贸易　　　　　　　　　　　　　D. 其他进出口免费

（22）外商投资企业为加工出口产品全部使用国内料件的出口合同，成品出口报关单"贸易方式"栏应填报：

A. 一般贸易　　　　　　　　　　B. 来料加工

C. 出料加工　　　　　　　　　　D. 其他贸易

(23) 在一份进口报关单中"贸易方式"填报为"合资合作设备","用途"填报为"企业自用","征免性质"应填报为"一般征税"或是：

A. 外资企业　　　　　　　　　　B. 自有资金

C. 鼓励项目　　　　　　　　　　D. 加工设备

(24) 连云港海关某加工企业,将原先的来料加工料件退运出境。其"征免性质"栏应填报：

A. 一般征税　　　　　　　　　　B. 其他法定

C. 来料加工　　　　　　　　　　D. 照章征税

(25) 某企业出口货物一批,其合同上注明 PAYMENT TERMS：Telegraph Transfer, payable at 90 days from Bill of Lading Date, 则其出口报关单"结汇方式"栏应填报：

A. 1　　　　　　　　　　　　　B. 2

C. 3　　　　　　　　　　　　　D. 6

(26) 北京某出口加工企业 (1105944063) 持加工贸易手册 (B10200305211) 和《入境货物通关单》(编号 110400103001197) 进口高压断路器零件一批。其"许可证号"栏应填报：

A. 1105944063　　　　　　　　B. B10200305211

C. 110400103001197　　　　　　D. 不填

(27) 我国某进出口公司从香港购进一批索尼 (SONY) 牌电视机,该电视机为日本品牌,其中显像管为韩国生产,集成电路板由新加坡生产,其他零件均为马来西亚生产,最后由韩国组装成整机。该公司向海关申报进口该批电视机时,"原产国 (地区)"栏应填报：

A. 日本　　　　　　　　　　　　B. 韩国

C. 新加坡　　　　　　　　　　　D. 马来西亚

(28) 在中国台湾纺成的纱线,运到日本织成棉织物,并进行冲洗、烫、漂口、染色、印花。上述棉织物又被运往越南制成睡衣,后又经中国香港更换包装转销我国。其进口报关单"原产国 (地区)"栏应填报：

A. 日本 　　　　　　　　　　　　B. 中国台湾

C. 越南 　　　　　　　　　　　　D. 中国香港

(29) 联合国救灾协调员办事处在美国市场采购原产于加拿大的冰雪救灾物资无偿援助我国，该批物资在洛杉矶装船，在日本东京中转后运抵我国，这种情况其报关单"起运国（地区）"栏目应填报：

A. 日本 　　　　　　　　　　　　B. 加拿大

C. 美国 　　　　　　　　　　　　D. 联合国

(30) 我国企业在广交会上与加拿大商人签订合同出口货物至美国，货物通过海运到加拿大后转运至美国，其出口货物报关单上"运抵国（地区）"和"最终目的国（地区）"栏正确填报的内容是：

A. 加拿大；加拿大 　　　　　　　B. 加拿大；美国

C. 美国；加拿大 　　　　　　　　D. 美国；美国

(31) 大连某加工贸易企业，将原来料加工料件结转给上海某服装加工企业。上海某服装加工企业应向海关申报哪种报关单，"成交方式"栏应填报：

A. 出口报关单：FOB 　　　　　　B. 出口报关单：CIF

C. 进口报关单：FOB 　　　　　　D. 进口报关单：CIF

(32) 中粮油进出口总公司海运进口 1200 瓶礼品装葡萄酒，出厂时每 12 瓶放入一个专用包装纸箱。为了方便运输，每 20 箱码放在一个托盘上，外部覆盖防潮塑料布，其进口报关单"件数"和"包装种类"栏应填报：

A. 1200；7 　　　　　　　　　　B. 100；2

C. 5；5 　　　　　　　　　　　　D. 1200；5

(33) 某进出口公司向某国出口 500 吨散装小麦，该批小麦分装在一条船的 3 个船舱内，海关报关单上的"件数"和"包装种类"两个项目的正确填报应是：

A. 500；吨 　　　　　　　　　　B. 1；船

C. 3；船舱 　　　　　　　　　　D. 1；散装

(34) 国内某化工进出口公司合同出口塑料桶装化工原料 50 吨，为了保证运输安全，每 4 桶装入一个木质包装箱，塑料桶共重 1 吨，木质包装箱共重 1.5 吨。其"毛重"和"净重"栏应分别填报：

A. 52.5 吨；50 吨　　　　　　　　　B. 52.5；50

C. 52500 千克；50000 千克　　　　　D. 52500；50000

（35）国内某经营进出口首饰单位空运进口宝石毛坯 300 克，包装箱重 500 克。其"毛重"和"净重"栏应分别填报：

A. 0.8；0.3　　　　　　　　　　　　B. 0.8 千克；0.3 千克

C. 1；1　　　　　　　　　　　　　　D. 1 千克；1 千克

（36）天津某企业持《中华人民共和国进口许可证》（编号：AA-03-338596）一般贸易海运进口氢氰酸一批，其"随附单据"栏应填报：

A. AA-03-338596　　　　　　　　　B. 1

C. 1：AA-03-338596　　　　　　　　D. 不填

（37）青岛某合资企业在国内凭《征免税证明》，购买某加工贸易企业加工贸易成品，为自用投资设备。该设备在《征免税证明》中列为第 2 项，在《登记手册》中列为第 5 项。进口报关单和出口报关单"项号"一栏应分别填报：

A. 进口报关单 2；出口报关单 5　　　B. 进口报关单 5；出口报关单 2

C. 进口报关单 1；出口报关单 1　　　D. 进口报关单 1；出口报关单 1
　　　　　　2　　　　　　　　5　　　　　　　　5　　　　　　　　2

（38）国内某企业一般贸易海运进口钢铁制螺母，规格 24 毫米，型号 8481，成交量 10000 个，重 1000 公斤，其"商品名称、规格型号"栏和"数量及单位"栏应分别填报：

A. 螺母 10000 个　　　　　　　　　B. 钢铁制螺母 1000 公斤

24 毫米　　　　　　1000 公斤　　　24 毫米　　　　　10000 个

C. 螺母 1000 千克　　　　　　　　　D. 螺母 10000 千克

钢铁制/24 毫米/8481　　　　　　　24 毫米

10000 个　　　　　　　　　　　　8481　　　　　　10000 个

【任务二】

▶ **任务背景**

中国矿产钢铁有限责任公司（110891××××）订购进口一批热拔合金钢无缝锅炉管（属法定检验检疫和自动进口许可管理商品，法定计量单位为千克），委托辽宁抚顺辽抚锅炉厂有限责任公司（2101491××××）制造出口锅炉。载货运输工具于

2005年4月10日申报进境，次日辽宁龙信国际货运公司（210298××××）持经营单位《登记手册》和相关单证向大连大窑湾海关申报货物进口。保险费率为3‰。

▶ **工作任务**

根据所提供的资料，按照报关单填制规范的要求，在报关单相对应的栏目选项中，选出最合适的答案。

（1）"备案号"栏：

A. C×××××××××× B. Y××××××××

C. Z×××××××××× D. 此栏为空

（2）"进口日期"栏：

A. 05.04.10 B. 2005.04.10

C. 2005/04/10 D. 2005.04.11

（3）"贸易方式"栏：

A. 0110 B. 0214

C. 0615 D. 0654

（4）"征免性质"栏：

A. 101 B. 502

C. 503 D. 602

（5）"起运国（地区）"栏：

A. 欧盟 B. 德国

C. 法国 D. 比利时

（6）"装货港"栏：

A. 中国香港 B. 杜塞尔多夫

C. 鹿特丹 D. 安特卫普

（7）"境内目的地"栏：

A. 辽宁抚顺 B. 辽宁抚顺辽抚锅炉厂

C. 辽宁抚顺经济技术开发区 D. 辽宁抚顺其他

（8）"成交方式"栏：

A. CIF B. C&F

C. CPT D. FOB

（9）"保费"栏：

A. 此栏为空   B. 000/0.3/1

C. 0.3   D. 0.3%

（10）"件数"栏：

A. 1   B. 3

C. 6   D. 7

（11）"包装种类"栏：

A. 裸装   B. 集装箱

C. 件   D. 其他

（12）"净重"栏：

A. 1711000   C. 63482.5

B. 28795   D. 25000

（13）"集装箱号"栏：

A. MOFU0455437*3（3）   B. MOFU0455437*3（6）

C. MOFU0455437/40/718961   D. MOFU0455437/40/××××

（14）"随附单据"栏：

A. A7Y   B. 7：×××××××××××××

C. A：×××××××××××××××   D. Y：×××××××

（15）"用途"栏：

A. 企业自用   B. 外贸自营内销

C. 其他内销   D. 加工返销

（16）"标记唛码及备注"栏的"备注"项：

A. 7：×××××××××××

B. A：××××××××××××××   7：×××××××××××

C. 7：××××××××××××   Y：×××××××

D. 此项为空

（17）"商品名称、规格型号"栏：

A. 热拔合金钢制无缝锅炉管

B. 热拔合金钢制无缝锅炉管

HOT FINISHED SEAMLESS STEEIS PIPES FOR BUILER

C. 热拔合金钢制无缝锅炉管　　　　D. 热拔合金钢制无缝锅炉管

787×39×5000-7000MM　　　　　　787×39×5000-7000MM HS 73045910

（18）"数量及单位"栏：

A. 28795 千克（第一行）　　　　　B. 28795 千克（第一行）

　　　　　　　　　　　　　　　　　41640 米（第三行）

C. 8795 千克（第一行）　　　　　　D. 28795 千克（第一行）

63482.5 磅（第三行）　　　　　　　28.795 吨（第三行）

（19）"原产国（地区）"栏：

A. 300　　　　　　　　　　　　　　B. 304

C. 305　　　　　　　　　　　　　　D. 307

（20）"征免"栏：

A. 全免　　　　　　　　　　　　　　B. 一般征税

C. 照章征税　　　　　　　　　　　　D. 全额退税

▶ 相关单证

相关单证见单证 2-3-1 至单证 2-3-4。

【任务三】

▶ 任务背景

青岛富士家具有限公司（海关注册编号 3702230523）进口红橡木皮。运输工具于 2005 年 9 月 5 日申报进境，并且委托青岛大华物流有限公司（海关注册编号 3702980196）于次日向青岛大港海关（4227）报关，运保费：1800 美元。

▶ 工作任务

请根据所提供的资料，按照报关单填制规范的要求，完成报关单的填制。

▶ 相关单证

相关单证见单证 2-3-5 至单证 2-3-7。

单证 2-3-1　Mitsui O.S.K. Lines LTD

Shipper V AND M DEUTSCHL AND GMBH THEODORSTRASSE 90 D-40472 DUSSELDORF-RATH. GERMANY TEL: (0049) 2119602××395000×			Booking NO. 803364874-A	B/L NO. MOLU803364874
Consignee (Not negotiable unless consigned to order) TO ORDER			COMBINED TRANPORT BILL OF LADING	
Notify Party SINOTRANS LIONING SHIPPIONG IMPORT CO. RM 1207 SINOTRANS LIONING SHIPPIONG BLDG NO.85 RENMIN ROAD DALIN CHINA				
Pre-carrige by	Place of receipt ANTWERP-CY		Also Notify　(For Merchant's reference only) 888/1178.1	
Ocean Vessel Voy. No.116E APL HONGKONG	Port of Loading ANTWERP EUROPEAN MAIN PORT			
Port of Discharge DALIAN	Place of delivery DALIAN-CY		Final destination for the Merchant's reference	
Container NO. Seal No. Marks & Nos. SHIPPING MARK: 04EU- WJ7304317T054 ... DALIAN Container NO. MOFU0455437 Seal No. 718961	No.　　　of Containers or Packages Type Tare	Kind or Package; Description of Goods FREIGHT PREPAID SHIPPER'S LOAD COUNTY EQUIPMENT SUBSTITUTION PER RULE2-G5 1×40'DRY CONTAINERS SAID TO CONTAIN HOT FINISHED SEAMLESS STEEL PIPES FOR BOILER GW KGS GW LBS ON BOARD MV "APL HONGKONG" ON 04-03-2005 "FREIGHT PREPAID" CONTRACT NO. 04EUWJ7304317T054 IRREVOCABLE DOCUMENTARY 　CREDIT NUMBER LC251060500042	Gross Weight Kgs 28795.00 63482.50	Measurement m³ 25000
Total Number of containers and/or packages (in words)				

11. Freight & Charges	Revenue Tons	Rate	Per	Prepaid	Collect

No. of Originals THREE	Place and date of B/L issue: ROTTERDAM 04-03-2005	Totals & Pay at:		
LADEN ON BOARD THE VESSEL APL HONGKONG VOY NO 116E AT ANTWERP				
Date 0403-2005　　　　signatue				

Mitsui O.S.K. Lines LTD AS carrier

单证 2-3-2 **Original**

MINMETALS STEEL CD., LTD MINMETALSPLAZA, 6 SANLIHE ROAD HAIDIAN DIS BEIJING 100044 BEIJING CHINA	INVOICE NO.: 57/88/0032	INVOICE date 04.03.2005	Page1

	CONTRACT NO.	04EU–WJ7304317T054	Our Order NO.	888/1178.1
M/V'APL HONGKONG No. NO. 116E'		LC251060500042	Clerk Telephone	0211/960–2××××
On 04.03.05	Country of destination	China	Telefax	0211/960–3××××
Shipment from ANTWERP	Station of destination	Dalian	Gr .Wt. of delivery note	28795.00
EUROPEAN MAIN PORT	Mill	Reisbozl/Press	Gr .Wt. of Consignment	28795.00
To Dalian	Dispatch station	Dusseldorf, Germany	Gross Weight=Net Weight	
	Freight notice	CPT Dalian	Carriage free wt. of consignment	
	Price based on delivery	CPT Dalian		

TRGN	Product					Price			Amount USD
	Dimension	Quantity delivered				Designation	Unit	USD	
		Price	Kg	Total	Length/m				

DESCRIPTION OF GOODS AND/OR SERVICE:
COMMODITY: HOT FINISHED SEAMLESS STEEL PIPES FOR BOILER
QUALITY:
ASME SA 106B/C
ASTM A213 MT 12
PRICE TERM: CPT DALIAN
COUNTR OF ORIGIN AND MANUFACTURER: V AND M FRANCE OR GERMANY OR ITALY
SHIPPING MARK:
04EUWJ7304317T054
...
　DALIAN
PACKING: UNPACKED
SPECIFICATION
SIZE:
SEE CONTRACT NO. 04EUWJ7304317T054　　　　　　QUANTITY (MT)
QUANTITY SHIPPED:　　　　　　　　　　　　　　1711.000
787×39×5000–7000MM　　　　28.798　41.640　　　　　　　MT 3080.00　88688.60
TOTAL:
　　　　　　　　　　　TOTAL LENGH (M)　41.640
　　　　TOTAL INVOCE VALUE:　　28.798　41.640　　　　　　　　　88688.60
　　　　　　　　　　　TOTAL LENGTH (FI) 136.614
ACTUAL LENGTH:

LOT	LENGTH (M)	LENGTH (FI)
1	5.655	18.553
2	5.935	19.427
3	6.000	19.685
4	5.925	19.439
5	6.005	19.701
6	6.050	19.849
7	6.070	19.915

单证 2-3-3

1. Consignor V AND M DEUTSCHL AND GMBH THEODORSTRASSE 90 D-40472 DUSSELDORF-RATH. GERMANY TEL：（0049）2119602××××	NO. ××××××××	ORIGINAL
	EUROPEAN COMMUNITU ... CERTIFICATE OF ORIGIN	
2. Consignee MINMETALS STEEL CD.，LTD MINMETALS PLAZA，6 SANLIHE ROAD HAIDIAN DIS BEIJING 100044 BEIJING CHINA	3. Country of origein FEDERAL REPUBLIC OF GERMANY (UROPEAN COMMUNITU)	
4. Means of transport M/V	5. Remarks CONTRACT NO. 04EUWJ7304317T054 OUR ORDER NO. 888/1178-1	
6. Item no marks no number and kind or packages， Description of goods 　HOT FINISHED SEAMLESS STEEL PIPES FOR BOILER 787×39×5000-7000MM HS 73045910 MARKING ACC. TO THE B/L	7. Quantity 28，795KGS	
8. The undersigned authority certifies that goods described above originate in the country shown in box 3 18MRZ.2005 Industrie-und Handelskammer Zu Dusseldorf		

单证 2-3-4　中华人民共和国海关进口货物报关单

预录入编号：　　　　　　　　　　　海关编号：

进口口岸	备案号		进口日期	申报日期
经营单位	运输方式		运输工具名称	提运单号
收货单位	贸易方式		征免性质	征税比例
许可证号	启运国（地区）		装货港	境内目的地
批准文号	成交方式	运费	保费	杂费
合同协议号	件数	包装种类	毛重（千克）	净重（千克）
集装箱号	随附单据			用途

续表

标记唛码及备注									
项号	商品编码	商品名称	规格型号	数量及单位	原产国（地区）	单价	总价	币制	征免

税费征收情况

　　合计总价：

录入员　录入单位	兹声明以上申报无误并承担法律责任	海关审单批注及放行日期（签章）
报关员　　海关		审单　　审价
单位地址　　申报单位（签章）		征税　　统计
邮编　　电话　　填制日期		查验　　放行

单证 2-3-5　Expeditors International Ocean Bill Lading

SHIPPER (Name and Full Address) WASHINTON INTERNATIONAL TRADE CO., 8021 SOUTH 210TH STREET KENT WASHINTON 98032 USA TEL: (253) 486-8790 FAX: (253) 486-8798	BOOKING NUMBER HOUI 56352	B/L NUMBER LAXSHP643105
	EXPORT REFERENCES SHPR REF: JOHNSON/501132	
CONSIGNEE QINCDAO FUJI FURNITURE CO., 112 XINHUA ROAD ECONOMY TECHNOLOGY DEVELOPMENT ZONE, QINGDAO, CHINA	FORWARDING AGENT REFERENCES	
	POINT AND COUNTRY OF ORIGIN OF GOODS U.S.A.	
NOTIFT PARTY SAME AS CONSICNEE	ALSO NOTIFT	
CARRIAGE NORTHERN V. 127N		
PORT OF LOADING LOS ANGELES	PLACE OF RECEIPT LOS ANGELES	
PORT OF DISCHARGE OSAKA	PLACE OF DELIVERY QINC DAO	

PARTICULARS FURNISHED BY SHIPPER				
MAKS & NOS. CONTAINER NOS	NOS. OF PKGS	DESCRIPTION OF PACKACES AND GOODS	GROSS WEIGHT KGS	MEASUREMENT (CBM)
N/M 14.5m³ CCLU4230875 20H TARE: 2250 CCLU1141680 20H TARE: 2250	30 PLT	RED OAK VENEER 14.5 CBM, 30 PALLETS, 14760. KGS . TOTAL 2 × 20'CONTAINER LOADEN ON BOARD 05/08/08	14760.00	14.5m³

单证 2-3-6　INVOICE

Signed by

Sold To Customer: QLICDAO FUJI FURNITURE CO., LTD. Vessel: NORTHERN V. 127N			Invoice No. WIT 1024
			Payment Terms: T/T
			Contract No.: 105-145
			Country of Origin: U.S.A
From:　　　To:　　　VIA: LOS ANGELES　QINGDAO　　OSAKA by MARE DRICUM 0332W			

ITEN	DESCRIPTION OF GOODS	QUANTITY	UNIT PRICE	AMOUNT
	Red Oak Veneer Length > 8 feet width > 4inch Thickness 0.6mm	14.5m^3	USD1630.00 FOB LOS ANGELES	23635.00
	TOTAL: 14.5m^3		USD23635.00	
			WASHINTON INTERNATIONAL TRADE.CO	

单证 2-3-7　PACKING LIST

Sold To Customer: QINGDAO FUJI FURNITURE CO., LTD. Vessel: NORTHERN V. 127N				Invoice No. WIT 1024
				Payment Terms: T/T
				Contract No.: 105-145
				Country of Origin: U.S.A
From:　　　To.:　　　Per: LOS ANGELES　QINCDAO　　OSAKA by MARE DRICUM 0332W				

MARKS AND NOS.	DESCRIPTION OF PACKAGES AND GOODS	QUANTITY (CBM)	N. WEIGH (KG)	G. WEIGH (KG)
	Red Oak Veneer packed in 30 pallets 2 × 20'Container To Contain 30 Pallets	14.5	13820.00	14760.00
TOTAL: 14.5m^3			13820.00	14760.00

Signed by

WASHINTON INTERNATIONAL TRADE.CO

【专业知识】

一、进出口货物报关单填制的一般要求

进出境货物的收发货人或其代理人向海关申报时，必须填写并向海关递交进出口货物报关单。申报人在填制报关单时，应当依法如实向海关申报，对申报内容的真实性、准确性、完整性和规范性承担相应的法律责任。

1. 如实申报

报关员必须按照《海关法》、《货物申报管理规定》和《报关单填制规范》的有关规定和要求，向海关如实申报。

2. 报关单填报必须真实，不得伪报、瞒报、虚报

报关单填报要做到"两个相符"：

（1）单、证相符。所填报关单各栏目的内容必须与合同、发票、装箱单、提单以及批文等随附单据相符。

（2）单、货相符。所填报关单各栏目的内容必须与实际进口货物情况相符。

3. 报关单的填报要准确、齐全、完整、清楚

报关单各栏目内容要逐项详细准确填报（打印），字迹清楚、整洁、端正，不得用铅笔或红色复写纸填写；若有更正，必须在更正项目上加盖校对章。

不同的批文或合同的货物、同一批货物中不同的贸易方式的货物、不同备案号的货物、不同提运单的货物、不同的运输方式或相同的运输方式但不同的航次的货物，均应该分单填报。

一份原产地证书只能对应一份报关单；同一份报关单上的商品不能够同时享受协定税率和减免税；在一批货物中，对于实行原产地证书联网管理的，如涉及多份原产地证书或含有非原产地证书商品，亦应分单填报。

4. 分项填报的要求

在反映进口商品情况的项目中，需分项填报的主要有下列几种情况：商品编号不同的（即商品编码不同）；商品名称不同的；原产国（地区）/最终目的国（地区）不同的。

5. 对更改的要求

已向海关申报的进口货物报关单，如原填报内容与实际进口货物不一致而又有正当理由的，申报人应向海关递交书面更正申请，经海关核准后，对原填报的内容进行更改或撤销。

企业申请改单时应当提交《进出口货物报关单修改/撤销申请表》，并相应提交下列有关单证：可以证明进出口实际情况的合同、发票、装箱单等相关单证；外汇管理、国税、检验检疫、银行等有关部门出具的单证；应税货物的海关专用缴款书、用于办理收付汇和出口退税的进出口货物报关单证明联等海关出具的相关单证。

二、进出口货物报关单的填制规范

为规范进出口货物收发货人的申报行为，统一进出口货物报关单填制要求，保证报关单数据质量，海关总署于 2008 年 8 月根据《中华人民共和国海关法》及有关法规，修订了《中华人民共和国海关进（出）口货物报关单填制规范》，根据规范要求，报关单各栏目的填制规范如下：

1. 预录入编号

（1）含义。预录入编号指申报单位或预录入单位对该单位填制录入的报关单的编号。

（2）填报要求。报关单录入凭单的编号规则由申报单位自行决定，预录入报关单及电子数据交换（EDI）报关单的预录入编号由接受申报的海关决定编号规则，计算机自动打印。

2. 海关编号

（1）含义。海关编号指海关接受申报时给予报关单的顺序编号，一份报关单对应一个海关编号。海关编号由各海关在接受申报环节时确定，应标识在报关单的每一联上。

海关编号为 18 位数码，其中前四位为接受申报海关的编号（关区代码表中相应关区代码），第 5~8 位为海关接受申报的公历年份，第 9 位为进出口标志（"1" 为进口，"0" 为出口），后 10~18 位为报关单顺序编号。

例：090120130 110004538

　　　　大连港湾海关年份出口报关单顺序编号

（2）填报要求。一般来讲，海关编号就是预录入编号，由计算机自动打印，不需填写。

3. 进（出）口口岸

（1）含义。进（出）口口岸亦称关境口岸，指国家对外开放的港口及边界关口，具体而言是指设在一国关境内的对外开放的国际运输港口、国际民航航空站（港）、国际运输铁路车站、国际邮件交换局（交换站）、跨国（境）输出输入管道（线、网络）以及位于关界的国际运输公路通道等经一国政府批准的进出境地点。

在进出口货物报关单中，进口口岸和出口口岸均特指货物实际进出我国关境口岸海关的名称。

（2）信息来源（以海运为例）。信息来源分为进口和出口：

进口：根据正本海运提单（Original Bill of Lading）或从船公司换回的提货单（Delivery Order），以卸货地点栏目内注明的港务卸货区来确定对应监管海关的名称及编码。

出口：根据装货单（Shipping Order）和集装箱运输的场站收据（Dock Receipt）注明的船舶停靠的港务装卸区所属监管海关确定。

（3）填报要求。进口货物报关单的"进口口岸"栏应填报货物实际进入我国关境的口岸海关（不是口岸）的名称及代码。例如，货物由天津塘沽港进境的，"进口口岸"栏申报为："津塘沽办" + "0205"。

出口货物报关单的"出口口岸"栏应填报货物实际运出我国关境的口岸海关的名称及代码。如货物由上海吴淞港口出境的，"出口口岸"栏申报为："吴淞海关" + "2202"。

这里所说的海关的名称及代码，是指海关规定的《关区代码表》中的口岸海关的名称及代码。"关区代码表"由3部分组成，包括关区代码、关区名称和关区简称。关区代码由四位数字组成，前两位为直属海关或海关监管场所的中文名称；关区简称指关区（海关）的中文简称，一般为四个汉字。《关区代码表》中只有直属海关关别及代码的，填报直属海关名称及代码，如在西宁海关办理货物进出口报关手续，填报"西宁海关" + "9701"；如果有隶属海关关别及代码时，则应填报隶属海关名称及代码，如在大连隶属的大连港湾海关办理货物进出口报关手续，不得填报"大连海关" + "0900"，必须填报"大连港湾海关" + "0901"。

（4）特殊填报要求。特殊填报有如下几类：

1）无实际进出境的货物，填报接受申报的海关名称及代码。

2）无法确定进出口口岸的货物，填报接受货物申报的海关名称及代码。

3）进口转关运输货物，填报货物进境地海关名称及代码；出口转关运输货物，填报货物出境地海关名称及代码。

4）按转关运输方式监管的跨关区深加工结转货物，出口报关单填报转出地海关名称及代码，进口报关单填报转入地海关名称及代码。

5）在不同海关特殊监管区域或保税监管场所之间调拨、转让的货物，填报对方特殊监管区域或保税监管场所所在的海关名称及代码。

（5）限定口岸要求。国家对汽车整车、船舶和港机维修备件器材等商品限定口岸进口；对红松子（仁）、松茸等商品限定口岸出口；对实行许可证件管理的货物，按证件核准口岸限定进出口。相关商品应严格按照规定的口岸办理进出口申报手续。

加工贸易进出境货物，应填报海关备案时所限定或指定货物进出的口岸海关名称及代码。限定或指定口岸与货物实际进出境口岸不符的，应向合同备案主管海关办理变更手续后填报。

4. 备案号

（1）含义。备案号是指进出口货物收发货人办理报关手续时，应向海关递交的备案审批文件的编号，如加工贸易手册编号、加工贸易电子账册编号、征免税证明编号、实行优惠贸易协定项下原产地证书联网管理的原产地证书编号、适用信息技术协议（ITA）税率的商品用途认定证明编号等。

备案号的字头为备案或审批文件的标记，如表 2-3-1 所示。

表 2-3-1 "备案号"表

首位代码	备案审批文件	首位代码	备案审批文件
B*	加工贸易手册（来料）	RZ	减免税进口货物结转联系函
C*	加工贸易手册（进料）	H	出口加工区电子账册
D	加工贸易不作价设备	J	保税仓库记账式电子账册
E	加工贸易电子账册	K	保税仓库备案式电子账册
F	加工贸易异地报关分册	Y*	原产地证书
G	加工贸易深加工结转异地报关分册	Z*	征免税证明
RT	减免税进口货物同意退书证明	RB	减免税货物补税通知书

（2）信息来源。备案号信息来源于各备案审批文件的编号。

（3）填报要求。填报要求如下：

1）一份报关单只允许填报一个备案号。无备案审批文件的报关单，本栏目免予填报。

2）备案号的标记码必须与"贸易方式"、"征免性质"、"征免"、"用途"及"项号"等栏目相协调。

3）加工贸易项下除少量低值辅料按规定不使用加工贸易手册及后续退补税监管方式办理内销征税外的货物，本栏应填写加工贸易手册编号，不得为空，如"C57205411520"、"B57704740131"、"E09883765431"。

加工贸易设备之间结转，转入和转出企业分别填制进出口报关单，在本栏目填加工贸易手册的编号。

4）进出口征、减、免税审批货物填报征免税证明编号，不得为空，如"进出口货物征免税证明"填报"Z22010870142"。

5）加工贸易成品转为享受减免税或须审批备案后办理形式进口的货物，进口报关单填报征免税证明等审批证件备案编号，出口报关单填报加工贸易手册编号，并在进口报关单的"标记唛码及备注"栏填报加工贸易手册编号，在出口报关单的"标记唛码及备注"栏填报征免税证明编号。

6）进口实行原产地证书联网管理的中国香港 CEPA、中国澳门 CEPA 项下进口货物，本栏填报"Y"+"11 位原产地证书编号"，如"Y3M03A000001"；其他未实行原产地证书联网管理的优惠贸易协定项下进口货物均不在本栏填报原产地证书编号。

7）进出口特殊区域的保税货物，在"备案号"栏应填报标记代码为"H"的电子账册的备案号。进出特殊区域的企业自用设备、基建物资、自用合理数量的办公用品，在"备案号"栏应填报标记代码为"H"、编号第 6 位为"D"的电子账册备案号。

5. 进口日期/出口日期

（1）含义。进口日期是指运载所申报进口货物的运输工具申报进境的日期。"进口日期"栏填报的日期必须与运载所申报货物的运输工具申报进境的实际日期一致。

出口日期是指运载所申报出口货物的运输工具办结出境手续的日期。

（2）填报要求。对日期的填报有如下要求：

1）日期均为 8 位数字，顺序为年（4 位）、月（2 位）、日（2 位）。例如，2013 年 7 月 12 日申报进口一批货物，运输工具申报进境日期为 8 月 8 日，"进口日期"栏填报为："20130712"。

2）进口货物收货人或其代理人在进口申报时无法确知相应的运输工具的实

际进境日期时，"进口日期"栏允许为空。海关与运输企业实行仓单数据联网管理的，进口日期由海关自动生成。

3）"出口日期"以运载出口货物的运输工具实际离境日期为准。因本栏供海关打印报关单证明联用，可免予填报。

4）对于无实际进出境的货物，报关单"进（出）口日期"栏应填报向海关办理申报手续的日期，以海关接受申报的日期为准。

5）对集中申报的报关单，进口日期以海关接受报关申报的日期为准。

（3）信息来源。日期信息来源有以下两种情况：

进口：从船代公司换回的正本提单显示在右上角"船舶预计到港时间"的年月日；分拨提单显示在右上角"船舶到期"栏的年月日。

出口：向船代公司订舱时获得的开船日期。

6. 申报日期

（1）含义。申报日期是指海关接受进出口货物的收发货人或受其委托的报关企业申请的日期。

以电子数据报关单方式申报的，申报日期为海关计算机系统接受申报数据时记录的日期。

以纸质报关单方式申报的，申报日期为海关接受纸质报关单并对报关单进行登记处理的日期。

（2）填报要求。申报日期栏目在申报时免予填报。

7. 经营单位

（1）含义。进出口货物报关单中的经营单位专指已在海关注册登记，对外签订并执行进出口贸易合同的中国境内法人、其他组织或者个人。

（2）信息来源。经营单位的信息来源于进口发票的抬头人，如"CONSIGNEE"等，或出口发票签发的企业。

（3）填报要求。填报经营单位的名称及海关注册编码，缺一不可。

（4）经营单位海关注册编码结构。经营单位海关注册编码结构是指经营单位向所在地主管海关办理注册登记手续时，海关为之设置的注册登记编码。它适用于在海关注册登记的进出口货物收发货人、报关企业、报关企业跨关区（或关区内）分支机构、临时注册登记单位、从事对外加工的生产企业、海关保税仓库、出口监管仓库等行政管理相对人。

经营单位海关注册编码为 10 位数字，由数字和 24 个英文大写字母（I、O 除外）组成。

如舟山海洋渔业公司，其经营单位海关注册编码为"3309913303"。其结构如下：

1）第 1~4 位数为进出口单位属地的行政区划代码。

第 1、2 位数表示省、自治区、直辖市　如北京为 11，辽宁为 21。

第 3、4 位数表示省辖市（地区、省直辖行政单位），如第 3、4 位用"90"的，则表示未列名的省直辖行政单位。

例如，大连为 2102，庄河（大连所属县级市）为 2102。

2）第 5 位数为市经济区划代码。区划代码意义如下：

"1"：经济特区。

"2"：经济技术开发区。

"3"：高新技术产业开发区。

"4"：保税区。

"5"：出口加工区/珠澳跨境工业园区。

"6"：保税港区/综合保税区。

"7"：保税物流园区。

"8"：综合实验区。

"9"：其他。

"A"：国际边境合作中心。

"W"：保税物流中心。

例如，珠海市为 4404，细分为：珠海特区为 44041，珠海保税区为 44044，珠海国家高新技术产业开发区为 44043，珠澳跨境工业区（珠海园区）为 44045（使用出口加工区代码），珠海市其他地区为 44049。

3）第 6 位数为进出口企业经济类型代码。企业经济类型代码意义如下：

"1"：有进出口经营权的国有企业。

"2"：中外合作企业。

"3"：中外合资企业。

"4"：外商独资企业。

"5"：有进出口经营权的集体企业。

"6"：有进出口经营权的私营企业。

"7"：有进出口经营权的个体工商户。

"8"：有报关权而没有进出口经营权的企业。

"9"：其他，包括外国驻华企事业机构、外国驻华使领馆和临时有进出口经营权的企业、单位和个人等。

"A"：国营对外加工企业（无进出口经营权）。

"B"：集体对外加工企业（无进出口经营权）。

"C"：私营对外加工企业（无进出口经营权）。

4）第 7 位为企业注册用海关经营类别代码，表示海关行政管理相对人的类别，其代码意义如下：

"1~9"：进出口货物收发货人/报关企业。

"D~I"英文大写字母：各类保税仓库。

"L"：临时注册登记单位。

"Z"：报关单分支机构。

"J"：国内结转型出口监管仓库。

"P"：出口配送型出口监管仓库。

5）第 8~10 位为企业注册流水编号。

（5）特殊填报要求。特殊填报要求如下：

1）进出口企业之间相互代理进出口，或没有进出口经营权的企业委托有进出口经营权的企业代理进出口的，"经营单位"栏填报代理方中文名称及编码。

例如，上海城建局委托上海土产进出口公司（3101915031）进口黄桐木材，"经营单位"栏应填报为："上海土产进出口公司"＋"3101915031"。

2）外商投资企业委托外贸企业进口投资设备、物品的（监管方式为：合资合作设备"2025"、外资设备物品"2225"），"经营单位"栏填报该外商投资企业的中文名称及编码，并在"标记唛码及备注"栏注明"委托××公司进口"。

例如，上海协通针织有限公司（3101935039）委托上海机械进出口（集团）公司进口圆形针织机 5 台，"经营单位"栏应填报："上海协通针织有限公司"＋

"3101935039",并在"标记唛码及备注"栏注明:"委托上海机械进出口(集团)公司进口"。

3)援助、赠送、捐赠的货物,"经营单位"栏填报直接接受货物的单位的中文名称及编码。

例如,辽宁省民政厅接受香港捐赠的御寒物资一批,本栏应填报:"辽宁省民政厅"+"2101990000"(临时经营单位编码)。

4)境外企业不得作为经营单位填报。对于委托我驻港澳机构成交的货物,国内委托人为经营单位(中国境内法人)。例如,上海汽车进出口公司委托中国香港大兴汽车进出口公司进口汽车,其经营单位应为上海汽车进出口公司。

5)合同的签订者和执行者不是同一企业的,经营单位应按执行合同的企业(即与外方进行货款结算者)填报。例如,中国化工进出口总公司对外统一签约,而由辽宁省化工进出口公司负责合同的具体执行,则经营单位应为辽宁省化工进出口公司。

8. 运输方式

(1)含义。运输方式是指国际贸易买卖双方就进出口货物交接、交换所磋商决定可采用的运输工具种类与方式。

报关单所列的"运输方式"包括实际运输方式和海关规定的特殊运输方式两种。前者指实际进出境的运输方式,按货物进出关境所使用的运输工具分类;后者指货物无实际进出境运输方式,按货物在境内的流向分类。

(2)信息来源。货物实际进出口时根据货运单证的种类来确定运输方式。

(3)填报要求。"运输方式"栏应根据货物实际运输方式或货物在境内的流向的类别按海关规定的《运输方式代码表》选择填报相应的运输方式名称或代码,如表2-3-2所示。

表2-3-2 运输方式代码表

代码	名称	运输方式说明	代码	名称	运输方式说明
0	非保税区	非保税区运入保税区货物和保税区退区(退运境内)货物	2	水路运输	
1	监管仓库	境内存入出口监管仓库和出口监管仓库退仓货物	3	铁路运输	

续表

代码	名称	运输方式说明	代码	名称	运输方式说明
4	公路运输		H	边境特殊海关作业区	境内运往深港西部通道港方口岸区；境内进出中哈霍尔果斯边境合作中心中方区域
5	航空运输		W	物流中心	境内保税物流中心外与保税物流中心之间进出的货物
6	邮件运输		X	物流园区	从境内特殊监管区之外与物流园区内之间
7	保税区	保税区运往境内非保税区	Y	保税港区	保税港区与区外之间进出的货物
8	保税仓库	保税仓库转内销	Z	出口加工	出口加工区与区外之间进出的货物
9	其他运输	人扛、驮畜、管道、电网等实际进出境货物，部分非实际进出境货物			

1）实际进出境货物填报要求。实际进出境货物填报有如下要求：

A. 进境货物的运输方式，按货物运抵我国关境第一口岸时的运输方式填报；出境货物的运输方式，按货物运离我国关境最后一个口岸时的运输方式填报。实际运输方式包括水路运输（2）、铁路运输（3）、公路运输（4）、航空运输（5）、邮递运输（6）及其他运输（驮畜、电网、管道等）（9）。

B. 进出境旅客随身携带的货物，按旅客实际进出境时所乘运输工具填报。

C. 进口转关运输货物，按载运货物抵达进境地的运输工具填报；出口转关运输货物，按载运货物驶离出境地的运输工具填报。

D. 非邮政方式进出口的快件，按实际进出境运输方式填报。

E. 不复运出（入）境而留在境内（外）销售的进出境展览品、留赠转卖物品等，填报"其他运输"（代码9）。

2）无实际进出境货物填报要求。无实际进出境货物在境内流转时填报要求如下：

A. 境内非保税区运入保税区货物和保税区退区货物，填报"非保税区"（代码0）。

B. 保税区运往境内非保税区货物，填报"保税区"（代码7）。

C. 境内存入出口监管仓库和出口监管仓库退仓货物，填报"监管仓库"（代码1）。

D. 保税仓库转内销货物，填报"保税仓库"（代码8）。

E. 从境内保税物流中心外运入中心或从中心运往境内中心外的货物，填报"物流中心"（代码W）。

F. 从境内保税物流园区外运入园区或从园区运往境内园区外的货物，填报"物流园区"（代码X）。

G. 从境内保税港区外运入港区（不含直通）或从港区运往境内港区外（不含直通）的货物，填报"保税港区"（代码Y），综合保税区比照保税港区填报。

H. 从境内出口加工区、珠澳跨境工业区珠海园区（以下简称珠海园区）外运入加工区、珠海园区或从加工区、珠海园区运往境内区外的货物，区外企业填报"出口加工区"（代码Z），区内企业填报"其他运输"（代码9）。

I. 境内运入深港西部通道港方口岸区的货物，填报"边境特殊海关作业区"（代码H）。

J. 其他境内流转货物，填报"其他运输"（代码9），包括特殊监管区域内货物之间的流转、调拨货物，特殊监管区域、保税监管场所之间相互流转货物，特殊监管区域外的加工贸易余料结转、深加工结转、内销等货物。

9. 运输工具名称

（1）含义。运输工具名称是指载运货物进出境所使用的运输工具的名称或运输工具编号。

航次号指运输工具的航次编号。船舶每次航行都会指定一个航次号，航次一般为4位字符。

（2）信息来源。运输工具的名称和航次号的信息来源：提货单（进口）；装货单或场站收据、运单（出口）。

1）提单中"Vessel"表示船名，其后面跟的就是船名，如"Vessel：East Express"，即"East Express"为船名，"Vessel"有时简写成"VSL."。有的提单中用S/S（Steam Ship）、M.9（Motor Ship）、M/V（Motor Vessel 内燃机船）表示船名，如"S/S East Express"、"M/V East Express"。还有用 Ocean Vessel、Carrier、Name of Vessel、Name of Steamer 后面跟船名。

2）提单中通常使用"Voyage No."表示航次号，如"Voyage No.28ED09"则"28ED09"为航次号。

"Voyage No."经常使用的简写形式有："VOY No."、"V."、"V-"，其后面跟的也都是航次号。

3）有些提单中将船名和航次写在一起。如 "Vessel：East Express/28ED09"，或者"Vessel and VOY No.East Express/28ED09"，或者"Vessel：East Express V. 28ED09"，或者"Vessel：East Express V-28ED09"等。

4）航班号一般在航空运单的"Flight/Date"（航班/日期）栏内。如在总运单的"Flight/Date"栏内写有"CA3202"、"CA3202"就是航班号。

（3）填报要求。报关单中"运输工具名称"栏和"航次号"栏填报内容应与运输部门向海关申报的舱单（载货清单）所列相应内容一致。

纸质报关单上，因为没有单独的"航次号"一栏，所以"运输工具名称"和"航次号"合并填报在"运输工具名称"一个栏目。

一份报关单只允许填报一个运输工具名称和航次号。

1）"运输工具名称"栏的填报要求如下：

A. 实际进出境时，直接在进出境地采用"属地申报，口岸验放"通关模式办理报关手续的报关单填报要求如下：

水路运输：填报船舶编号（来往港澳小型船舶为监管簿编号）或者船舶英文名称。

公路运输：填报该跨境运输车辆的国内行驶车牌号，深圳提前报关模式的报关单填报国内行驶车牌号+"/"+"提前报关"。

铁路运输：填报车厢编号或交接单号。

航空运输：填报航班号。

邮件运输：填报邮政包裹单号。

其他运输：填报具体运输方式名称，如管道、电网等。

B. 实际进出境，转关运输货物报关单如表2-3-3所示。

C. 非实际进出境货物，运输工具名称为空。

D. 采用"集中申报"通关方式办理报关手续的，填报"集中申报"4个汉字。

2）"航次号"栏的填报要求如下：

A. 实际进出境，直接在进出境地办理报关手续的报关单：

表 2–3–3 转关运输货物报关单填报要求一览表

转关类型 / 运输方式	进口报关		出口报关		
	直转、提前报关转关	中转	非中转	多张报关单需要通过一张转关单转关的	中转（境内）
水路运输（2）	@+16 位转关申报单预录入号（或 13 位载货清单号）	进境英文船名	@+16 位转关申报单预录入号（或 13 位载货清单号）	@	驳船船名
铁路运输（3）	@+16 位转关申报单预录入号	车厢编号	@+16 位转关申报单预录入号（或 13 位载货清单号）	@	车名［主管海关 4 位关别码+TRAIN］
航空运输（5）	@+16 位转关申报单预录入号（或 13 位载货清单号）	@	@+16 位转关申报单预录入号（或 13 位载货清单号）	@	
公路运输（4）	@+16 位转关申报单预录入号（或 13 位载货清单号）				车名［主管海关 4 位关别码+TRUCK］
邮件运输（6）					
其他运输（9）			@+16 位转关申报单预录入号（或 13 位载货清单号）	@+16 位转关申报单预录入号（或 13 位载货清单号）	

水路运输：填报船舶的航次号。

公路运输：填报该跨境运输车辆的进出境日期［8 位数字，顺序为年（4 位数）、月（2 位）、日（2 位），下同］。

铁路运输：填报进出境日期。

航空运输：免予填报。

邮政运输：填报进出境日期。

其他各类运输方式：免予填报。

B. 实际进出境，转关运输货物报关单填报如表 2–3–4 所示。

表 2–3–4 转关运输货物报关运输方式栏填写一览表

转关类型 / 运输方式	进口转关		出口转关	
水路运输（2）	中转转关方式填报 "@" +进境干线船舶航次	直转、提前报关免予填报	中转货物，境内水路运输填报驳船船次号；境内铁路、公路运输填报 6 位启运日期，顺序为年、月、日各 2 位	非中转货物免予填报

转关类型 运输方式	进口转关	出口转关
铁路运输 （3）	"@"+进出境日期［8位数字，顺序为年（4位数）、月（2位）、日（2位）］	免予填报
航空运输 （5）	免予填报	免予填报
公路运输 （4）	免予填报	免予填报
其他运输 （9）	免予填报	免予填报

C. 无实际进出境的，免予填报。

3）纸质报关单"运输工具名称"栏填报要求如下：

水路运输：填报船舶编号（来往港澳小型船舶为监管簿编号）或者船舶英文名称+"/"+航次号。

公路运输：填报该跨境运输车辆的国内行驶车牌号+"/"+进出境日期［8位数字，顺序为年（4位数）、月（2位）、日（2位），下同］。

铁路运输：填报车厢编号或交接单号+"/"+进出境日期。

航空运输：填报航班号。

邮政运输：填报邮政包裹单号+"/"+进出境日期。

10. 提运单号

（1）含义。提（运）单号是指进出口货物提单或运单的编号，主要包括海运提单号、海运单号、铁路运单号、航空运单号，该编号必须与运输部门向海关申报的载货清单所列相应内容一致（包括数码、英文大小写、符号、空格等）。

（2）信息来源。信息来源于以下两方面：

1）水路运输的海运提单号由一组数字或者字母加数字组成，一般出现在提单的右上角。提单上使用"B/L No.xxxx"表示提单号。在"B/L No."或者"Bill of Lading No."后面的内容就是提单号。例如，提单右上角有"B/L No.: MISC200000537"，则提运单号即为"MISC200000537"。

2）航空运输分为总运单和分运单，总运单号用"MAWB：xxx-xxxx xxxx"或"M：xxx-xxxx xxxx"表示，由11位数字组成，如"MAWB：CAO78069251"；航

空运输分运单号用"HAWB：×××××××× （House Air Waybill）"表示，一般由 8 位数字组成。分运单号一般出现在航空分运单的右上方，只填 8 位数字于总运单号后面。

（3）填报要求。一份报关单只允许填报一个提运单号，当一票货物对应多个提运单时，应分单填报。

1）实际进出境时，直接在进出境地采用"属地申报，口岸验放"通关模式办理报关手续的报关单填报要求如下：

水路运输：填报进出口提单号。如有分提单的，填报进出口提单号+"*"+分提单号。

公路运输：免予填报。

铁路运输：填报运单号。

航空运输：填报总运单号+"_"（下划线）+分运单号，无分运单的填报总运单号。

邮件运输：填报邮运包裹单号。

2）无实际进出境的，本栏目免予填报。

3）进出境转关运输货物不同运输方式的填报要求如下：

A. 进口报关单"提运单号"栏应填报为：

水路运输：直转、中转填报提单号，提前报关免予填报。

铁路运输：直转、中转填报铁路运单号，提前报关免予填报。

航空运输：直转、中转填报总运单号+"_"+分运单号，提前报关免予填报。

其他运输方式，本栏为空。

以上各种运输方式进境货物，在广东省内用公路运输转关的，填报车牌号。

B. 出口报关单"提运单号"栏应填报为：

水路运输：中转填报运单号；非中转免予填报；广东省内转关货物提前报关的填报车牌号。

其他运输方式：广东省内转关货物提前报关的填报车牌号；其他地区免予填报。

4）采用"集中申报"通关方式办理报关手续的，报关单的"提运单号"栏应填报归并的集中申报清单的进出起止日期〔按年（4 位）月（2）位日（2 位）

年（4 位）月（2 位）日（2 位）]。如 2013 年 1 月 15 日至 2013 年 2 月 4 日，应填报：2013011520130204。

11. 收货单位/发货单位

（1）含义。收货单位指已知的进口货物在境内的最终消费、使用单位，包括自行从境外进口货物的单位、委托有外贸进出口经营权的企业进口货物的单位。

发货单位指出口货物在境内的生产或销售单位，包括自行出口货物的单位、委托有外贸进出口经营权的企业出口货物的单位。

自行进出口单位就是自己对外签订合同并收发货的单位，在货物的买卖过程中和其他单位没有关系，因此，收发货单位应和经营单位相同。这样的单位包括外贸流通企业（如外贸公司、进出口公司）和生产性企业（生产性企业主要是进口企业自用的设备与料件，出口自产的产品。这样的企业可以是外商投资企业）。

委托进出口必须有明确的委托关系，被委托人（代理人）对外签订贸易合同，因此，被委托人是经营单位。而货物在进口后或出口前是属于委托人的，因此，委托人是收发货单位。

（2）信息来源。通常情况下收发货单位是与经营单位签订代理进口协议（俗称"内贸合同"）的委托方或加工贸易手册的加工单位。可以根据合同、发票等内容并经过一定的逻辑判断得出，如表 2-3-5 所示。

表 2-3-5 "经营单位"与"收发货单位"两栏目间的逻辑关系

进出口状况	经营单位	收发货单位	备注
外贸代理进出口	外贸流通企业	国内委托进出口的单位	不包括外商投资企业委托进出口的投资设备物品，但委托进口的是非投资设备物品经营单位仍填报外贸流通企业
外贸自营进出口	外贸流通企业	外贸流通企业	属于自营进出口
外商投资企业自营进出口	外商投资企业	外商投资企业	属于自营进出口
外商投资企业委托外贸流通企业进口的投资设备物品	外商投资企业	外商投资企业	投资设备物品在投资总额内进口。被委托的外贸流通企业应在备注栏说明"委托××公司进口"

续表

进出口状况	经营单位	收发货单位	备注
其他自营进出口	自营进出口单位	自营进出口单位	非外商投资的生产性企业自营进出口
直接接受进口援助、赠送、捐赠的货物	直接接受货物的国内单位	直接接受货物的国内单位	该批援助、赠送、捐赠的货物的进口应经批准

（3）填报要求。填报要求如下：

1）具备有海关注册编码或加工生产企业编号的收发货单位，进口货物报关单的"收货单位"栏和出口货物报关单的"发货单位"栏必须填报其名称及编码；没有编码的，则填报其中文名称。

2）加工贸易报关单的收发货单位应与加工贸易手册的"经营企业"或"加工企业"一致。

3）减免税货物报关单的收、发货单位应与征免税证明的"申请单位"一致。

4）进口货物的最终消费、使用单位难以确定的，应以货物进口时预知的最终收货单位为准填报；出口货物的生产或销售单位难以确定的，以最早发运该出口货物的单位为准填报。

5）进口构成整车特征的汽车零部件，"收货单位"栏应填报汽车生产企业名称。

12. 贸易方式（监管方式）

（1）含义。进（出）口货物报关单上所列的贸易方式是专指在国际贸易中以进出口货物的交易方式为基础，结合海关对进出口货物监督管理综合需要设定的对进出口货物的管理方式，即海关监管方式，也是海关为综合管理的需要而对进出口货物的分类。综合管理的需要包括海关监管的需要、征税的需要、统计的需要，为了满足不同的需要设定不同的贸易方式，这样就可以方便海关的监管、征税和统计。海关根据报关单上填写的贸易方式（监管方式）就能够确定进出口货物的性质，明确监管要求。

海关发布有《监管方式代码表》，里面设定有现行的贸易方式共 77 个，每个贸易方式都有对应的代码，常用的监管方式代码如表 2-3-6 所示。

这 77 个贸易方式中绝大多数是日常不经常用到的，而需要特别学习的是标上

表 2-3-6　常用监管方式代码表

贸易方式代码	贸易方式代码简称	贸易方式代码全称
0110*	一般贸易	一般贸易
0130	易货贸易	易货贸易
0139	旅游购物商品	用于旅游者 5 万美元以下的出口小批量订单货
0200	料件放弃	主动放弃交由海关处理的来料或进料加工料件
0214*	来料加工	来料加工装配贸易进口料件及加工出口货物
0245	来料料件内销	来料加工料件转内销
0255*	来料深加工	来料深加工结转货物
0258	来料余料结转	来料加工余料结转
0265	来料料件复出	来料加工复运出境的原进口料件
0300	来料料件退换	来料加工料件退换
0314	加工专用油	国家贸易企业代理来料加工企业进口柴油
0320	不作价设备	加工贸易外商提供的进口设备
0345	来料成品内销	来料加工成品转内销
0400	成品放弃	主动放弃交由海关处理的来料或进料加工成品
0420	加工贸易设备	加工贸易项下外商提供的进口设备
0444	保区进料成品	按成品征税的保税区进料加工成品转内销货物
0445	保区来料成品	按成品征税的保税区来料加工成品转内销货物
0446	加工设备内销	加工贸易免税进口设备转内销
0456	加工设备结转	加工贸易免税进口设备结转
0466	加工设备退运	加工贸易免税进口设备退运出境
0500	减免设备结转	用于监管年限内减免设备的结转
0513	补偿贸易	补偿贸易
0544	保区进料料件	按料件征税的保税区进料加工转内销货物
0545	保区来料料件	按料件征税的保税区来料加工转内销货物
0615*	进料对口	进料加工（对口合同）
0642	进料以产顶进	进料加工成品以产顶进
0644	进料料件内销	进料加工料件转内销
0654*	进料深加工	进料深加工结转货物
0657	进料余料结转	进料加工余料结转
0664	进料料件复出	进料加工复运出境的原进口料件
0700	进料料件退换	进料加工料件退换
0744	进料成品内销	进料加工成品转内销
0815	低值辅料	低值辅料
0844	进料边角内销	进料加工项下边角料转内销
0845	来料边角内销	来料加工项下边角料内销
0864	进料边角复出	进料加工项下边角料复出口
0865	来料边角料复出	来料加工项下边角料复出口

续表

贸易方式代码	贸易方式代码简称	贸易方式代码全称
1139	国轮油物料	中国籍运输工具境内添加的保税油料、物料
1200	保税间货物	海关保税场所及保税区域之间往来的货物
1233	保税仓库货物	保税仓库进出境货物
1234	保税区仓储转口	保税区进出境仓储转口货物
1300	修理物品	进出境修理物品
1427	出料加工	出料加工
1500	租赁不满一年	租期不满一年的租赁贸易货物
1523	租赁贸易	租期在一年及以上的租赁贸易货物
1616	寄售代销	寄售、代销贸易
1741	免税品	免税品
1831	外汇商品	免税外汇商品
2025*	合资合作设备	合资合作企业作为投资进口设备物品
2225*	外资设备物品	外资企业作为投资进口的设备物品
2439	常驻机构公用	常驻机构公用
2600*	暂时进出货物	暂时进出口货物
2700	展览品	进出境展览品
2939	陈列样品	驻华商业机构不复运出口的进口陈列样品
3010*	货样广告品 A	有经营权单位进出口的货样广告品
3039	货样广告品 B	无经营权单位进出口的货样广告品
3100*	无代价抵偿	无代价抵偿货物
3339	其他进口免费	其他进口免费提供货物
3410	承包工程进口	对外承包工程进口物资
3422	对外承包出口	对外承包工程出口物资
3511	援助物资	国家和国际组织无偿援助物资
3612	捐赠物资	华侨、港澳台同胞、外籍华人捐赠物资
4019	边境小额	边境小额贸易（边民互市贸易除外）
4039	对台小额	对台小额贸易
4200	驻外机构运回	我驻外机构运回旧公用物品
4239	驻外机构购进	我驻外机构境外购买运回国的公务用品
4400	来料成品退换	来料加工成品退换
4500*	直接退运	直接退运
4539	进口溢误卸	进口溢卸、误卸货物
4561*	退运货物	因质量不符、延误交货等原因退运进出境货物
4600	进料成品退换	进料成品退换
9639	海关处理货物	海关变卖处理的超期未报货物，走私违规货物
9700	后续退补税	无原始报关单的后续退、补税
9739	其他贸易	其他贸易

贸易方式代码	贸易方式代码简称	贸易方式代码全称
9800	租赁征税	租赁期一年及以上的租赁贸易货物的租金
9839	留赠转卖物品	外交机构转售境内或国际活动留赠放弃特批货
9900	其他	其他

"*"号的12个贸易方式。这12个贸易方式占我国进出口贸易量的绝大部分。

（2）信息来源。贸易方式需要根据货物的进出口状态和相关单证进行逻辑判断（见表2-3-5）。

（3）填报要求。填报要求如下：

1）根据实际情况，按海关规定的《监管方式代码表》选择填报相应的贸易方式（监管方式）简称或代码。

2）一份报关单只允许填报一种贸易方式（监管方式）。如果一票货物中一部分货物适用一种贸易方式，另一部分适用另外的贸易方式，则应该分别填制报关单申报。

如某合资公司进口布料10000米，其中6000米用于加工服装出口（持有手册Cxxxxxxxxxx），另外4000米用于加工服装在国内销售。

显然6000米符合进料加工范围，贸易方式应该填"进料对口"（0615），而另外4000米是属于一般贸易的货物，应该另外填写报关单，贸易方式栏应填"一般贸易"（0110）。

3）加工贸易特殊情况填报要求。加工贸易特殊情况填报要求如下：

A. 少量低值辅料（即5000美元以下，78种以内的低值辅料）按规定不使用《加工贸易手册》的，辅料进口报关单填报"低值辅料"。使用《加工贸易手册》的，按《加工贸易手册》上的贸易方式填报。使用《加工贸易手册》是指已在《加工贸易手册》中备案的，如果是进料加工《加工贸易手册》，则贸易方式应该填"进料对口"；如果使用的是来料加工《加工贸易手册》，则贸易方式填写"来料加工"。

B. 外商投资企业为加工内销产品而进口的料件，进口报关单填报"一般贸易"。外商投资企业为加工出口产品全部使用国内料件的出口合同，成品出口的报关单填报"一般贸易"。

C. 加工贸易料件转内销货物（及按料件补办进口手续的转内销成品、半成品、残次品）应填制进口报关单，本栏目填报"来料料件内销"（0245）或"进料料件内销"（0644），相关联的还有"来料边角料内销"（0845）、"进料边角料内销"（0844）。加工贸易成品凭《征免税证明》转为享受减免税进口货物的，应分别填制进、出口报关单。出口报关单本栏目填报"来料成品减免"（0345）或"进料成品减免"（0744）。加工贸易出口成品因故退运进口的，分别按不同贸易方式填报"来料成品退运"（4400）或"进料成品退运"（4600）。

13. 征免性质

（1）含义。征免性质指海关根据《海关法》、《关税条例》及国家有关政策对进出口货物实施征、减、免税管理的性质类别。国家公布有《征免性质代码表》，列有现行所有的征免性质名称及对应的代码，具体如表2-3-7所示。海关审核报关单上所填写的征免性质，并根据征免性质来确定是否征税以及查验相关手续。

表 2-3-7　征免性质代码表

代码	简称	代码	简称	代码	简称
101	一般征税	420	远洋船舶	608	陆上石油
201	无偿援助	421	内销设备	609	贷款项目
299	其他法定	422	集成电路	611	贷款中标
301	特定区域	423	新型显示器件	789	鼓励项目
307	保税区	499	ITA 产品	799	自有资金
399	其他地区	501	加工设备	801	救灾捐赠
401	科教用品	502	来料加工	802	扶贫慈善
403	技术改造	503	进料加工	888	航材减免
406	重大项目	506	边境小额	898	国批减免
412	基础设施	601	中外合资	997	自贸协定
413	残疾人	602	中外合作	998	内部暂定
417	远洋渔业	603	外资企业	999	例外减免
418	国产化	605	勘探开发煤气层		
419	整车特征	606	海洋石油		

（2）信息来源。征免税性质、贸易方式需要根据货物的进出口状态和相关单证进行逻辑判断，如表2-3-8、表2-3-9所示。

表 2-3-8　进口报关单备案号、贸易方式、征免性质、用途、征免之间的逻辑关系

贸易方式	征免性质	征免	备案号/经营单位	用途
一般贸易	一般征税	照章征税	备案号栏为空	外贸自营内销
	科教用品	全免	备案号栏第 1 位为 Z	企业自用
	鼓励项目			
	自有资金			
来料加工	来料加工	全免	备案号栏第 1 位为 B	加工返销
进料对口	进料加工	全免	备案号栏第 1 位为 C	加工返销
合资合作设备	鼓励项目	全免	备案号栏第 1 位为 Z, 且经营单位代码第 6 位为 "2 或 3"	企业自用
外资设备物品	鼓励项目	全免	备案号栏第 1 位为 Z, 且经营单位代码第 6 位为 "4"	企业自用
不作价设备	加工设备	全免		企业自用

表 2-3-9　出口报关单备案号、贸易方式、征免性质、用途、征免之间的逻辑关系

贸易方式	征免性质	征免	备案号/经营单位
一般贸易	一般征税	照章征税	备案号为空
	中外合资		经营单位代码第 6 位为 "2 或 3"
	中外合作		
	外资企业		经营单位代码第 6 位为 "4"
来料加工	来料加工	全免	备案号栏第 1 位为 B
进料对口	进料加工	全免	备案号栏第 1 位为 C
无代价抵偿	其他法定	全免	

（3）填报要求。填报要求如下：

1）按照海关核发的征免税证明中批注的征免性质填报，或根据进出口货物的实际情况，参照《征免性质代码表》选择填报相应的征免性质简称或代码。

2）一份报关单只允许填报一种征免性质。

3）加工贸易货物（包括保税工厂经营的加工贸易）应按海关核发的《加工贸易手册》中批注的征免性质填报相应的征免性质简称或代码。

4）特殊情况填报要求。特殊情况填报要求如下：

A. 外商投资企业为加工内销产品而进口料件，填报"一般征税"。

B. 加工贸易转内销货物，按实际应享受的征免性质填报，如"一般征税"、"科教用品"、"其他法定"等。

C. 料件退运出口、成品退运进口的货物填报"其他法定"。

D. 加工贸易结转货物，本栏目为空。

14. 征免比例/结汇方式

（1）含义。征税比例用于原"进料非对口"（0715）贸易方式下进口料件的进口报关单，先征税比例政策已取消，"征税比例"栏不再填报。

结汇方式是指出口货物的发货人或其代理人收结外汇的方式。

（2）信息来源。根据发票"PAYMENT TERMS"显示内容填写。

（3）填报要求。出口报关单"结汇方式"栏，按照海关规定的《结汇方式代码表》选择填报相应的结汇方式名称或缩写或代码，如表2-3-10所示。本栏目不得为空，出口货物不需要结汇的，填报"其他"。

表 2-3-10　结汇方式代码表

代码	结汇方式名称	英文缩写	英文名称
1	信汇	M/T	Mail Transfer
2	电汇	T/T	Telegraphic Transfer
3	票汇	D/D	Remittance by Banker's Demand Draft
4	付款交票	D/P	Documents against Payment
5	承兑交票	D/A	Documents against Acceptance
6	信用证	L/C	Letter of Credit
7	先出后结		
8	先结后出		
9	其他		

15. 许可证号

（1）含义。许可证号是国务院商务主管部门及其授权发证机关签发的进出口货物许可证的编号。

许可证号的编号格式是：××-××-××××××。第一位、第二位代表年份，第三位、第四位代表发证机关（AA 代表商务部许可证事务局发的证，AB、AC 代表许可证事务局驻各地特派员办事处发证，01、02 代表地方发证），后六位为顺序号。

（2）填报要求。填报要求如下：

1）直接填报进出口货物许可证的编号（不包括证件代码）。

2）一份报关单只允许填报一个许可证号。

16. 起运国（地区）/运抵国

（1）含义。起运国（地区）是指进口货物起始发出直接运抵我国的国家或地区，或者在运输中转国（地区）未发生任何商业性交易的情况下运抵我国的国家或地区。

运抵国（地区）是指出口货物离开我国关境直接运抵的国家或地区，或者在运输中转国（地区）未发生任何商业性交易的情况下最后运抵的国家或地区。

（2）信息来源。信息来源如下：

1）起运国：海运单据中"Shipped From...To..."为始发及到达港（地），"Port of Shipment"、"Port of Loading"、"Port of Dispatch"、"Port of Departure"为装始发港口所属国家的名称。起运国和装货港的逻辑关系如表 2-3-11 所示。

表 2-3-11　装货港与起运国（地区）的逻辑关系（进口货物报关单栏目）

装运状况	交易状况	装运港	起运国（地区）	备注
直接运抵我国	无论是否发生交易	货物起运的港口为装运港	货物起运的港口所在的国家为起运国	
经过第三国港口并换装运输工具或发生换装	与中转港所在的国家以外的其他国家发生贸易	货物发生装运的港口为装运港	货物起运港所在的国家为起运国	有中转，装货港改变，起运国不变
	与中转港所在的国家发生贸易		中转港所在的国家为起运国	有中转，装货港改变，且与中转国交易，起运港改变

2）运抵国：海运单据中以及"Port of Destination"、"Port of Discharge"、"Port of Delivery"、"Port of Arrival"指运港或目的港口所属国家的名称。运抵国和指运港或目的港的逻辑关系如表 2-3-12 所示。

表 2-3-12　指运港与运抵国（地区）的逻辑关系（出口货物报关单栏目）

装运状况	交易状况	指运港	运抵国	备注
直接运抵目的港	无论是否发生交易	目的港	目的港口所在的国家为运抵国	
经过第三国港口并换装运输工具或发生换装，再运抵目的港	与中转港所在的国家以外的其他国家发生贸易	货物运往境外的最终目的的港口为指运港	货物指运港口所在的国家为运抵国	有中转，但并非与中转国交易，起运国不变
	与中转港所在的国家发生贸易		货物交易及中途换装运输工具港口所在的国家为运抵国	有中转，且与中转国交易，起运国改变

（3）填报要求。进口货物报关单的"起运国"（地区）栏出口货物报关单的"运抵国"（地区）栏，应按海关规定的《国别（地区）代码表》选择填报相应国别（地区）的中文名称或代码，如表 2-3-13 所示。国别（地区）为非中文名称时，应翻译成中文名称填报或填报其相应代码。

表 2-3-13　主要国别（地区）代码

代码	中文名称	代码	中文名称
110	中国香港	307	意大利
116	日本	331	瑞士
121	中国澳门	344	俄罗斯联邦
132	新加坡	501	加拿大
133	韩国	502	美国
142	中国	601	澳大利亚
143	台澎金马关税区	609	新西兰
303	英国	701	国（地）别不详的
304	德国	702	联合国及其机构和国际组织
305	法国		

1）直接运抵货物。直接运抵货物是指由出口国（地区）运入我国境内的进口货物或由我国出口直接运往进口国（地区）的出口货物。对于直接运抵的货物，以货物起始发出的国家或地区为起运国（地区），货物直接运抵的国家或地区为运抵国（地区）。

例如，北京某进出口公司进口的一船美国小麦从美国波士顿装运直接运抵我国，上海某服装公司出口的一批和服从上海港装运直接运抵日本横滨。

进口小麦的起运国（地区）为美国，出口和服的运抵国（地区）为日本。

2）在第三国（地区）发生中转货物。中转货物指船舶、飞机等运输工具从装运港将货物装运后，不直接驶往目的港，而在中途的港口卸下后，再换装另外的船舶、飞机等运输工具转运往目的港。

货物中转的原因很多，如至目的港无直达船舶（飞机），或目的港虽有直达船舶（飞机）而时间不定或航次间隔时间太长，或目的港不在装载货物的运输工具的航线上，或货物属于多式联运等。

对于中转货物，起运国（地区）或运抵国（地区）分两种不同情况填报：

A. 对于发生运输中转而未发生任何买卖关系的货物，其起运国（地区）或运抵国（地区）不变，即以进口货物的始发国（地区）为起运国（地区）填报，以出口货物的最终目的国（地区）为运抵国（地区）填报。

B. 对于发生运输中转并发生了买卖关系的货物，其中转地为起运国（地区）或运抵国（地区）。

货物是否中转，可根据随附单据中的有关信息来判断，如随附单据中出现"VIA"或"IN TRANSIT TO"字样，则可确定货物发生了中转。但"VIA"或"IN TRANSIT TO"含有的中转地信息并不相同，请注意两者的区别。

在国际贸易实务中，如相关单证中出现"VIA"字样（"VIA"是指"经由某地到达某地"）即为发生中转，跟在"VIA"后面的是中转地。比如，"LONDON VIA HONGKONG"是指"经过 HONGKONG（中国香港）到达 LONDON（伦敦）"。

"IN TRANSIT TO"是指"转运到……"，跟在"IN TRANSIT TO"后面的是目的地。比如，"HAMBURG IN TRANSIT TO ZURICH SWITZERLAND"是指"经过 HAMBURG（汉堡）到达 ZURICH SWITZERLAND（瑞士苏黎世）"。

可通过提单、发票等单证来判断货物中转时是否发生了买卖关系。

例如，中国购自美国的产品，由美国港口装船后直接运至广州黄埔港，未发生中转，起运国为美国；如经中国香港换船运至黄埔，虽发生中转，但在中国香港未发生买卖行为（因为"购自美国"），起运国仍为美国。如经中国香港转船运至黄埔，在中国香港既发生中转又发生了买卖行为（因为"向中国香港公司购买"），则此时起运地应为"中国香港"。由运输单据中的"From...To...VIA Hong Kong"或"Port of Transhipmem: Hong Kong"，可判断货物在香港发生了运输中转；而一般由发票则可看出货物购自哪一个国家的公司。

另外，有的贸易合同采用了 FCA、CIP 等贸易术语并可能涉及联程运输，例如，从瑞士购买的货物，由瑞士苏黎世运至德国汉堡港装船再运往上海港，此时，"Port of Loading: Hamburg"仅是装船港口，而"Place of Receipt: Zurich"接货地苏黎世才是此次运输起始发出的地点，所以起运国应为瑞士而非德国。

3）无实际进出境的货物。运输方式代码为"0"、"1"、"7"、"8"、"W"、"X"、"Y"、"Z"、"H"时，以及贸易（监管）方式代码后两位为 42~46、54~58时，本栏目填报"中国"（142）。

17. 装运港/指运港

（1）含义。装货港也称装运港，是指货物起始装运的港口。报关单上的"装货港"栏是专指进口货物在运抵我国关境前的最后一个境外装运港。指运港亦称目的港，指最终卸货的港口。报关单上的"指运港"栏专指出口货物运往境外的最终目的港。最终目的港不可预知的，可按尽可能预知的目的港填报。

（2）信息来源。信息来源于提货单上的装货港或海运提单上的"Port of Loading"（装货港）、"Port of Discharge"（指运港）。

（3）填制要求。本栏目应根据实际情况按海关规定的《港口航线代码表》选择填报相应的港口中文名称或代码。如表2-3-14所示。

表 2-3-14　世界重要港口和航线

港口名称	中文译名	所属国家（地区）	港口代码	港口名称	中文译名	所属国家（地区）	港口代码
Hong Kong	香港	中国香港	1039	Le Havre	勒阿佛尔	法国	2165
Calcutta	加尔各答	印度	1044	Marseilles	马赛		2170
Bombay	孟买		1045	Naples	那不勒斯	意大利	2258
Dammam	达曼	沙特阿拉伯	1050	Amsterdam	阿姆斯特丹	荷兰	2295
Jakarta	雅加达	印尼	1099	Rotterdanm	鹿特丹		2309
Abadan	阿巴丹	伊朗	1180	Lisbon	里斯本	葡萄牙	2359
Kobe	神户	日本	1259	Barcelona	巴塞罗那	西班牙	2382
Nagoya	名古屋		1287	Helsinki	赫尔辛基	芬兰	2430
Osaka	大阪		1303	Oslo	奥斯陆	挪威	2509
Tokyo	东京		1331	St.Petersburg	圣彼得堡	俄罗斯	2654
Yokohama	横滨		1354	Nakhodka	纳霍德卡		2657
Manila	马尼拉	菲律宾	1441	Buenos Aires	布宜诺斯艾利斯	阿根廷	2705
Singapore	新加坡	新加坡	1477	RiodeJaneiro	里约热内卢	巴西	2754
Inchon	仁川	韩国	1480	Veracruz	韦拉克鲁斯	墨西哥	2892
Pusan	釜山		1482	Kingston	金斯顿	牙买加	2934
Bangkok	曼谷	泰国	1497	La Guaira	拉瓜伊拉	委内瑞拉	2965
Durban	德班	南非	1752	Montreal	蒙特利尔	加拿大	3042
London	伦敦	英国	1755	Toronto	多伦多		3086
Antwerp	安特卫普	比利时	1787	Houston	休斯敦	美国	3143
Copenhagen	哥本哈根	丹麦	1804	Los Angeles	洛杉矶		3154
Southampton	南安普顿	英国	2057	New York	纽约		3166
Bremen	不莱梅	德国	2101	Melbourne	墨尔本	澳大利亚	3242
Hamburg	汉堡		2112	Sydney	悉尼		3266

1）对于直接运抵货物，以货物实际装货的港口为装货港，货物直接运抵的港口为指运港。

例如，进口大豆的装货港为波士顿，出口和服的指运港为横滨。

2）对于发生运输中转的货物，最后一个中转港就是装货港，指运港不受中转影响。

3）无实际进出境的，本栏目填报"中国境内"（代码 0142）。

18. 境内目的地/境内货源地

（1）含义。境内目的地是指进口货物在我国关境内的消费、使用地或最终运抵地，即进口货物的最终使用单位所在的地区。

境内货源地是指出口货物在我国关境内的产地或原始发货地。

（2）信息来源。信息一般可以根据收（发）货单位地址确定，加工贸易可以根据手册中的单位地址确定。

（3）填制要求。填制要求如下：

1）"境内目的地"栏和"境内货源地"栏应按《国内地区代码表》选择国内地区名称或代码填报，代码含义与经营单位代码前 5 位的定义相同。

2）"境内目的地"应填报进口货物在境内的消费、使用地或最终运抵地。其中最终运抵地为最终使用单位所在的地区。最终使用单位难以确定的，填报货物进口时预知的最终收货单位所在地。

3）"境内货源地"应填报出口货物的生产地或原始发货地。出口货物产地难以确定的，填报最早发运该出口货物的单位所在地。本栏目应按海关规定的《国内地区代码表》选择填报相应的国内地区名称或代码。

境内目的地和境内货源地采用 5 位数代码，其含义同经营单位的前 5 位数代码一致。

19. 批准文号

进出口报关单本栏目免予填报。

20. 成交方式

（1）含义。成交方式指国际贸易中的贸易术语，也称价格术语，我国习惯称为价格条件。是买卖双方就成交的商品在价格构成、责任、费用和风险的分担以及货物所有权转移界线的约定。成交方式包括两个方面的内容：一方面表示交货的条件；另一方面表示成交价格的构成因素。

（2）信息来源。信息可以根据发票合同中的价格条款填列。价格条款经常出现在发票中的"AMOUNT"、"UNIT PRICE"下或在"Description of Merchandise"或"Description of Goods"栏内写有"Price Terms："的后边。

（3）填制要求。填制要求如下：

1）"成交方式"栏应根据实际成交价格条款，按海关规定的"成交方式代码表"选择填报相应的成交方式名称或代码。具体如表 2-3-15 所示。

表 2-3-15　成交方式代码表

代码	成交方式名称	代码	成交方式名称
1	CIF	4	C&I
2	CFR（C&F/CNF）	5	市场价
3	FOB	6	垫仓

报关单填制中的诸如"CIF"、"CFR"、"FOB"等成交方式是中国海关规定的"成交方式代码表"中所指定的成交方式，并不仅限于水路而适用于任何运输方式，主要体现成本、运费、保险费等成交价格构成因素，目的在于方便海关税费的计算，如表 2-3-16、表 2-3-17 所示。

表 2-3-16　《2000 通则》13 种贸易术语与报关单"成交方式"栏一般对应关系

组别	E 组	F 组			C 组				D 组				
术语	EXW	FCA	FAS	FOB	CFR	CPT	CIF	CIP	DAF	DES	DEQ	DDU	DDP
成交方式	FOB				CFR			CIF					

表 2-3-17　《2010 通则》11 种贸易术语与报关单"成交方式"栏一般对应关系

组别	E 组	F 组			C 组				D 组		
术语	EXW	FCA	FAS	FOB	CFR	CPT	CIF	CIP	DAT	DAP	DDP
成交方式	FOB				CFR			CIF			

2）无实际进出境的货物，进口成交方式为 CIF 或其代码，出口成交方式为 FOB 或其代码。

3）对于采用集中申报归并后的报关单，进口的成交方式必须为 CIF 或其他。

21. 运费

（1）含义。运费是指进出口货物从始发地至目的地的国际运输所需要的各种费用。

海关在审定完税价格的时候，进口货物完税价格要计入运抵我国港口前的国际段的运费，而出口货物的完税价格不包括国际段的运费。而在实际业务中进出口双方实际成交的价格中可能包含也可能不包含运费，因此，就需要根据海关审价办法计入或者扣除相关费用。该栏目填写的运费就是为了海关计算完税价格时扣除或者计入之用。

报关单中的"运费"包括已计入运费的搬运费、装卸费等相关费用，也包括运保费合并计算时的保险费。

（2）信息来源。信息来源于海运提单、空运提单等运输单证或发票上显示的运费金额和运输发票上显示的金额。发票中价格栏内或下方通常用"Freight"表示，即使有些变化但也都有"Freight"，如"Aif Freight"、"International Freight"、"Freight Charges"等。

（3）填报要求。填报要求如下：

1）"运费"栏用于填报该份报关单所含全部货物的国际运输费用，包括成交价格中不包含运费的进口货物的运费和成交价格中含有运费的出口货物的运费。即进口成交方式为FOB或出口成交方式为CIF、CFR的，应在本栏填报运费。进口货物成交价格为CIF或C&F，出口货物成交价格为FOB，则本栏不需填报。运保费合并计算的，填报在本栏目。

2）本栏应根据具体情况选择运费单价、运费总价或运费率3种方式之一填报，同时注明运费标记（运费率标记免填），并按海关规定的《货币代码表》选择填报相应的币种代码。运费标记："1"表示运费率，"2"表示每吨货物的运费单价，"3"表示运费总价。常用货币代码如表2-3-18所示。

表2-3-18　常用货币代码

代码	符号	货币名称	代码	符号	货币名称	代码	符号	货币名称
110	HKD	港币	116	JPY	日元	132	SGD	新加坡元
142	CNY	人民币	133	KRW	韩圆	300	EUP	欧元
302	DKK	丹麦克郎	303	GBP	英镑	330	SEK	瑞典克朗

续表

代码	符号	货币名称	代码	符号	货币名称	代码	符号	货币名称
331	CHF	瑞士法郎	344	RUB	俄罗斯卢布	501	CAD	加拿大元
502	USD	美元	601	AUD	澳大利亚元	609	NZD	新西兰元

22. 保险费

（1）含义。保险费是指被保险人允予承保某种损失、风险而支付给保险人的对价或报酬。进出口货物报关单所列的保险费专指进出口货物在国际运输过程中，由被保险人付给保险人的保险费用。

（2）信息来源。信息来源于发票上显示的保险金额或保险单显示的金额。发票上，一般使用英文"INSURANC"或"INSURANCE CHARGES"等表示。

（3）填报要求。填报要求如下：

1）"保费"栏用于填报进出口货物的全部国际运输的保险费用，包括成交价中不包含保险费的进口货物的保险费和成交价格中含有保险费的出口货物的保险费。即进口成交方式为 FOB、CFR 或出口成交方式为 CIF 的，应在本栏填报保险费；若进口货物成交价格为 CIF，出口货物成交价格为 FOB 或 C&F，或运保费合并计算填报在运费栏，则本栏不需填报。

2）本栏应根据具体情况选择保险费总价或保险费率两种方式之一填报，同时注明保险费标记，并按海关规定的《货币代码表》选择填报相应的币种代码。保险费标记"1"表示保险费率，"3"表示保险费总价。

"成交方式"、"运费"、"保费"各栏目间的逻辑关系如表 2-3-19 所示。

表 2-3-19　"成交方式"、"运费"、"保费"各栏目间的逻辑关系

进口/出口	成交方式	运费	保费
进口	CIF	不填	不填
	CFR、C&F、CNF	不填	填
	FOB	填	填
出口	CIF	填	填
	CFR、C&F、CNF	填	不填
	FOB	不填	不填

23. 杂费

（1）含义。杂费是指成交价格以外的、应计入货物价格或应从货物价格中扣除的费用，如手续费、佣金、折扣等。

（2）填报要求。填报要求如下：

1）填报成交方式总价以外的、应计入完税价格的费用，如佣金、经济费、回扣、包装费、特许权使用费等。或填报成交方式总价以内的，计算完税价格时应该扣除的费用，如回扣、折扣、安装费等。属于应计入完税价格的杂费，应填报为正值或正率；属于应从完税价格中扣除的杂费，应填报为负值或负率。

2）填报形式。可按杂费总价或杂费率两种方式之一填报，同时注明杂费标记，并按海关规定的《货币代码表》选择填报相应的币种代码。杂费标记"1"表示杂费率，"3"表示杂费总价。

运费、保费、杂费填写如表 2–3–20 所示。

表 2–3–20　运费、保费、杂费填写

项目	率 1	单价 2	总价 3
运费	50%→50/1	30 美元/吨→502/30/2	2000 欧元→300/2000/3
保费	0.25%→0.25/1	—	2000 日元→116/2000/3
杂费（计入）	1.5%→1.5/1	—	2000 港币→110/2000/3
杂费（扣除）	1%→–1/1	—	2000 英镑→303/2000/3

24. 合同协议号

（1）含义。买卖双方就买卖的商品所签订的合同或者协议的编号。

（2）信息来源。合同协议号一般在发票、装箱单、提运单中以英文"Contract No."、"Order No."、"Confirmation No."、"Sales Confirmation No."、"S/C No."（Sales Contract Number）、"Purchase Order No."或简写成"P/O No."等表示。

（3）填报要求。本栏目应填报进（出）口货物合同（协议）编号的全部字头和号码。

25. 件数

（1）含义。件数指按包装种类计数货物的数量。对该含义的理解应该结合包装种类的含义。

报关单中"件数"的数量不同于买卖双方成交的数量，而是指货物运输包装下的数量。比如，某公司以每双 10 美元的价格出口皮鞋 640 双，每双鞋都装入一个纸盒中，而每 16 双鞋装入一个大纸箱中，共计装有 40 个纸箱，然后装入集装箱发运。则 640 双是买卖双方成交的数量，"双"为计算成交数量和价格的单位。大纸箱是为了运输方便而使用的包装，它的数量是 40 个纸箱，那么，40 就是件数。

（2）信息来源。包装种类和件数的描述经常在一起，多体现在装箱单和提单中，有时发票中也有体现。经常出现在包装种类和件数栏，或者在货名栏目（包装和数量、货物名称及数量、重量、单价总价栏目）中或其下方，栏目常使用："Numbers & Kind of Packages"、"No. & Kind of Packing"、"No. of PKGS"；"Description（或 Description of Goods 或 Quantities and Description）"、"Mark and Number of PKGS"等。

（3）填报要求。填报要求如下：

1）本栏目填报所申报货物外包装的实际件数。

2）舱单件数（舱单中记录的件数）为集装箱的，填报集装箱个数（这种情况一般是指装入集装箱内的货物没有其他明显的包装，资料中没有显示有托盘、单件包装数或者裸装）。

3）舱单件数为托盘（Pallet）的，填报托盘数。提单或者装箱单中既有单件包装的件数又有托盘数时要填托盘数。

4）本栏目不得填报为零，不能为空，散、裸装货物填报为 1。

26. 包装种类

（1）含义。商品的包装是指包裹和捆扎货物用的内部或外部包装和捆扎物的总称。包括以下几种：

1）裸装。主要是指一些自然成件、能抵抗外在影响，不必要用包装的货物，在储存和运输过程中，可以保持原有状态，如圆钢、钢板、木材等。

2）散装。主要是指一些大宗的、廉价的、成粉粒块状的货物以及不必要包装、不值得包装的货物疏散地装载在运输工具内，如煤炭、矿砂、粮食、石油等。

3）件货。指有包装或无包装的成件货物（包括捆扎成件的货物）的统称。

一般情况下，应以装箱单或提运单据所反映的货物处于运输状态时的最外层包装或称运输包装作为"包装种类"向海关申报，并相应计算件数。

进出口货物报关单所列的"包装种类"栏是指进出口货物在运输过程中外表所呈现的状态，包括包装材料、包装方式等，其包装种类代码如表 2-3-21 所示。

表 2-3-21　包装种类代码表

中文名称	英文名称
木箱	（Wooden）Case
纸箱	Carton，CTNS（Cartons）
桶装	Drum/Barrel
散装	Bulk
裸装	Nude
托盘	Pallet
包	Bale，BLS（Bales）

（2）信息来源。装箱单或提运单据上件数和包装种类一般表示为"No. of PKGS"，其后数字即表示应填报的"Packages"（包装）的件数，或"TOTAL PACKED IN×××CARTONS ONLY"，或"TOTAL×××WOODEN CASES ONLY"。

（3）填报要求。本栏目应根据进出口货物的实际外包装种类，选择填报相应的包装种类。如木箱、纸箱、铁桶、散装、裸装、托盘、包、捆、袋等。

例如，"PACKED IN 22 CTNS"，表明共有 22 个纸箱 [CTNS 为 Carton（纸箱）缩写的复数]，件数填报为"22"，包装种类填报为"纸箱"。

"2 Units & 4 Cartons"表明共有 2 个计件单位（辆、台、件等）和 4 个纸箱，件数合计为 6；由于有两种不同的包装出现，所以类似这种情况，件数填报为"6"，包装种类可统报为"其他"。

"TOTAL PACKED IN 200 CARTONS ONLY"表明共有 200 个纸箱，件数填报为"200"，包装种类填报为"纸箱"。

"TOTAL FIVE（5）WOODEN CASES ONLY"表明共有 5 个木箱，件数填报为"5"，包装种类填报为"木箱"。

27. 毛重（公斤）

（1）含义。毛重指货物及其包装材料的重量之和。

（2）信息来源。信息来源于合同、海运提单、提货单、装箱单、发票上

"GROSS WEIGHT"显示的数字。

（3）填报要求。填报要求如下：

1）"毛重"栏填报进出口货物实际毛重，以千克计，不足1千克的填报为1。

2）如货物的重量在1千克以上，其小数点后保留4位。

举例如下：

如单证中是"GROSS WEIGHT 1.5MT"，则此栏应填"1500"；

如单证中是"GROSS WEIGHT 0.4KG"，则应填"1"；

如单证中是"GROSS WEIGHT 98.22889 KG"，则应填"98.2288"；

如单证中是"G.WT 234.5 KG"，则应填"234.5"，小数点后实际有多少位填多少位，不必刻意用0补齐。

28. 净重（公斤）

（1）含义。净重指货物的毛重减去外包装材料后的重量，即商品本身的实际重量。

（2）信息来源。信息来源于海运提单、提货单、装箱单商、发票上"NET WEIGHT"显示的数字。

（3）填报要求。填报要求如下：

1）"净重"栏填报进出口货物实际净重，以千克计，不足1千克的填报为1。

2）如货物的重量在1千克以上，其小数点后保留4位。

29. 集装箱号

（1）含义。集装箱号（Container No.）是集装箱两侧标示着全球唯一的编号，通常前4位是字母，后跟一串数字。其组成规则是：箱主代号（3位字母）+设备识别号"U"+顺序号（6位数字）+校验码（1位数字）。例如，EASU9809490。

集装箱规格（SIZE））：分为20英尺（20′，以外部长为标准）、40英尺（40′，以外部为标准）、45英尺、48英尺、53英尺。

自重（TARE）：集装箱本身的重量，以千克计。20′集装箱自重一般在2000千克以上，40′集装箱自重一般在4000千克以上。

（2）信息来源。信息来源在提单中、装箱单中"Marks and Container No."栏，或者直接在货名栏目（包装和数量、货物名称栏目）中或其下方显示集装箱号等相关信息。多使用如下英文表示集装箱相关信息。如集装箱号：Container

Numbers、Container No.、CONT NO：、CTN.NO.、Container#；规格：SIZE：2×20′ CONTAINER（2 表示集装箱个数，20′为规格）；自重：TARE、TARE WEIGHT、TARE WGHT（Tare weight）等。

（3）填报要求。填报要求如下：

1）本栏目应该填写"集装箱号"＋"/"＋"规格"＋"/"＋"自重"。如一个 20 英尺的集装箱，箱号为"EASU9809490"，自重是 2280 千克，则集装箱号栏填报格式如："EASU9809490/20/2280"。

2）纸质报关单中涉及多个集装箱的，第一个集装箱号等信息填报在"集装箱号"栏，其他依次按相同的格式填在"标记唛码及备注"栏中。

3）非集装箱货物填报为"0"。在集装箱多于一个的情况下，本栏仅填报其中一个，其余箱号填报在备注栏。

30. 随附单据

（1）含义。随附单据指随进（出）口货物报关单一并向海关递交的单证或文件。虽然提单、装箱单、发票、许可证等单证都是随附单据的范畴。但本栏目的填写只涉及《监管证件名称代码表》中许可证以外的监管证件，监管证件代码如表 2-3-22 所示。

表 2-3-22　监管证件代码表

代码	监管证件名称	代码	监管证件名称
1*	进口许可证	G	两用物项和技术出口许可证（定向）
2	两用物项和技术进口许可证	I	精神药物进（出）口准许证
3	两用物项和技术出口许可证	J	黄金及其制品进出口准许证或批件
4*	出口许可证	L	药品进出口准许证
6	旧机电产品禁止进口	M	密码产品和设备进口许可证
7	自动进口许可证	O*	自动进口许可证（新旧机电产品）
8	禁止出口商品	P*	固体废物进口许可证
9	禁止进口商品	Q	进口药品通关单
A*	入境货物通关单	R	进口兽药通关单
B*	出境货物通关单	S	进出口农药登记证明
D	出/入境货物通关单（毛坯钻石用）	T	银行调运现钞出境许可证
E*	濒危物种允许出口证明书	W	麻醉药品进出口准许证
F*	濒危物种允许进口证明书	X	有毒化学品环境管理放行通知单

代码	监管证件名称	代码	监管证件名称
Y*	原产地证明	t	关税配额证明
Z	音像制品进口批准单或节目提取单	v*	自动进口许可证（加工贸易）
e	关税配额外优惠税率进口棉花配额证	x	出口许可证（加工贸易）
q	国别关税配额证明	Y*	出口许可证（边境小额贸易）

（2）信息来源。信息来源于报关时随报关单一并提交给海关的单证。

（3）填报要求。填报要求如下：

1）合同、发票、装箱单、许可证等必备的单证以及加工贸易手册、征免税证明等海关备案凭证，不在"随附单据"栏填报。

2）填报相应证件的代码及编号。多于一个监管证件的，其余的监管证件代码和编号填报在"标记唛码及备注"栏中。

3）填报的方式为："监管证件代码"＋"："＋"监管证件编号"。

4）特殊填报要求。特殊填报要求如下：

A. 适用 CEPA 中国香港、中国澳门的原产地证书，已和我国海关联网，此栏目填"Y"＋"："＋"（优惠贸易协定代码）"，同时将原产地证书的编号填写在"备案号栏"。例如，适用 CEPA 中国香港的原产地证书填"Y：（03）"。适用 CEPA 中国澳门的原产地证书填："Y：（04）"。

B. 适用其他优惠贸易协定的原产地证书，由于这些国家都没有和我国的海关计算机系统联网，其填写不同于 CEPA 中国香港、中国澳门的原产地证书。具体的应填"Y"＋"："＋"（优惠贸易协定代码：需证商品序号）"。进口货物优惠贸易协定代码如表 2-3-23 所示。

表 2-3-23　进口货物优惠贸易协定代码表

代码	优惠贸易协定	代码	优惠贸易协定
01	亚太贸易协定	07	中巴自贸协定
02	中国—东盟自贸区	08	中智自贸协定
03	中国香港 CEPA	09	对也门等特别优惠关税待遇
04	中国澳门 CEPA	10	中新（新西兰）自贸协定
05	对非洲特别优惠关税待遇	11	中新（新加坡）自贸协定
06	中国台湾农产品零关税措施	12	中秘自贸协定

例如，《亚太贸易协定》项下提供原产地证书进口报关单中，将商品项号第1~3项及第5项列为优惠贸易协定项下商品，因此，此栏应该填报"Y：（01：1~3，5)"（"01"为《亚太贸易协定》的代码）。

C. 对于不适用优惠贸易协定的进口货物，其原产地证书不必填报。

31. 用途/生产厂家

（1）含义。用途是指进口货物的实际适用方面或范围。本栏目应根据进口货物的实际用途，按海关规定的《用途代码表》填报，如表2-3-24所示。

表2-3-24　用途代码表

代码	用途	说明
1	外贸自营内销	指有外贸进出口经营权的企业，在其经营范围内以正常方式成交的进口货物
2	特区内销	指特区内有外贸进出口经营权的企业在其经营范围内进口在特区内销售的货物
3	其他内销	指进料加工转内销部分、来料加工转内销货物及外商投资企业进口供加工内销产品的料件
4	企业自用	进口供本单位（企业）自用的货物，如外商投资企业以及特区内的企业、事业和机关单位进口自用的机器设备等
5	加工返销	指来料加工、进料加工、补偿贸易和外商投资企业为履行产品出口合同从国外进口料件，用于在国内加工后返销到境外
6	借用	指从境外租借进口，在规定的使用期满后退运出境外的进口货物，如租赁贸易进口货物
7	收保证金	指由担保人向海关缴纳现金的一种担保形式
8	免费提供	指免费提供的进口货物，如无偿援助、捐赠、礼品等进口货物
9	作价提供	指我方与外商签订合同协议，规定由外商作价提供进口的货物，事后我方支付或从我方出口货物款中或出口加工成品的加工费中扣除，如来料加工贸易进口设备等
10	货样、广告品	指进口专供订货参考的货物样品以及用以宣传有关商品内容的广告宣传品
11	其他	
13	以产顶进	经国家有关经贸部门审批，对目前国内尚无法加工生产，需在境外购买的商品，准许在境内的三资企业购买以替代进口的商品

生产厂家是指出口货物的中国境内生产企业的名称，该栏仅供必要时填报。

（2）信息来源。根据贸易方式、征免性质进行逻辑判断。

（3）填报要求。按海关规定的《用途代码表》填报相应的用途名称及代码。

32. 标记唛码及备注

本栏目实际包含两部分内容：一是标记唛码；二是备注。

（1）标记唛码。标记唛码含有以下内容：

1）含义。标记唛码是运输标志的俗称。进出口货物报关单上标记唛码专指货物的运输标志。标记唛码英文表示为 Marks、Marking、MKS、Marks & No.、Shipping Marks 等。它通常是由一个简单的几何图形和一些字母、数字及简单的文字组成，一般分列为收货人代号、合同号和发票号、目的地〔包括最终目的国（地区）或原产国（地区）、目的港或中转港〕和件数号码等项。

2）信息来源。海运提单或装箱单中"Marks & No."栏目内显示。如表 2-3-25 的例子。

表 2-3-25　标记唛码的显示

Marks & No.	（唛头）
HUMBURG	（中转港：汉堡）
IN TRANSIT TO ZURICH SWITZERLAND	（目的国/港：瑞士/苏黎世）
C/NO.1-1533	（件数：1533 件）
MADE IN CHINA	（原产国：中国）
MKS/Marking	（唛头）
SHANGHAI WORLDBEST	（收货人）
98L-025SH	（合同号）
C/NO. 1-420	（件数：420 件）
SHANGHAI	（目的地：上海）

3）填报内容。填报标记唛码中除图形以外的文字、数字。

（2）备注。备注指报关单其他栏目不能填写完全以及需要额外说明的内容，或其他需要备注、说明的事项。它们包括以下内容：

1）涉及经营单位填报需要备注说明的内容：受外商投资企业委托代理其在投资总额内进口投资设备、物品的外贸企业名称填写在本栏。应填写"委托×××××公司进口"（×××××为代理的外贸企业名称）。

2）集装箱号。一票货物有多个集装箱需要填报的，在本栏目填写其余集装箱的信息。填写的格式与集装箱号栏相同，即"集装箱号/规格/自重"。

3）随附单据栏。一个以上监管证件的，本栏目填写其余的监管证件的代码及编号。

具体填报要求为："监管证件代码"+"："+"监管证件号码"。监管证件是优惠贸易协定下的原产地证书的，按联网与不联网的原产地证书的填报格式填写。

4）关联备案号在此栏填写。关联备案号相关意义如下：

A. 关联备案号是指和本报关单申报的货物有关系和联系的其他报关单上填写的备案号，按海关管理的要求要体现在本报关单上。

例如，在备案号栏讲到的加工贸易成品凭《征免税证明》转为享受减免税进口货物或审批备案后办理形式进口的货物，进口报关单填报《征免税证明》编号，出口报关单填报《加工贸易手册》编号。则对于进口报关单而言出口报关单上的备案号——《加工贸易手册》编号就是它的关联备案号。而对于出口报关单而言，其关联备案号是进口报关单上的备案号——《征免税证明》编号。

B. 填报要求。关联备案号应该填写在"标记唛码及备注"栏。

例如，加工贸易企业甲从事进料加工业务，取得《加工贸易手册》（Cxxxxxxxxxxx），加工成品设备 A 出口。而经批准新成立的合资企业乙欲从国外进口设备 A（享受特定减免税），得知甲生产该设备后与甲签约，从甲企业购买，并向海关申请取得编号为 Zxxxxxxxxxxx 的《征免税证明》。

则甲乙两企业向海关正确的申报如下：

甲企业按出口报关填写加工贸易出口货物报关单，报关单的"备案号"栏填手册编号"Cxxxxxxxxxxx"。而乙企业的征免税证明编号对于甲企业来说就是报关单上要填写的关联备案号。其关联备案号填写在"标记唛码及备注"栏，填写的形式为："转至 Zxxxxxxxxxxx 征免税证明"。乙企业按进口报关填写进口货物报关单，进口报关单的"备案号"栏填征免税证明编号"Zxxxxxxxxxxx"。而甲企业的《加工贸易手册》编号对于乙企业来说就是报关单上要填写的关联备案号。其关联备案号填写在"标记唛码及备注"栏，填写的形式为："转自 Cxxxxxxxxxxx 加工贸易手册"。

5）关联报关单号在此栏填写。关联报关单号相关意义如下：

A. 关联报关单号是指与本报关单有关联关系的，同时在海关业务管理规范方面又要求填报的报关单号，应填报在"关联报关单"栏。

例如：加工贸易深加工结转货物，同样一批货物，作为转出企业加工成品报出口，而转入企业将其作为料件报进口。按海关的规定，应该先由转入企业报进口，并且在进口报关后把其进口报关单号等信息通知转出企业。转出企业再报出口，并将转入企业的进口报关单号作为关联报关单号填写在"标记唛码及备注"栏。

B. 填报要求。上面提到的两种加工贸易结转类的报关中，由于是先报进口，所以只有出口报关单填写关联报关单号。应该填写在"标记唛码及备注"栏。

上例中，具体填报为：转至××××……报关单（关联报关单号）。

6）其他申报时必须说明的事项。

33. 项号

（1）含义。项号是指申报货物在报关单中的商品排列序号及该项商品在备案文件（《加工贸易手册》、《征免税证明》、原产地证书等）上的顺序编号。

一份报关单最多填报 20 项商品，每项商品占据表体的一栏。这里所说的一份报关单是指一个报关单号下，也就是说一份报关单可以填报 4 张，这 4 张报关单的编号都相同，其他栏目也相同，只是项号、商品名称、规格型号等栏目填写的是不同的商品。一张纸质报关单最多可打印 5 项商品，一项商品占据表体的一栏。

（2）"项号"栏填报。"项号"栏分两行填报：

1）第一行填报货物在报关单中的商品排列序号。一般都按发票或装箱单中商品的排列顺序填写，但需注意，报关单中的项号是填所申报商品的序号。如果一张发票中有使用手册的商品和不使用手册的商品时要分开报关（填写不同的报关单），使用手册的报关单项号只按发票中涉及手册的商品种类排序。

2）第二行专用于加工贸易和实行原产地证书联网管理等已备案的货物，填报该项货物在登记手册中、征免税证明或原产地证书上的对应商品项号。

（3）特殊填报要求。特殊填报要求如下：

1）深加工结转货物，分别按照《加工贸易登记手册》中的进口料件项号和出口成品项号填报。

2）料件结转货物，出口报关单按照转出《加工贸易登记手册》（旧手册）中进口料件的项号填报；进口报关单按照转入《加工贸易登记手册》（新手册）中进口料件的项号填报。

3）料件复出货物，出口报关单按照《加工贸易登记手册》中进口料件的项号填报。

4）成品退运货物，退运进境报关单和复运出境报关单按照《加工贸易登记手册》原出口成品的项号填报。

5）加工贸易料件转内销货物（及按料件补办进口手续的转内销成品）应填

制进口报关单，本栏目填报《加工贸易登记手册》进口料件的项号。

6）加工贸易成品凭《征免税证明》转为享受减免税进口货物的，应先办理进口报关手续。进口报关单本栏目填报《征免税证明》中的项号，出口报关单本栏目填报《加工贸易登记手册》原出口成品项号，进出口报关单货物数量应一致。

34. 商品编号

（1）含义。商品编码亦称商品编号，是指按海关《进出口税则》或《海关统计商品目录》所规定的商品分类编号归类总规则确定的进出口货物的编号。商品编号由 10 位数字构成，前 8 位为《进出口税则》中的税则号列和《海关统计商品目录》确定的商品编号，后 2 位为海关附加编号。

（2）来源。信息来源有两方面：

1）《加工贸易登记手册》和《征免税证明》上的已经海关确认的 HS 编码。

2）除以上情况外，需根据归类总规则确定商品编码。

（3）填报要求。填报要求如下：

1）在填报商品编码时应该按照商品分类目录中的归类总规则和进出口商品的实际情况填报。填报时应填 10 位编号。

2）加工贸易货物，报关单中的商品编号应与《加工贸易登记手册》中商品编号一致。

3）减免税货物，应与《征免税证明》备案数据一致。

35. 商品名称、规格型号

（1）含义。商品名称、规格型号含义如下：

1）商品名称，即商品品名，是指缔约双方同意买卖的商品的名称。报关单中的商品名称，是指进出口货物规范的中文名称。

2）规格型号，是指反映商品性能、品质和规格的一系列指标，如品牌、等级、成分、含量、纯度、大小等。

商品名称和规格型号要规范准确详尽，这样才能够保证归类准确、统计清晰，便于监管。

（2）信息来源。品名、规格型号主要在发票中"Description of Goods"或"Product and Description"或"Quantities and Description"栏目体现。商品名称、规格型号通常都是用英文写在一起。

（3）填报要求。填报要求如下：

1）本栏目分上下两行填报。上一行填报进（出）口货物规范的中文商品名称，下一行填报规格型号，必要时可加注原文。

2）商品名称及规格型号应据实填报，并与所提供的商业发票相符。

3）商品名称应当规范，规格型号应当足够详细，以能满足海关归类、审价及许可证件管理要求为准。根据商品属性，本栏目填报内容包括品名、牌名、规格、型号、成分、含量、等级、用途、功能等。

4）加工贸易、减免税货物等已备案的货物，本栏目填报录入的内容必须与备案登记中同项号下货物的名称与规格型号一致。

5）由同一运输工具同时运抵同一口岸并且属于同一收货人、使用同一提单的多种进口货物，按照商品归类规则应当归入同一商品编号的，应当将有关商品一并归入该商品编号。商品名称填报一并归类后的商品名称，规格型号填报一并归类后商品的规格型号。

6）对需要海关签发"货物进口证明"的车辆，商品名称应填报"车辆品牌+排气量（注明 cc）+车型（如越野车、小轿车)"。

36. 数量及单位

（1）含义。数量及单位含义如下：

1）数量。进出口货物报关单上的数量是指进出口商品的实际数量。

2）计量单位。单位是指针对数量的计量单位。它包括成交计量单位和法定计量单位。数量和单位是相对应的。因此，报关单中的数量既包括成交计量单位的数量也包括法定计量单位的数量。

成交计量单位是指买卖双方用以成交的计量单位（用以确定成交数量或者价格的单位）。比如，中国的厂商向国外的客户出口地毯，在一定的规格下国外客户通常是买多少张或条（数量），以每条或张的单价来确定最后的成交价格，这个张或条就是成交计量单位。在国际贸易中常用的计量单位有长度单位、面积单位、体积单位、容积单位、个数单位，使用什么样的计量单位需根据具体的商品由买卖双方协商确定。

法定计量单位是按照《计量法》的规定所采用的计量单位，我国采用国际单位制的计量单位，以《海关统计商品目录》中规定的计量单位为准。实际应用中，法定计量单位是指《进出口税则》中标注在每个商品编码后面的计量单位。根据商品的不同，有的有一个法定计量单位，有的有两个法定计量单位。两个计量单位用"/"区分，"/"前面的是法定第一计量单位，后面的是法定第二计量单位。如"个/千克"，"个"是法定第一计量单位，"千克"是法定第二计量单位。

成交计量单位可能和法定计量单位一致，也可能不一致。一致时只需填写法定计量单位，不一致时除了要填法定计量单位外还须单独填写成交计量单位。不一致时可根据成交计量单位与其他资料上的对应关系来确定及换算出法定计量单位填写。

（2）信息来源。发票中的商品名称或数量、单价栏目通常使用"Quantity"、"Quantities and Descriptions"或"Description of Goods"表示，有缩写成"QTY"或"Q'TY"的。在这些栏目会有对数量及单位的描述。

（3）填报要求。填报要求如下：

1）进出口货物必须按海关法定计量单位和成交计量单位填报。

2）"数量及计量单位"栏分3行填报。

A. 法定第一计量单位及数量应填报在本栏目第一行。

例如，如表 2-3-26 所示。

表 2-3-26　法定第一计量单位及数量的填写

商品名称、规格型号	数量及单位
初榨的豆油 （略）	10574 千克（第一行，法定第一计量单位及数量）

表中的 10574 千克为第一行，是法定第一计量单位及数量。

B. 凡列明海关第二法定计量单位的，必须填报第一及第二法定计量单位及数量，第二法定计量单位填报在本栏目第二行。无第二法定计量单位的，本栏目第二行为空。

例如，如表 2-3-27 所示。

表 2-3-27　第二法定计量单位的填写

商品名称、规格型号	数量及单位
塑料制眼镜架 （略）	80 千克（第一行，法定第一计量单位及数量） 60 副（第二行，法定第二计量单位及数量）

C. 以成交计量单位申报的，须填报与海关法定计量单位转换后的数量，同时还须将成交计量单位及数量填报在本栏第三行。如成交计量单位与海关法定计量单位一致时，本栏目第三行为空。

例如，如表 2-3-28 所示。

表 2-3-28　成交计量单位及数量的填写

商品名称、规格型号	数量及单位
棉制刺绣手帕 （略）	36000 条（第一行，法定第一计量单位及数量） 2035 千克（第二行，法定第二计量单位及数量） 3000 打（第三行，成交计量单位及数量）

37. 原产国（地区）/最终目的国（地区）

（1）含义。原产国与最终目的国含义如下：

1）原产国（地区）指进口货物的生产、开采或加工制造的国家（地区）。

2）最终目的国（地区）指已知的出口货物的最终实际消费、使用或进一步加工制造的国家（地区）。

对于不经过第三国转运的直接运输货物，可以运抵国（地区）作为最终目的国（地区）填报；对于经过第三国转运的出口货物，以最后运抵国（地区）作为最终目的国（地区）填报。

（2）信息来源。原产国（地区）的填报可参照货物原产地证书。在发票等原始单据中以诸如 "Country of Origin：××"、"Made in ××"、"Manufacturer：××" 表示。

（3）填报要求。填报要求如下：

1）原产国（地区）。原产国（地区）分以下几种情况：

A. 应按海关规定的《国别（地区）代码表》选择填报相应的国家（地区）中文名称或代码。

欧盟不能作为国家或地区填报在原产国（地区）栏目，因为《国别（地区）代码表》没有欧盟。原产国（地区）中括号内地区的含义主要指中国台湾、中国香港这样的在代码表中列出的地区。它们是我国的一部分，不是独立的国家。

B. 进口货物原产国（地区）无法确定时，报关单 "原产国（地区）" 栏应该填报 "国别不详" 或 "701"。

C. 同一票货物中即使是同一种货物，如果原产国（地区）不同要分项（分栏）填报，即在不同的项号下填报。

比如，我国内某公司从香港进口 100 台照相机，其中 20 台原产于韩国，80 台原产于日本，即使这 100 台电脑相同，但因原产地不同也要分项填报。正确的填报应该如表 2-3-29 所示。

表 2-3-29　某公司进口相机的原产国填写

项号	商品编号	商品名称、规格型号	数量及单位	原产国（地区）	单价	总价	币值	征免
01	（略）	照相机 （略）	20 台	韩国	（略）			（略）
02	（略）	照相机 （略）	80 台	日本	（略）			（略）

2）最终目的国（地区）。最终目的国（地区）分以下几种情况：

A. 最终目的国（地区）填报已知的出口货物的最终实际消费、使用或进一步加工制造的国家（地区）。

B. 不经过第三国（地区）转运的直接运输货物，以运抵国（地区）为最终目的国（地区）；经过第三国（地区）转运的货物，以最后运往国（地区）为最终目的国（地区）。

C. 同一批出口货物的最终目的国（地区）不同的，应分别填报最终目的国（地区）。

D. 出口货物不能确定最终目的国（地区）时，以尽可能预知的最后运往国（地区）为最终目的国（地区）。

3）加工贸易报关单特殊填报要求。加工贸易报关单特殊填报要求如下：

A. 料件结转货物，出口报关单填报"中国"（代码"142"），进口报关单填报原料件生产国。

B. 深加工结转货物，进出口报关单均填报"中国"（代码"142"）。

C. 料件复运出境货物，填报实际最终目的国；加工出口成品因故退运境内的，填报"中国"（代码"142"），复运出境时填报实际最终目的国。

D. 出口加工区运往区外的货物，原产国（地区）按实际填报，即对于未经加工的进口货物，填报货物原进口时的原产国（地区）；对于经加工的成品或半成品，按现行原产地规则确定原产国（地区）；区外运入出口加工区的货物，最终目的国为中国。

E. 加工贸易货物转内销，原产国（地区）应按以下情况填报：加工贸易剩余料件内销，填报料件的原实际生产国（地区）；加工贸易成品（包括半成品、残次品、副产品）转内销，均应填报"中国"（142）。

38. 单价

（1）含义。单价是指商品的一个计量单位以某一种货币表示的价格。商品的单价一般应包括单位商品的价值金额、计量单位、计价货币和价格术语 4 个部分。

报关单中本栏目应填报同一项号下进（出）口货物实际成交的商品单位价格。

（2）信息来源。发票中的价格条款使用的单价通常为"Unit Price"、"U/PRICE"或者"Price U（Unit，每个数量单位）"，有的也用"@"后面跟单价。比如：@USD3.89 表示单价是 3.89 美元。或者使用直接描述的方法给出，如 AT USD 125/DRUM FOB QINGDAO。

（3）填报要求。填报要求如下：

1）应填报同一项号下进（出）口货物实际成交的商品单位价格（发票单价）的金额。

当一份报关单中有多项商品时，每个单价只对应一个项号下的商品。单价是一个成交计量单位下的价格，单价和数量单位是对应的关系。单价和其对应数量相乘等于总价。

2）对无实际成交价格的货物，本栏目填报货值。如来料加工进口料件、无代价抵偿货物。

3）单价的填报只填报单价的数值，不需要填报计价的单位（计量单位）和计价货币（币制）。因为已有专门填写计量单位和币制的栏目。

4）单价填报到小数点后 4 位，第 5 位及其后略去。如单价为"0.34567"应填报"0.3456"。

39. 总价

（1）含义。总价是指进（出）口货物实际成交的商品总价。

（2）信息来源。通常以"Amount"、"Value"表示。如果发票中的总价下还列有其他费用，应该以总价（"Amount"、"Value"）下对应的 TOTAL 或 TOTAL AMOUNT 的价格为总价。

（3）填报要求。填报要求如下：

1）应填报同一项号下进（出）口货物实际成交的商品总价。

在报关单中总价是和单价相对应的，单价和其对应数量相乘等于总价，每一项商品都对应一个总价。

2）无实际成交价格的，本栏目填报货值。如来料加工进口料件、无代价抵偿货物。

3）总价填报到小数点后 4 位，第 5 位及其后略去。

40. 币制

（1）含义。币制是指进（出）口货物实际成交价格的币种。

（2）信息来源。在发票、合同单、总价中体现。

（3）填报要求。本栏目应根据实际成交情况按海关规定的《货币代码表》选择填报相应的货币名称或符号或代码。

41. 征免（方式）

（1）含义。征免（方式）指海关对进（出）口货物进行征税、减税、免税或特案处理的实际操作方式。

征免（方式）是海关在征税的环节具体操作时采用的处理方式。对于进出口货物符合何种法律法规规定，确定属于征税、减税还是免税的管理主要体现在征免性质上。但征免性质确定后具体在执行时还可以采用不同的操作方式。比如，对于征免性质是一般征税的货物，海关实际操作时既可以照章征税，也可以接受收发货人的申请提供保函、保证金放行。因此，同一张报关单上可以有不同的征免方式。

海关规定有 9 种征免（方式），并给每一种征免方式设定一个代码形成《征减免税（方式）代码表》（如表 2-3-30 所示）。其中最常使用的征免方式就是照章征税和全免。

（2）信息来源。根据货物的进出口状态和相关单证进行逻辑判断，参见表 2-3-8。

（3）填报要求。填报要求如下：

表 2-3-30　征减免税方式代码表

代码	名称	说明
1	照章征税	指对进出口货物依照法定税率计征各类税、费
2	折半征税	指依照主管海关签发的征免税证明或海关总署的通知，对进出口货物依照法定税率折半计征关税和增值税，但照章征收消费税
3	全免	指依照主管海关签发的征免税证明或加工贸易手册等，对进出口货物免征关税和增值税，但消费税不予免征
4	特案	指依照主管海关签发的征免税证明或海关总署通知规定的税率计征各类税、费
5	随征免性质	指对某些监管方式下进出口的货物按照征免性质规定的特殊计税公式或税率计征税、费
6	保证金	指经海关批准具保放行的货物，由担保人向海关缴纳现金的一种担保形式
7	保函	指担保人根据海关的要求，向海关提交的订有明确权利义务的一种担保形式

1）根据海关核发的征免税证明或有关政策规定，对报关单所列每项商品选择填报海关规定的《征减免税方式代码表》中相应的征减免税方式的名称。

2）加工贸易报关单应根据加工贸易手册中备案的征免规定填报。加工贸易手册中备案的征免规定为"保金"或"保函"的，不能按备案的征免规定填报，而应填"全免"。

42. 税费征收情况

本栏目供海关批注进（出）口货物税费征收及减免情况，由海关经办人填写。

43. 录入员

本栏目用于预录入和电子报关单，打印录入人员的姓名。

44. 录入单位

本栏目用于预录入和电子报关单，打印录入单位名称。

45. 填制日期

指报关单的填制日期。预录入和电子数据交换报关单由计算机自动打印。

本栏目为 6 位数，顺序为年、月、日，各 2 位。

46. 申报单位

本栏目指报关单左下方用以填报申报单位有关情况的总栏目。申报单位指对申报内容的真实性直接向海关负责的企业或单位。自理报关的，应填报进（出）口货物的经营单位名称及代码；委托代理报关的，应填报经海关批准的专业或代理报关企业名称及代码。本栏目还包括报关单位地址、邮编和电话等分项目，由申报单位的报关员填报。

47. 海关审单批注栏

本栏目指供海关内部作业时签注的总栏目，由海关关员手工填写在预录入报关单上。其中"放行"栏填写海关对接受申报的进出口货物作出放行决定的日期。

项目三
进出口商品归类及税费计算

【学习目标】

了解进出口税费的含义和种类

掌握进出口完税价格的审定原则

能够正确确定税率

能够正确进行税费的计算

任务一　完税价格的确定

【实训任务】

【任务一】

▶ **任务背景**

美采公司通过华欣公司从 G 国三兴公司进口一套设备，合同总价为 CIP 中国甘肃 180 万美元，合同价包括三兴公司派人来华进行设备安装、调试和验收的费用，但在合同中未单列出来。该设备关税税率为 14%，设备 5 月到货后缴纳关税约为 209（180×8.3×14%）万元人民币。

5 月，华隆公司从 G 国三兴公司进口同样一套设备，合同总价为 CIF 中国大连 160 万美元，其中包含 16 万美元的三兴公司人员来华进行设备安装、调试和验收的费用。设备到货后，华隆公司以 160 万美元的成交价格向海关申报，海关受理后对其申报价格产生怀疑，要求华隆公司予以解释。

华隆公司只是提供了一个简单的书面说明，海关认为该说明不足以支持华隆公司的申报价格，于是拒绝接受 160 万美元的申报价格，其依据是：该套设备同美采公司申报的设备属同一国家和同一生产商生产的相同货物，因而参照美采公司申报的 180 万美元作为完税价格，华隆公司同样地应缴关税约为 209 万元人民币。华隆公司因不了解海关规定又急用该设备，无奈只好缴税提货。

（资料来源：根据豆丁网 http：//www.docin.com/p-543662864.html 改编。）

▶ **工作任务**

美采、华隆公司以 180 万美元作为完税价格究竟合不合理？为什么？

【任务二】

▶ **任务背景**

某进出口贸易公司从 2009 年开始大量从西班牙进口大理石"西班牙米黄"。

海关于 2012 年 6 月对贸易公司进行专项稽查，通过稽查，海关发现该公司除了向国外出口商支付报关单上的价格之外，还通过其他私人或离岸公司的渠道向西班牙数个私人账户汇出相当数量的钱款。海关认为该公司可能存在低报价格的行为。

贸易公司对此解释为，因为大理石的价格与品质、产地关联非常大，为了保证品质，避免商业瞒骗，所以该公司派出 2 名工作人员长期在西班牙、埃及等地看货、监装。由于中国外汇管制，该公司无法通过正常渠道支付其工资、生活补贴、差旅费用，所以通过私人账户或一位朋友在香港的离岸公司支付外汇，然后在国内再支付人民币给朋友。

调查到以上情况后，律师又收集了相关的汇款凭证、国外工作人员的身份证明、差旅费用报销凭证等证据资料。在此基础上，律师为企业撰写了给海关的解释报告。

（资料来源：中国海关律师网（http：//www.customslawyer.cn/2013.1.31）。）

► **工作任务**

如果你是海关，是否认可该解释报告？

【任务三】

► **任务背景**

H公司与加拿大一公司签订了一项供应轧钢厂设备的协议，这些设备将被组合并入国内现有的一家铜带生产厂的生产设备中。但组合的这道工序是由含有专利工序的轧钢设备厂完成的。所以H公司被加拿大公司要求除支付设备价款外，还要支付一笔巨额许可费。

（资料来源：根据中国海关律师网 http：//www.customslawyer.cn/资料整理。）

► **工作任务**

为工序支付的许可费是否要计入进口货物的完税价格中？

【任务四】

► **任务背景**

某公司以"修理物品"的贸易方式向海关申报进口一批干衣机，并提交税款担保金15万元，担保期限为半年，后该公司因技术原因无法按时将货物复运出境，经海关同意将担保期限延长3个月。之后，某公司向海关申报出口该批货物，因船舶运输企业原因未能按时装船出运，货物在再次延长的期限之后才运离出境。海关根据《中华人民共和国海关进出口货物征税管理办法》规定，认定该公司未能在海关规定期限内将该批货物复运出境，向申请人开具海关交付款通知书，将其提交的担保金转税。

► **工作任务**

海关的处理是否合理？为什么？

【任务五】

► **任务背景**

A公司与境外公司签订销售合同，购买车间生产设备，总价50万美元。同年办妥进口手续，其中含德国产关键件8个，单价1万美元。由于其中一个关键件有质量问题，经与供货方交涉，对方同意赔偿一个同一规格型号的关键件。供货方认为该关键件属于赔偿货物，于是将单价定为100美元，其签发的发票载明价格也是100美元。随后，申请人以一般贸易方式向海关申报进口意大利产关键

125

件，申报价格 100 美元。海关审核单证资料后，认为实际价格应与申请人之前进口设备项下同类关键件价格相同，移交缉私部门立案调查，认定该关键件实际价格为 1 万美元，申请人构成申报不实，对其作出罚款人民币 2 万元的处罚决定。

▶ **工作任务**

分析 A 公司在申报时欠妥的地方，申报价格应该为多少？

【任务六】

▶ **任务背景**

保税区内某金属制品有限公司 A，经批准从日本购进不锈钢材 5 吨，每吨价值 15000 美元，加工成品为转椅支杆。该公司在加工过程中，由于工艺等原因，产生了 300 公斤的残次品，另在生产过程中产生了 400 公斤的不锈钢废料。为节约成本，A 公司将生产的残次品以拍卖的方式销售给保税区外的 B 公司，拟销售价格为 3000 美元，但实际拍卖成交价格为 4500 美元，双方公司分别向拍卖行支付了拍卖价格 5%的佣金。并且，经人介绍，A 公司以 800 美元的价格将不锈钢废品销售给了区外的 C 公司。

▶ **工作任务**

计算残次品和不锈钢废品的完税价格。

【任务七】

▶ **任务背景**

A 企业应境外生产商要求，生产一批来料加工某型号的电磁铁，每个规格的电磁铁需要消耗 500 克铜，加工费为 20 元人民币。加工过程中部分使用了由境外厂商指定的境内某企业出售的铜。根据企业的采购数据，铜在境外采购的参考价格为 8 美元/公斤，企业从境内采购的参考价格为 90 元人民币/公斤。该电磁铁生产完成后，境外企业欲将制成品内销，并提出以境外采购的料件为基础，按照 4 美元/个作为其成品的内销价格。

根据企业的来料加工经营性质，且在加工过程中部分使用了国内采购的料件，海关表示不接受企业提交的内销单价，要求企业提供同期内销的相同规格铜的成交价格供海关参考，参考价格分别为 16 美元/公斤、15 美元/公斤、12 美元/公斤、10 美元/公斤，最后海关认定，企业应以 5 美元/个作为其成品的内销成交价格进行申报。

▶ **工作任务**

分析海关的认定是否合理。

【任务八】

▶ **工作任务**

根据完税价格的审定原则及相关要求，完成快速测试。

1. 单选题

（1）当进口货物的完税价格不能按照成交价格确定时，海关应当依次使用相应的方法估定完税价格，依次使用的正确顺序是：（　）

A. 相同货物成交价格方法……类似货物成交价格方法……倒扣价格方法……计算价格方法……合理方法

B. 类似货物成交价格方法……相同货物成交价格方法……倒扣价格方法……计算价格方法……合理方法

C. 相同货物成交价格方法……类似货物成交价格方法……合理方法……倒扣价格方法……计算价格方法

D. 倒扣价格方法……计算价格方法……相同货物成交价格方法……类似货物成交价格方法……合理方法

（2）在确定进口货物的完税价格时，下列哪一项费用或价值不应计入？（　）

A. 买方负担的除购货佣金以外的佣金和经纪费

B. 买方以免费或低于成本价的方式向卖方提供的材料及部件

C. 境外技术培训费

D. 卖方直接或间接从买方转售、处置或使用中获得的收益

（3）在确定进口货物的完税价格时，下列哪一项费用或价值不应计入？（　）

A. 与进口货物作为一个整体的容器费

B. 作为销售条件，由买方直接或间接支付的特许使用费

C. 为在境内复制进口货物而支付的费用

D. 包装费

（4）某工厂从美国某企业购买了一批机械设备，成交条件为 CIF 广州，该批货物的发票列示如下：机械设备 USD500000，运保费 USD5000，卖方佣金 USD25000，培训费 USD2000，设备调试费 USD2000。该批货物向海关申报的总

价应是（　　）。

    A. USD527000   B. USD530000

    C. USD532000   D. USD552000

（5）某进出口贸易公司从美国进口了一台电梯，发票列明如下：成交价格为珠海 USD100000，电梯进口后的安装、调试费 USD6000。经海关审查上述成交价格属实，且安装、调试费已包括在成交价格中，则海关审定该台电梯的完税价格为（　　）。

    A. USD100000   B. USD106000

    C. USD94000   D. USD96000

2. 多选题

（1）一般进口货物完税价格，除包括货物的货价外，还应包括的费用是（　　）。

A. 与进口货物作为一体的容器费用

B. 卖方佣金

C. 买方佣金

D. 货物运抵我国关境内输入地点起卸前的包装费、运费和其他劳务费、保险费

（2）在确定进口货物的完税价格时，下列哪一项费用或价值应计入？（　　）

A. 买方负担的除购货佣金以外的佣金和经纪费

B. 作为销售条件，由买方直接或间接支付的特许权使用费

C. 由买方向卖方免费提供的，在境外完成的为生产该货物所需的工程设计及制图等工作的价值

D. 卖方直接或间接从买方转售、处置或使用中获得的收益

（3）进口货物的价款中单独列明的下列税收、费用，（　　）不计入该货物的完税价格。

A. 厂房、机械、设备等货物进口后进行建设、安装、装配、维修和技术服务的费用

B. 进口关税及国内税收

C. 货物运抵境内输入地点起卸后的运输及其相关费用、保险费

D. 境内外技术培训及境外考察费用

（4）计入到完税价格中的所有项目的费用或价值，必须同时满足（　　）条件。

A. 由买方负担

B. 未包括在进口货物的实付或应付价格中

C. 有客观量化的数据资料

D. 由卖方负担

（5）成交价格必须满足一定的条件才能被海关所接受，否则不能适用成交价格法，必须具备的条件是（　　）。

A. 买方对进口货物的处置和使用权不受限制

B. 货物的价格不应受到导致该货物成交价格无法确定的条件或因素的影响

C. 卖方不得直接或间接地从买方处获得因转售、处置或使用进口货物而产生任何收益，除非上述收益能被合理确定

D. 买卖双方之间的特殊关系不影响价格

（6）下列诸项是关于海关对某些特殊进口货物完税价格审定的叙述，其中正确的是（　　）。

A. 符合海关规定运往香港修理的价值 HKD400000 的运输船，在香港的修理费和材料费共计 HKD30000，修理完毕复进境时，海关可按 HKD30000 审定完税价格

B. 符合海关规定前往香港作后期加工制作的卡拉 OK 影碟，进境时向海关申报加工费为 HKD10/张，海关可按 HKD10/张加上该影碟复进境时的运、保费为基础审定完税价格

C. 某单位未到监管年限的免税进口小轿车，在申请内销补税时，海关按其原进口时的成交价格，扣除折旧部分价值作为完税价格

D. 留购的租赁货物以海关审定的留购价格作为完税价格

（7）相同货物是指与被估货物在所有方面都相同的货物，包括（　　）。

A. 物理性质　　　　　　　　　　B. 质量和信誉

C. 生产国（地区）　　　　　　　D. 包装

（8）我国某公司以租赁方式从美国进口一艘价值 USD150000 的货轮用于国际航行，租期 1 年，年租金为 USD60000，此情况经海关审查属实，下列说法正确的是（　　）。

A. 在这种情况下，海关审定该货轮的完税价格为 USD150000

B. 在这种情况下，海关审定该货轮的完税价格为 USD60000

C. 根据现行办法规定，该船舶无须缴纳船舶吨税

D. 根据现行办法规定，应对该船舶征收船舶吨税

(9) 下列关于海关审定加工贸易保税货物内销完税价格的表述，正确的是（　　）。

A. 进料加工进口料件内销时，以料件原进口成交价格为基础审查确定完税价格

B. 进料加工制成品内销时，以料件原进口成交价格为基础审查确定完税价格

C. 来料加工进口料件内销时，以接受内销申报的同时或者大约同时进口的相同或者类似的货物的进口成交价格为基础审查确定完税价格

D. 来料加工制成品内销时，以接受内销申报的同时或者大约同时进口的相同或者类似的货物的进口成交价格为基础审查确定完税价格

（10）海关对下列（　　）可以不进行价格质疑或价格磋商。

A. 危险品   B. 鲜活品

C. 易腐品、易失效品   D. 废品、旧品

3. 判断题

（1）保税区内的加工企业内销的制成品，海关以接受内销申报的同时或大约同时进口的相同或者类似货物的进口成交价格为基础审查确定完税价格。

（2）海关对运往境外修理的货物，如出口时已向海关报明并在海关规定的期限复运进境的，海关审定其完税价格时以境外修理费和料件费审查确定。

（3）若经海关调查认定买卖双方有特殊经济关系并影响成交价格，则海关有权不按成交价格法审查确定完税价格。

（4）对运往境外加工货物，应当以海关审定的加工费作为完税价格。

（5）相同货物成交价格法是《审价法规定》的第一种估价方法。

（6）进料加工进口料件内销时，以料件原进口成交价格为基础审查确定完税价格。

（7）经海关批准，留购的暂时进境货物，以海关审查确定的留购价格作为完税价格。

（8）当进口货物的完税价格不能按照成交价格确定时，海关应当优先采用合理方法确定完税价格。

（9）出境修理货物复运进境时超过海关规定期限的，由海关按照一般进口货物完税价格审定的规定审查确定完税价格。

（10）对于中国香港、中国澳门特别行政区海关已征收船舶吨税的外籍船舶，进入内地港口时，无须再征收船舶吨税。

（11）以 CIF 纽约成交的出口货物，从上海口岸申报出口，其完税价格为海关审定的 CIF 纽约价格扣除上海至纽约的运保费，如包括出口关税，将扣除出口关税。

（12）海关审定的进口货物的成交价格，是指卖方向中华人民共和国境内销售该货物时买方为进口该货物向卖方实付、应付的价格总额，包括直接支付的价款和间接支付的价款。

（13）出口货物的完税价格指由海关以该货物的成交价格为基础审查确定，包括货物运至中华人民共和国境内输出地点装载前的运输及其相关费用、保险费。

（14）某公司从境外进口清凉饮料 2000 箱（24×300 毫升/箱），申报价格为 CIF 广州 45 港币/箱，海关审核单证发现合同规定：货售完后，买方须将销售利润的 20% 返还卖方。海关认定该成交价格受到影响，不予接受其申报价格 45 港币/箱来确定完税价格。

（15）海关在审定货物的完税价格时，如买卖双方在经营上有相互联系，一方是另一方的独家代理、经销或受让人的，应当视为特殊关系。

【专业知识】

进出口税费是指海关依据《海关法》、《中华人民共和国进出口关税条例》等相关法律法规在进出口环节征收的关税、进口环节代征税等税费。

一、关税的计征

1. 关税概念

关税是海关代表国家对进出关境的货物、物品向纳税义务人征收的一种流转税。关税的征税主体是中华人民共和国海关。关税的课征对象是进出关境的货物、物品。关税的纳税义务人是进出境货物的收发货人、进出境物品的所有人。

2. 关税的计征方法

关税的计征方法主要有从价税、从量税、选择税、复合税、滑准税等。

（1）从价税。从价税是以进出口货物的完税价格为计税依据，以应征税额占货物完税价格的百分比为税率，完税价格和税额成正比例关系的关税。

其计算公式为：从价税应征税额=货物的完税价格×从价税率

从价税是我国对进出口货物最常用的计征关税的方法，其优点是，相对进出口货物价格的高低，其税额也相应高低，从而可以体现税赋的合理性。但是，从价税也存在着一些不足，如不同品种、规格、质量的同一货物价格有很大差异，海关估价有一定的难度，手续也较繁杂。

（2）从量税。从量税是以货物的计量单位（数量、体积、重量、容积等）为计税依据，按每一计量单位的应征税额征收的关税。

其计算公式为：从量税应征税额 = 货物数量 × 单位税率

目前，我国对冻鸡、啤酒、石油原油、胶卷等进口货物征收从量税。这种计税方法的优点是税额计算简便，通关手续快捷，并能起到抑制低廉商品或故意低瞒报价格商品的进口。缺点是因税额固定，物价涨落时税额不能相应变化，关税的调控作用相对减弱。

（3）复合税。复合税是对一个税目中的货物同时使用从价和从量两种标准征税，按两者之和作为应征税额征收的关税。

其计算公式为：复合税应征税额=货物的完税价格×从价税率+货物数量×单位税率

目前，我国对录像机、放像机、摄像机、非家用型摄录一体机、部分数字照相机等进口货物征收复合关税。这种计征方法的优点是，灵活性较大，既可发挥从量税抑制低价进口商品的特点，又可发挥从价税税负合理、稳定的特点。

（4）滑准税。滑准税是预先按照货物的价格高低分档制定若干不同的税率，然后按照进口货物的价格变动而增减进口税率的一种关税。即当货物的价格上涨时采用较高税率，价格下跌时采用较低税率。其目的是降低应税货物国际市场价格波动造成的影响，保持该货物国内市场价格的稳定性。

在我国，关税的计征主要使用的是从价税，从前边章节内容可以知道，要正确地计算从价税，必须先确定货物的完税价格。而关税的完税价格是由海关根据

《海关法》、《中华人民共和国进出口关税条例》、《审价办法》等法律法规和判断标准审定的。

二、 一般进出口货物完税价格的审定

1. 一般进口货物完税价格的审定

海关确定进口货物完税价格共有 6 种估价方法，即进口货物成交价格法、相同货物成交价格法、类似货物成交价格法、倒扣价格法、计算价格法和合理方法。上述估价方法应当依次采用，即只有在不能使用前一种估价方法的情况下，才可以使用后一种方法。但如果进口货物纳税义务人提出要求，并提供相关资料，经海关同意，可以颠倒倒扣价格法和计算价格法的适用次序。

（1）进口货物成交价格法。进口货物成交价格法是《中华人民共和国进出口关税条例》及《审价办法》规定的第一种估价方法，进口货物的完税价格应首先以成交价格估价方法审查确定。

1）完税价格。《审价办法》规定：进口货物的完税价格，由海关以该货物的成交价格为基础审查确定，并应包括货物运抵中华人民共和国境内输入地点起卸前的运输及相关费用、保险费。"相关费用"主要是指与运输有关的费用，如装卸费、搬运费等属于广义的运费范围内的费用。

2）成交价格。进口货物的成交价格，是指卖方向中华人民共和国境内销售该货物时买方为进口该货物向卖方实付、应付的，并按有关规定调整后的价款总额，包括直接支付的价款和间接支付的价款。

此处的"实付或应付"是指必须由买方支付，支付的目的是获得进口货物，支付的对象既包括卖方也包括与卖方有联系的第三方，且包括已经支付和将要支付两者的总额。

此处的"直接、间接支付"是指成交价格应该包括直接支付和间接支付的款项，其中直接支付是指买方直接支付给卖方的款项；间接支付是指买方根据卖方的要求，将款项全部或部分支付给第三方，或者抵充买卖双方之间其他的资金往来的付款方式。

3）成交价格的"调整因素"。成交价格不完全等同于贸易中实际发生的发票价格，需要按有关规定进行调整。调整因素包括计入项目和扣减项目。

A. 计入项目。即调整的加项，计入项目若由买方支付，必须计入完税价格，主要包括以下内容：

a. 除购货佣金以外的佣金和经纪费。佣金通常可分为购货佣金和销售佣金。购货佣金指买方向其采购代理人支付的佣金，按照规定购货佣金不应该计入进口货物的完税价格中。销售佣金指卖方向其销售代理人支付的佣金，但上述佣金如果由买方直接付给卖方的代理人，按照规定应该计入完税价格。

经纪费指买方为购进进口货物向代表买卖双方利益的经纪人支付的劳务费用，根据规定应计入完税价格。

b. 与进口货物作为一个整体的容器费。与有关货物归入同一个税号的容器与该货物视作一个整体，比如说香水瓶与香水构成一个不可分割的整体，两者归入同一税号，如果没有包括在香水的完税价格中，则应该计入。

c. 包装材料费用和包装劳务费用。

d. 协助的价值。在国际贸易中，与进口货物的生产和向中华人民共和国境内销售有关的，由买方以免费或者以低于成本的方式提供，并且可以按适当比例分摊的下列货物或者服务的价值被称为协助的价值。

下列 4 项协助费用应计入完税价格：进口货物所包含的材料、部件、零件和类似货物的价值；在生产进口货物过程中使用的工具、模具和类似货物的价值；在生产进口货物过程中消耗的材料的价值；在境外完成的为生产该进口货物所需的工程设计、技术研发、工艺及制图等工作的价值。

e. 特许权使用费。特许权使用费是指进口货物的买方为取得知识产权权利人及权利人有效授权人关于专利权、商标权、专有技术、著作权、分销权或者销售权的许可或者转让而支付的费用。

以成交价格为基础审查确定进口货物的完税价格时，未包括在该货物实付、应付价格中的特许权使用费需计入完税价格。

f. 返回给卖方的转售收益。如果买方在货物进口之后，把进口货物的转售、处置或使用的收益的一部分返还给卖方，这部分收益的价格应该计入完税价格。

上述所有项目的费用或价值计入完税价格，必须同时满足 3 个条件：由买方负担；未包括在进口货物的实付或应付价格中；有客观量化的数据资料。

B. 扣减项目。进口货物的价款中单独列明的下列税收、费用，不计入该货物的完税价格：

a. 厂房、机械或者设备等货物进口后发生的建设、安装、装配、维修或者技术援助费用，但是保修费用除外。

b. 货物运抵境内输入地点起卸后发生的运输及其相关费用、保险费。

c. 进口关税、进口环节代征税及其他国内税。

d. 为在境内复制进口货物而支付的费用。

e. 境内外技术培训及境外考察费用。

4）成交价格本身须满足的条件。成交价格必须满足一定的条件才能被海关所接受，否则不能适用成交价格法。根据规定，成交价格必须具备以下 4 个条件：

A. 对买方处置或者使用进口货物不予限制。如果买方对进口货物的处置权或者使用权受到限制，则进口货物就不适用成交价格法。

有下列情形之一的，视为对买方处置或者使用进口货物进行了限制：进口货物只能用于展示或者免费赠送的；进口货物只能销售给指定第三方的；进口货物加工为成品后只能销售给卖方或者指定第三方的；其他经海关审查，认定买方对进口货物的处置或者使用受到限制的。

B. 进口货物的价格不得受到使该货物成交价格无法确定的条件或者因素的影响。有下列情形之一的，视为进口货物的价格受到了使该货物成交价格无法确定的条件或者因素的影响：进口货物的价格是以买方向卖方购买一定数量的其他货物为条件而确定的；进口货物的价格是以买方向卖方销售其他货物为条件而确定的；其他经海关审查，认定货物的价格受到使该货物成交价格无法确定的条件或者因素影响的。

C. 卖方不得直接或者间接获得因买方销售、处置或者使用进口货物而产生的任何收益，除非上述收益能够被合理确定。

D. 买卖双方之间没有特殊关系，或虽有特殊关系但不影响成交价格。根据规定，有下列情形之一的，应当认定买卖双方有特殊关系：买卖双方为同一家族成员；买卖双方互为商业上的高级职员或董事；一方直接或间接地受另一方控制；买卖双方都直接或间接地受第三方控制；买卖双方共同直接或间接地控制第三方；一方直接或间接地拥有、控制或持有对方5%以上（含5%）公开发行的有表决权的股票或股份；一方是另一方的雇员、高级职员或董事；买卖双方是同一合伙的成员。

5）相关计算公式。进口货物的成交价格，因有不同的成交条件而有不同的价格，常用的价格条款有 CIF、FOB、CFR 3 种，因此，完税价格的计算公式为：

A. 以我国口岸到岸价格（CIF）成交的，可直接以此价格作为完税价格，即：

完税价格 = CIF

B. 以境外口岸 FOB 价成交的，应加上该项货物从境外发货或交货口岸运到我境内口岸以前所实际支付的运费和保险费作为完税价格，即：

完税价格 =（FOB + 运费)/（1 - 保险费率）

C. 以我国口岸 CFR 价成交的，应当另加保险费作为完税价格，即：

完税价格 = CFR/（1 - 保险费率）

（2）相同或类似货物成交价格法。进口货物成交价格法是海关估价中使用频率最高的一种估价方法，但是如果货物的进口非由商品买卖引起或商品买卖时不能符合成交价格须满足的条件，就不能采用成交价格法，而应该依次采用相同或类似进口货物成交价格法审查确定货物的完税价格。

相同或类似进口货物成交价格法，即以与被估货物同时或大约同时向中华人民共和国境内销售的相同货物或类似货物的成交价格为基础，审查确定进口货物完税价格的方法。

1）相同货物和类似货物。"相同货物"，指与进口货物在同一国家或者地区生产的，在物理性质、质量和信誉等所有方面都相同的货物，但是表面的微小差异允许存在。

"类似货物"，指与进口货物在同一国家或者地区生产的，虽然不是在所有方面都相同，但是却具有相似的特征、相似的组成材料、相同的功能，并且在商业中可以互换的货物。

2）时间要素。时间要素是指相同或类似货物必须与进口货物同时或大约同时进口，其中的"同时或大约同时"指在海关接受申报之日的前后各 45 天以内。

3）方法适用。相同或类似货物成交价格方法适用以下几种情况：

A. 应使用和进口货物处于相同商业水平、大致相同数量的相同或类似货物的成交价格，条件不具备时，可以使用调整后相同或类似进口货物的价格，价格调整时除了考虑数量和商业水平，还应考虑运输距离和运输方式不同对价格的影响。

B. 应使用同一生产商生产的相同或类似货物的成交价格，只有在没有同一生产商生产的相同或类似货物的成交价格的情况下，才可以使用同一生产国或地区不同生产商生产的相同或类似货物的成交价格。

C. 存在多个相同或类似货物的成交价格，应当以最低的成交价格为基础估定进口货物的完税价格。

（3）倒扣价格法。倒扣价格法即以进口货物、相同或类似进口货物在境内第一环节的销售价格为基础，扣除境内发生的有关费用来估定完税价格。"第一环节"是指有关货物进口后进行的第一次转售，且转售者与境内买方之间不能有特殊关系。

1）倒扣价格法的倒扣项目。倒扣法是在确定销售价格的基础上，扣除以下的费用：

A. 该货物的同级或同种类货物在境内第一环节销售时通常支付的佣金以及利润和一般费用（包括直接费用和间接费用）。

B. 货物运抵境内输入地点之后的运输及其相关费用、保险费。

C. 进口关税、进口环节代征税及其他国内税。

D. 加工增值额，如果以货物经过加工后在境内转售的价格为倒扣价格的基础，则必须扣除上述加工增值部分。

2）核心要素。核心要素有以下两项：

A. 按进口时的状态销售。倒扣价格法必须以进口货物、相同或类似进口货物按进口时的状态销售的价格为基础。如果没有按进口时的状态销售的价格，应纳税义务人要求，可以使用经过加工后在境内销售的价格作为倒扣的基础。

B. 时间要素。必须是在被估货物进口时或大约同时转售给国内无特殊关系方的价格，其中"进口时或大约同时"为在进口货物接受申报之日的前后各 45 天以内。

（4）计算价格法。计算价格法是以发生在生产国或地区的生产成本为基础的价格。

计算价格的构成项目。采用计算价格法时进口货物的完税价格由下列各项目的总和构成：

1）生产该货物所使用的料件成本和加工费用。"料件成本"是指生产被估货物的原料成本，包括原材料的采购价格以及原材料投入实际生产之前发生的各类费用；"加工费用"是指将原材料加工为制成品过程中发生的生产费用，包括人工成本、装配费用及有关间接成本。

2）向境内销售同等级或者同种类货物通常的利润和一般费用（包括直接费用和间接费用）。

3）货物运抵中华人民共和国境内输入地点起卸前的运输及其相关费用、保险费。

（5）合理方法。合理方法是指当海关不能根据成交价格估价法、相同货物成交价格估价法、类似货物成交价格估价法、倒扣价格估价法和计算价格估价法确定完税价格时，根据公平、统一、客观的估价原则，以客观量化的数据资料为基础审查确定进口货物完税价格的估价方法。

在运用合理方法估价时，禁止使用以下 6 种价格：①境内生产的货物在境内的销售价格。②在两种价格中较高的价格。③依据货物在出口地市场的销售价格。④以计算价格法规定之外的价值或者费用计算的相同或者类似货物的价格。⑤依据出口到第三国或地区货物的销售价格。⑥依据最低限价或武断、虚构的价格。

2. 一般出口货物完税价格的审定

（1）完税价格。由海关以该货物的成交价格为基础审查确定，包括货物运至中华人民共和国境内输出地点装载前的运输及其相关费用、保险费。

（2）成交价格。成交价格指该货物出口销售时，卖方为出口该货物向买方直接收取或间接收取的价款总额。

（3）不计入出口货物完税价格的税收、费用。不计入出口货物完税价格的税收、费用有以下几项：

1）出口关税。

2）输出地点装载后的运费及相关费用、保险费。

3）在货物价款中单独列明由卖方承担的佣金。

（4）相关计算公式。出口货物的成交价格，因有不同的成交条件而有不同的价格，常用的价格条款有 CIF、FOB、CFR 3 种，因此，完税价格的计算公式为：

1）以我国口岸 FOB 价成交的，应扣除出口关税作为完税价格，即：

完税价格 = FOB/（1 + 出口税率）

2）以境外口岸 CFR 价成交的，应当扣除运费和出口关税费作为完税价格，即：

完税价格 =（CFR – 运费）/（1 + 出口税率）

3）以境外口岸 CIF 价成交的，应当扣除运费、保险费和出口关税费作为完税价格，即：

完税价格 =（CIF – 运费 – 保险费）/（1 + 出口税率）

三、特殊货物完税价格的审定

1. 加工贸易进口料件或者其制成品一般估价方法

在加工贸易的业务实践中，部分进口料件或者其制成品有可能不能按有关合同、协议约定复出口，经海关批准转为内销，须依法对其实施估价后征收进口税款。对加工贸易进口货物估价的核心问题有两个：一是按制成品征税还是按料件征税；二是征税的环节是在进口环节还是在内销环节。具体有以下 4 种情况：

（1）进口时需征税的进料加工进口料件，以该料件申报进口时的成交价格为基础审查确定完税价格。一般来讲，进料加工进口料件在进口环节都有成交价格，因此以该料件申报进口时的价格确定。

（2）进料加工进口料件或者其制成品（包括残次品）内销时，以料件原进口成交价格为基础审查确定完税价格。料件原进口成交价格不能确定的，海关以接受内销申报的同时或者大约同时进口的与料件相同或者类似的货物的进口成交价格为基础审查确定完税价格。

（3）来料加工进口料件或者其制成品（包括残次品）内销时，以接受内销申报的同时或者大约同时进口的与料件相同或者类似的货物的进口成交价格为基础审查确定完税价格。来料加工在料件原进口时没有成交价格，所以，以其进口料件申报内销的同时或者大约同时进口的与料件相同或者类似的货物的进口成交价格为基础审查确定完税价格。

（4）加工企业内销加工过程中产生的边角料或者副产品，因其没有原进口时

139

的状态和价格，所以以海关审查确定的内销价格为完税价格。

加工贸易内销货物的完税价格按照上述规定仍然不能确定的，由海关按照合理方法审查确定。

2. 保税区内加工企业、出口加工区内加工企业内销进口料件或者其制成品估价办法

（1）保税区内加工企业、出口加工区内的加工企业内销的制成品（包括残次品），海关以接受内销申报的同时或者大约同时进口的相同或者类似货物的进口成交价格为基础审查确定完税价格。

（2）保税区内加工企业、出口加工区内的加工企业内销加工过程中产生的边角料或者副产品，以海关审查确定的内销价格为完税价格。

保税区内加工企业、出口加工区内的加工企业内销制成品（包括残次品）、边角料或者副产品的完税价格按照上述规定不能确定的，由海关按照合理的方法审查确定。

3. 从保税区、出口加工区、保税物流园区、保税物流中心等区域、场所进入境内需要征税的货物的估价方法

从保税区、出口加工区、保税物流园区、保税物流中心等区域、场所进入境内需要征税的货物，海关参照本节一般进口货物完税价格审定的有关规定，以从上述区域、场所进入境内的销售价格为基础审查确定完税价格，加工贸易进口料件及其制成品除外。如果销售价格中未包括上述区域、场所发生的仓储、运输及其他相关费用的，按照客观量化的数据资料予以计入。

4. 出境修理复运进境货物的估价方法

运往境外修理的机械器具、运输工具或者其他货物，出境时已向海关报明，并在海关规定的期限内复运进境的，海关以境外修理费和料件费审查确定完税价格。

出境修理货物复运进境超过海关规定期限的，由海关按照审定一般进口货物完税价格的规定审查确定完税价格。

5. 出境加工复运进境货物的估价方法

运往境外加工的货物，出境时已向海关报明，并在海关规定期限内复运进境的，海关以境外加工费和料件费以及该货物复运进境的运输及其相关费用、保险

费审查确定完税价格。

出境加工货物复运进境超过海关规定期限的，由海关按照审定一般进口货物完税价格的规定审查确定完税价格。

6. 暂时进境货物的估价方法

经海关批准的暂时进境货物，应当缴纳税款的，由海关按照本节审定一般进口货物完税价格的规定审查确定完税价格。经海关批准留购的暂时进境货物，以海关审查确定的留购价格为完税价格。

7. 租赁进口货物的估价方法

（1）以租金方式对外支付的租赁货物，在租赁期间以海关审定的该货物的租金为完税价格，利息予以计入。

（2）留购的租赁货物以海关审定的留购价格为完税价格。

（3）纳税义务人申请一次性缴纳税款的，可以选择申请按照规定估价方法确定完税价格，或者按照海关审查确定的租金总额作为完税价格。

8. 减免税货物的估价方法

特定减免税货物在监管年限内不能擅自出售、转让、移作他用，如果有特殊情况，经过海关批准可以出售、转让、移作他用，须向海关办理纳税手续。减税或免税进口的货物须予征税时，海关以审定的该货物原进口时的价格，扣除折旧部分价值作为完税价格，其计算公式如下：

完税价格 = 海关审定的该货物原进口时的价格 × [1 − 征税时实际已进口的月数/(监管年限 × 12)]

上述计算公式中"征税时实际已进口的月数"，不足 1 个月但超过 15 日的，按照 1 个月计算；不超过 15 日的，不予计算。

任务二　税则归类

【实训任务】

▶ **工作任务**

根据税则归类的原则、原产地标准及税率的适用原则，查询并填制下表：

序号	商品名称	商品描述	H.S.编码	原产国	进出口类型	适用税率
1	牛腿块肉	冷冻的，无骨		澳大利亚	进口	
2	黑猪猪蹄	冰鲜的		中国	出口	
3	雀巢全脂奶粉	脂肪含量 26.5%，无糖		美国	进口	
4	丰收牌硝酸钾肥料	硝酸钾含量 99.8%		中国	出口	
5	多层复合实木地板	5 层，每层小于或等于 1.5 毫米，表层为樱桃木，其余采用白桦木、铁梨木等，尺寸为：1500 毫米×300 毫米×8 毫米		新西兰	进口	
6	男士带帽套头衫	55%麻，45%棉，无门襟，无衬里		美国	进口	
7	电镀锌板	由电镀锌的铁或非合金钢板轧制，经耐指纹处理		德国	进口	
8	无线指纹锁	不锈钢制		韩国	进口	
9	iPhone 6S 手机	具有照相功能		美国	进口	
10	儿童汽车安全座椅	有安全带组件		美国	进口	
11	花王儿童纸尿裤	主要成分：卫生纸，另含无纺布，高分子吸水树脂，PE 膜，橡皮筋等		日本	进口	
12	东北粳米	脱壳		中国	出口	
13	乳酪叉	不锈钢制，聚乙烯盒包装，每盒 6 把		法国	进口	
14	茶叶罐	锡制，100 克容量		尼泊尔	进口	
15	储衣箱	塑料制，尺寸为：450 毫米×300 毫米×80 毫米		日本	进口	

【专业知识】

一、税则归类

税则归类，又称海关商品归类，是指在《商品名称及编码协调制度公约》商品分类目录体系下，以《中华人民共和国进出口税则》为基础，按照《进出口税则商品及品目注释》、《中华人民共和国进出口税则本国子目注释》以及海关总署发布的关于商品归类的行政裁定、商品归类决定的要求，确定货物在海关税则中的税则号列（又称商品编码）并确定其税率的活动。税则归类的正确与否直接影响到适用税率的高低，影响到纳税人和国家的双重利益。正确的税则归类也是报关员必须掌握的专项技能之一。

1. 税则归类由来及依据

了解税则归类必须了解《商品名称及编码协调制度》（以下简称《协调制度》）。国际贸易的发展要求有一个能同时满足关税、统计和国际贸易其他方面要求的商品目录。为此，在国际海关合作理事会的主持下，1983 年海关合作理事会第 61/62 届会议通过了《协调制度公约》，于 1988 年 1 月 1 日正式实施。《协调制度》（Harmonized Commodity Description and Coding System，HS）是《协调制度公约》的附件。目前，采用《协调制度》的国家和地区所占的国际贸易量占全球国际贸易总量的 98%。

《协调制度》是目前国际贸易商品分类的一种"标准语言"，是一部完整、系统、通用的国际贸易商品分类体系。它将国际贸易中的商品按类、章、品目、子目进行分类。《协调制度》共 21 类，基本按社会生产的分工区分，如农业、化工业、纺织工业、冶金工业等。"类"下分为 97 章，基本上按商品的属性或用途来分类。

2. 我国进出口商品目录的基本结构

我国海关自 1992 年 1 月 1 日起开始采用《协调制度》，进出口商品归类工作成为我国海关最早实现与国际接轨的执法项目之一。

根据海关征税和海关统计工作的需要，我国在《协调制度》的基础上增设本国子目（三级子目和四级子目），形成了我国海关进出口商品分类目录，然后分别编制出《进出口税则》和《中华人民共和国海关统计商品目录》（以下简称《统计商品目录》）。

为了明确增设的本国子目的商品含义和范围，我国又制定了《本国子目注释》，作为归类时确定三级子目和四级子目的依据。

根据《协调制度公约》对缔约国权利义务的规定，我国《进出口税则》和《统计商品目录》与《协调制度》的各个版本同步修订。自 2007 年 1 月 1 日起，我国采用 2007 年版《协调制度》，并据此编制了 2007 年版《进出口税则》和《统计商品目录》，其后每年再根据需要对本国子目进行适当调整。

《进出口税则》中的商品号列称为税则号列，为征税需要，每项税则号列后列出了该商品的税率；《统计商品目录》中的商品号列称为商品编号，为统计需要，每项商品编号后列出了该商品的计量单位，并增加了第 22 类"特殊交易品及未分类商品"，内分第 98 章、第 99 章。

《协调制度》中的编码只有 6 位数，而我国进出口税则中的编码为 8 位数，其中第 7 位、第 8 位是我国根据实际情况加入的"本国子目"。

3.《协调制度》的主要内容

《协调制度》总体结构分为 3 个部分：归类总规则、商品编码表、注释。

（1）归类总规则概述。协调归类总规则位于《协调制度》卷首，共有 6 条，是将涉及《协调制度》各类、章商品归类的普遍规律加以归纳总结，作为规则列出的。它是指导整个《协调制度》商品归类的总规则，是具有法律效力的归类依据。掌握海关商品归类的过程，就是掌握和熟练、正确应用归类总规则的过程。

（2）商品编码表。商品编码表是《协调制度》商品分类目录的主体，由商品名称和商品编码构成，不同商品名称对应不同的商品编码。如"淡水鱼"对应的商品编码是"0301.1100"，"柞蚕丝"对应的商品编码是"5002.0020"。

编码表中的商品按类、章、品目、子目进行分类，共分为 21 类，97 章。基本上是按不同的生产行业来分"类"的，"类次"或同类次内"章次"安排的先后顺序先是动物，然后植物，再是矿物质。同一章内一般原材料商品在前，半成品居中，制成品在后；整机与零件相比，整机在前，零件在后；列名具体的商品在前，列名一般的商品在后。

我国商品编码共 8 位，编码的编排是有一定规律的，以 0306.2492 "未冻的梭子蟹" 为例说明，如表 3-2-1 所示。

表 3-2-1 "未冻的梭子蟹" 商品编码表

编码	03		0	6	2	4	9	2
位数	1	2	3	4	5	6	7	8
含义	章号		顺序号		一级子目	二级子目	三级子目	四级子目

前 4 位是 "品目（税目）条文"，前 2 位表示章号，后 2 位表示顺序号；后 4 位是 "子目条文"。第 5 位代表一级子目，表示在品目（税目）条文下所含商品一级子目的顺序号，在商品编码表中的商品名称前用 "–" 表示。第 6 位代表二级子目，表示在一级子目下所含商品二级子目的顺序号，在商品编码表中的商品名称前用 "– –" 表示。第 7 位代表三级子目，表示在二级子目下所含商品三级子目的顺序号，在商品编码表中的商品名称前用 "– – –" 表示。第 8 位代表四级子目，表示在三级子目下所含商品四级子目的顺序号，在商品编码表中的商品名称前用 "– – – –" 表示。需要指出的是，若第 5~8 位上出现数字 "9"，则通常情况下代表未具体列名的商品，即在 "9" 的前面一般留有空序号以便用于修订时增添新商品。如上述编码 0306.2492 中第 7 位的 "9" 代表除梭子蟹、中华绒螯蟹以外的其他非种苗的未冻的蟹，其中 1~9 之间的空序号可以用于将来增添新的其他需要具体列明的非种苗的未冻的蟹。

（3）注释。注释是为限定《协调制度》中各类、章、项目和子目所属商品的准确范围，杜绝商品分类的交叉，保证商品的准确归类而设定的。《协调制度》的注释有 3 种：类注释、章注释和子目注释。

注释是具有法律效力的商品归类依据。运用注释解决商品归类问题时，其使用顺序：子目注释在先，其次章注，再次类注。

4. 归类总规则

（1）归类总规则一。《协调制度》原文："类、章及分章的标题，仅为查找方便而设；具有法律效力的归类，应按品目条文的有关类注或章注确定，如品目、类注或章注无其他规定，按以下规则确定。"

规则一有 3 层含义：

1）指出"类、章及分章的标题，仅为查找方便而设"。例如说第一类活动物：动物产品，按标题，它应该包括所有的活动物和动物产品，但第一类中，根据章注，就可以知道，流动马戏团、动物园或其他类似巡回展出用的活动物，不包括在第一类里面，活的鱼、甲壳类动物、软体动物以及其他水生无脊椎动物却归入第 3 章。所以说"类、章及分章的标题，仅为查找方便而设"，其主要原因是类、章、分章的标题只是一个大概，无法规定具体内容；标题之间还会产生交叉。

2）"具有法律效力的归类应按品目条文和有关类注或章注确定"。此意思是说：①具有法律效力的商品归类，是按品目的商品名称和有关类注或章注确定的。例如，"四川产红辣椒（已经晒干，未磨成粉）"，鲜辣椒属于蔬菜应该归第 7 章，但根据第 7 章注释 4 "本章不包括辣椒干及辣椒粉（品目 09.04）"的注释，所以"四川产红辣椒（已经晒干，未磨成粉）"应归入税号"0904.2010"。②许多商品可直接按《协调制度》具体品目的商品名称进行归类。例如，家禽归入 0105，冷冻蔬菜归入 0710，计算机归入 8471，所以说，具有法律效力的归类应按项目条文和有关类注或章注确定。

3）"如品目、类注或章注无其他规定，按以下规则确定"。在对商品进行归类的时候，税目条文及相关的章注、类注是最重要的。如果按税目条文及相关的章注、类注还无法确定归类的，才能够按规则二、规则三、规则四、规则五、规则六来归类。

（2）归类总规则二。《协调制度》原文："①品目所列货品，应包括该项货品的不完整品或未制成品，只要在进口或出口时该项下不完整品或未制成品具有完整品或制成品的基本特征，还应包括该项货品的完整品或制成品在进口或出口时的未组装件或拆散件。②品目中所列材料或物质，应视为包括该种材料或物质与其他材料或物质混合或组合的物品。"

对规则二①的理解：规则二①规定品目条文不仅仅限于品目条文所列货物本身，还应扩大到：i 不完整品（缺少非关键部分，不完整）。例如，缺少门、未安座位的汽车仍然按汽车归类。缺少键盘的便携式计算机按便携式计算机归类。ii 未制成品（尚未完全制成，需进一步加工才成为制成品）。例如，做手套用已剪成手套形状的针织棉布仍与手套归为一类。iii 未组装件或拆散件（尚未组装或已拆散）。例如，实际业务中庞大的或易碎的货物：多功能组合机床、桥架、灯具、照明设备等通常都是未组装或拆散开的，通过简单组装即可装配起来。即只要具有完整品或制成品的基本特征，就应按制成品归类。

对规则二②的理解：品目中所列某种材料包括了该种材料的混合物或组合物。但条件是加入材料或物质并不改变原来材料或物质或其所构成货品的基本特征。例如，"加糖牛奶"，其基本特征还是牛奶，所以仍按牛奶归类，而不应该按糖归类；"天然软木制成，外层包纱布的热水瓶塞子"，热水瓶塞子虽然包了纱布，但是并没有改变这个瓶塞是软木的基本特征，因此还是归入4503.1000（天然软木制品——塞子）的品目。如果添加的材料或物质已改变了原品目所列商品的特征或性质，或者由一种以上材料或物质构成的货品，看起来可归入2个或2个以上税目的，应按规则三归类。

（3）归类总规则三。《协调制度》原文："当货品按规则二②或由于其他原因看起来可归入2个或2个以上的税目时，应按以下规则归类：①列明比较具体的税目，优先于列明一般的税目。但是如果2个或2个以上的税目都仅述及混合或组合货品所含的某部分材料或物质，或零售的成套货品中的某些货品，即使其中某个税目对该货品描述的更为全面、详细，这些货品在有关税目的列明应视为同样具体。②混合物、不同材料构成或不同部件组成的组合物以及零售的成套货品，如果不能按规则三①归类，在可使用本款条件下，应按构成货品基本特征的材料或部件归类。③货品不能按规则三①或②归类的，应按号列顺序归入其可归入的最末一个税目。"

规则三的归类规定可以具体理解为：具体列明、基本特征、从后归类。

1）具体列明。"具体列明"应遵循的一般原则是：①同类商品名称的比较，即商品的具体名称与商品的类别名称相比，商品的具体名称较为具体，则应归于商品的具体名称的那个品类。例如，"紧身胸衣"有两个税号可归，一是6802女士内衣，二是6212妇女紧身胸衣，前一个是类名称，后一个是具体商品名称，故应归入6212.30。②不同类商品名称的比较，如果一个品目所列名称更为明确地包括某一货品，则该品目要比所列名称不完全包括该货品的其他品目更为具体。例如，"用于小汽车的簇绒地毯"，涉及一个税目号是8708机动车辆的零件、附件，另一个税目号是5703簇绒地毯。相对来说，税目号5703比8708更为具体，故应归入5703。

2）基本特征。"基本特征"规则是专门针对混合物、不同材料或不同部件的组合货品、零售的成套货品所作的规定。在这些货品归类时，如不能按以上规则一至规则三①归类，而又能确定构成其主要特征的材料和部件，就应按这种材料或部件归类。应用本规则的难点在于确定"基本特征"的标准是什么。不同人从不同角度出发，会有不同结论，一般可根据商品的外观形态、使用方式、主要用途、购买目的、价值比例、贸易习惯、商业习惯、生活习惯等诸因素进行综合考虑分析来确定。例如，"碗面（由面饼、调味包、塑料小叉构成）"，由于其中的面饼构成了这个货品的基本特征，所以应按"面"归类。

本款所称"零售的成套货品"，必须同时满足：至少由两种看起来可归入不同品目的不同物品构成；为了迎合某项需求而将产品包装在一起可直接销售给用户；用途上相互补充、配合使用的。例如，包括电动推剪、梳子、剪子、刷子、毛巾的"电动理发套装"，具备"零售的成套货品"的特征，应该按成套商品进行归类，但是参照类和章注并没发现此类成套商品归何税号，在这个商品中最具有主要特征的货品电动推剪，应根据规则三②"基本特征"，按电动推剪的归类归入品目 8510.2000。

3）从后归类。"从后归类"规则是指在规则三①、规则三②都不能应用的情况下，应按可归入的在税则号列上排在最后的一个品目归类。例如，"等量的大麦与燕麦的混合麦"，由于其中大麦与燕麦含量相等，"基本特征"无法确定，所以应"从后归类"，即按税（品）目 1003 与税（品）目 1004 中的后一个税（品）目 1004 归类；"针织男式大衣（50%棉、50%化纤制）"的归类应归入"化学纤维制针织男式大衣"。因为面料所含相同，有 6101.20 和 6101.30 可供选择。按"从后归类"的规则，归入 6101.30。

（4）归类总规则四。《协调制度》原文："根据上述规则无法归类的货品，应归入与其最相类似的货品的品目。"

规则解读：与任何书面规定和制度一样，《协调制度》在制定后，同样存在因形势发展出现不适应的问题。出现未包括在《协调制度》目录中的新商品时，就需要本规则来解决。按照权威解释，本规则所述的"最相类似"，取决于很多因素，如货品名称、特征、用途等。但在实际操作中往往有很多难以统一的情况。一般而言，本规则使用的机会较低，这是因为在《协调制度》中，已经在绝大部分品目中设有"其他"子目，或者干脆专设"未列名货品"的品目，用以兜底。所以一般来说，本规则不常使用。

（5）归类总规则五。《协调制度》原文："除上述规则外，本规则适用于下列货品的归类：①制成特殊形状，仅适用于盛装某个或某套物品，并适合长期作用的照相机套、乐器套、枪套、绘图仪器套、项链盒及类似容器，如果与所装物品同时进口或出口，并通常与所装物品一同出售的，应与所装物品一并归类。但本款不适用于本身构成整个货品基本特征的容器。②除规则五①规定的以外，与所装货品同时进口或出口的包装材料或包装容器，如果通常是用来包装这类货品的，应与所装货品一并归类。但明显可重复使用的包装材料和包装容器不受本款限制。"

规则解读：本规则是专门针对物品包装如箱、盒及类似容器归类的规定。

规则五①的适用要同时满足其设定的几个条件：①制成特殊形状，且专门设计用于盛装某物品（含成套物品）。例如，与数字照相机一同进口的照相机套，应与照相机一并归入数字照相机的税（品）目8525，而不能按4202的"照相机套"的列名归类。②适合长期反复使用，而非一次性使用，其使用期限与所盛装物品使用期限是相称的，此规定就将其与物品的简单包装区别开来。③与所装物品一同进口或出口报验，且习惯上通常是一同出售的，而不论在运输时是否与所装物品分开包装。如人造水晶工艺品为了运输需要以防撞泡绵包扎，而木制的包装盒另行分开运输，应与水晶工艺品一同归类；但如果分开运输，单独报验的，则不能适用本规定，而应归入其原本相应品目。④包装物本身并不构成整个货品的基本特征，即包装物本身无独立使用价值。

如果容器构成了整个货品的基本特征，则规则五①不适用。例如，"银制的茶叶罐装入茶叶"，该茶叶罐相对于茶叶来说比较贵重，构成了整个货品的基本特征，因而应按照茶叶罐和茶叶分别进行归类。

规则五②是对规则五①项的补充。包含两个意思：①当包装材料或容器不符合规则五①的条件，但如果通常习惯上是用来包装某类货品的，也应与所装货品一同归类。②当包装材料和容器明显可以重复使用时，不能按本规定归类。如装液化气的钢瓶，应按钢铁制品归类。

（6）归类总规则六。《协调制度》原文："货品在某一品目项下各子目的法定归类，应按子目条文或有关子目注释以及以上各条规则（在必要的地方稍加修改后）来确定，但子目的比较只能在同一数级上进行。除条文另有规定的外，有关的类注、章注也适用于本规则。"

规则解读：由于以上 5 条规则都是针对确定"品目"（4 位数级）而言的，而实际中还需要对 5 位数级、6 位数级的"子目"进行确定，规则六就是为了满足这个需要而产生的。其含义是：

1）确定子目时，一定要按先确定 1 级子目，再确定 2 级子目，然后确定 3 级子目，最后确定 4 级子目的顺序进行。

2）确定子目时，应遵循"同级比较"的原则，即 1 级子目与 1 级子目比较，2 级子目与 2 级子目比较，依此类推。

例如，"中华绒螯蟹"的归类，如图 3-2-1 所示。

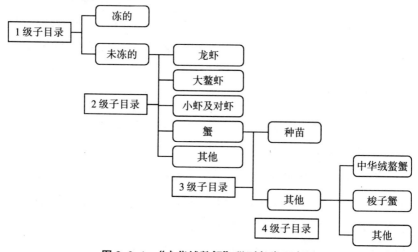

图 3-2-1　"中华绒螯蟹"税则归类示意图

注意：不能将 3 级子目"种苗"与 4 级子目"中华绒螯蟹"比较而归入"中华绒螯蟹种苗"。因为二者不是同级子目，不能比较。

二、原产地标准

在确定货物的税率时，除了要熟练地掌握税则归类原则，能够准确地在《进出口税则》中找到货物的相应税率之外，还要准确地确认进出口货物的"国籍"，即原产地。因为《进出口税则》中针对不同"国籍"的同种货物给予了不同的关税待遇，规定了不同的税率。只有确定了进口货物的"国籍"，才能确定其依据进口国的贸易政策所使用的关税和非关税待遇，正确确定进口货物的税率。原产地的不同决定了进口商品所享受的待遇不同。

1. 原产地规则含义

原产地规则，也称"货物原产国规则"。指一国根据国家法令或国际协定确定的原则制定并实施的，以确定生产或制造货物的国家或地区的具体规定。

为了实施关税的优惠或差别待遇、数量限制或与贸易有关的其他措施，海关必须根据原产地规则的标准来确定进口货物的原产国，给予相应的海关待遇。货物的原产地被形象地称为商品的"经济国籍"，在国际贸易中具有重要作用。

2. 原产地规则的类别

从适用对象和目的的角度，原产地规则分为优惠原产地规则和非优惠原产地规则。

（1）优惠原产地规则。优惠原产地规则是指一个国家参考世贸组织（WTO）《原产地规则协定》的大框架，在实施区域性经济合作协定或者双边的贸易协定中，以单向或者双向的方式给予进口货物优惠关税待遇时实施的确定货物原产地的相关法律及规章。因为原产地的认定标准是通过双边、多边优惠贸易协定形式确定的，因此也称为协定原产地规则。目前我国执行的优惠原产地规则主要有《中华人民共和国海关〈亚太贸易协定〉项下进出口货物原产地管理办法》、《中华人民共和国海关〈中华人民共和国与东南亚国家联盟全面经济合作框架协议〉项下进出口货物原产地管理办法》、《CEPA（香港、澳门）》规则以及《中华人民共和国海关特别优惠关税待遇进口货物原产地管理办法》。

（2）非优惠原产地规则。非优惠原产地规则，是一国根据实施其海关税则和其他贸易措施的需要，由本国立法自主制定的，因此也称为自主原产地规则。根据世贸组织的规定，适用于非优惠性贸易政策的原产地规则，其实施必须遵守最惠国待遇原则，即必须普遍地、无差异地适用于所有原产地为最惠国的进口货物。它包括实施最惠国待遇、反倾销、反补贴、保障措施、数量限制或关税配额、原产地标记或贸易统计、政府采购时所用的原产地规则。

3. 原产地的认定标准

在认定货物的原产地时，会出现以下两种情况：一种是货物完全是在一个国家（地区）获得或生产制造；另一种是货物由两个或两个以上国家（地区）生产或制造。无论是优惠原产地规则还是非优惠原产地规则，都要确定这两种货物的原产地认定标准。

（1）我国《优惠原产地管理规定》项下原产地认定标准。优惠贸易项下普遍适用的原产地认定标准为：完全是在一个国家（地区）获得或生产制造的货物，适用于完全获得标准；非完全是在一个国家（地区）获得或生产制造的货物，适用于实质性改变标准。

1）完全获得标准。完全获得，即从优惠贸易协定成员国或者地区（以下简称成员国或者地区）直接运输进口的货物是完全在该成员国或者地区获得或者生产的，这些货物指：①在该成员国或者地区境内收获、采摘或者采集的植物产品。②在该成员国或者地区境内出生并饲养的活动物。③在该成员国或者地区领土或者领海开采、提取的矿产品。④其他符合相应优惠贸易协定项下完全获得标准的货物。

原产于优惠贸易协定某一成员国或者地区的货物或者材料在同一优惠贸易协定另一成员国或者地区境内用于生产另一货物，并构成另一货物组成部分的，该货物或者材料应当视为原产于另一成员国或者地区境内。

为便于装载、运输、储存、销售进行的加工、包装、展示等微小加工或者处理，不影响货物原产地确定。在货物生产过程中使用，本身不构成货物物质成分，也不成为货物组成部件的材料或者物品，其原产地不影响货物原产地确定。

2）实质性改变标准。对于经过多个国家（地区）加工、制造的产品，我国以最后完成实质性加工的国家为原产国，这也是大多数国家的做法。实质性改变的认定标准主要有以下几种：税则归类改变标准、区域价值成分标准、制造与加工工序标准、其他标准、直接运输规则。

A. 税则归类改变标准。税则归类改变是指原产于非成员国或者地区的材料在出口成员国或者地区境内进行制造、加工后，所得货物在《协调制度》中税则归类发生了变化。

B. 区域价值成分标准。区域价值成分是指出口货物船上交货价格（FOB）扣除该货物生产过程中该成员国或者地区非原产材料价格后，所余价款在出口货物船上交货价格（FOB）中所占的百分比。

区域价值成分＝[出口货物的价格（FOB）－非原产材料价格]/货物的出口价格（FOB）×100%

C. 制造与加工工序标准。制造与加工工序是指赋予加工后所得货物基本特征的主要工序。

D. 其他标准。其他标准是指除上述标准之外，成员国或者地区一致同意采用的确定货物原产地的其他标准。

不同协定框架下的优惠原产地规则中的实质性改变标准各有不同，具体情况如表 3-2-2 所示。

表 3-2-2　我国目前实施的各个贸易协定"实质性改变标准"的基本判定标准一览表

优惠贸易协定	"实质性改变标准"的基本判定标准
亚太贸易协定	不小于 45%区域价值成分
中国—东盟合作框架协议	不小于 40%区域价值成分
中国香港 CEPA	以清单列出具体标准（包括加工和制造工序、4 位税号归类改变标准，超过 30%区域价值成分标准、其他标准或混合标准）
中国澳门 CEPA	
中新（加坡）自贸协定	不小于 40%区域价值成分
中巴自贸协定	不小于 40%区域价值成分
中国台湾农产品零关税措施（ECFA）	以清单列出具体标准（包括税号归类改变标准，区域价值成分标准、加工工序标准）
中智自贸协定	不小于 40%区域价值成分
中秘自贸协定	以清单列出具体标准（包括税号归类改变标准，区域价值成分标准、加工工序标准）
中新（新西兰）自贸协定	以清单列出具体标准（包括税号归类改变标准，区域价值成分标准、加工工序标准）
对最不发达国家特别优惠关税待遇	4 位税号归类改变标准，或不小于 40%区域价值成分
中秘自贸协定	以清单列出具体标准（包括税号归类改变标准，区域价值成分标准、加工工序标准）

E. 直接运输规则。"直接运输"是指优惠贸易协定项下进口货物从该协定成员国或者地区直接运输至中国境内，途中未经过该协定成员国或者地区以外的其他国家或者地区。

原产于优惠贸易协定成员国或者地区的货物，经过其他国家或者地区运输至中国境内，不论在运输途中是否转换运输工具或者作临时储存，同时符合下列条件的，视为"直接运输"：①该货物在经过其他国家或者地区时，未做除使货物保持良好状态所必须处理以外的其他处理。②该货物在其他国家或者地区停留的时间未超过相应优惠贸易协定规定的期限。③该货物在其他国家或者地区作临时储存时，处于该国家或者地区海关监管之下。

不同的贸易协定项下，对于直接运输规则有不同的要求：《亚太贸易协定》中的直接运输规则是指货物运输未经任何非成员国境内；《中国—东盟合作框架协议》中的直接运输规则是指该协议项下的进口货物从东盟成员国直接运输至我国境内，途中没有经过中国—东盟自贸区成员国以外的其他国家或者地区；中国香港 CEPA 项下的中国香港原产进口货物应当从中国香港直接运输至内地口岸；中国澳门 CEPA 项下的进口货物不能从中国香港以外的地区或者国家转运；《ECFA 项下原产地管理办法》规定所称的"直接运输"，是指该协议项下进口货物从中国台湾地区直接运输至中国大陆，途中未经过中国大陆、中国台湾地区以外的其他第三方；等等。

（2）非优惠原产地认定标准。目前，我国的非优惠原产地认定标准主要有完全获得标准和实质性改变标准。

1）完全获得标准。完全在一个国家（地区）获得的货物，以该国（地区）为原产地。以下货物视为在一国（地区）"完全获得"：

A. 在该国（地区）出生并饲养的活的动物。

B. 在该国（地区）野外捕捉、捕捞、收集的动物。

C. 从该国（地区）的活的动物获得的未经加工的物品。

D. 在该国（地区）收获的植物和植物产品。

E. 在该国（地区）采掘的矿物。

F. 在该国（地区）获得的上述 A~E 项范围之外的其他天然生成的物品。

G. 在该国（地区）生产过程中产生的只能弃置或者回收用做材料的废碎料。

H. 在该国（地区）收集的不能修复或者修理的物品，或者从该物品中回收的零件或者材料。

I. 由合法悬挂该国旗帜的船舶从其领海以外海域获得的海洋捕捞物和其他物品。

J. 在合法悬挂该国旗帜的加工船上加工上述第 I 项所列物品获得的产品。

K. 从该国领海以外享有专有开采权的海床或者海床底捕获得的物品；

L. 在该国（地区）完全从上述第 A~K 项所列物品中生产的产品。

在确定货物是否在一个国家（地区）完全获得时，为运输、储存期间保存货物而作的加工或者处理，为货物便于装卸而进行的加工或者处理，为货物销售而进行的包装等加工或者处理等，不予考虑。

2）实质性改变标准。两个以上国家（地区）参与生产的货物，以最后完成实质性改变的国家（地区）为原产地。以税则归类改变为基本标准，税则归类改变不能反映实质性改变的，以从价百分比、制造或者加工工序等为补充标准。

A. 税则归类改变是指在某一国家（地区）对非该国（地区）原产材料进行制造、加工后，所得货物在《进出口税则》中的 4 位数税号一级的税则归类发生改变。

B. 制造或者加工工序，是指在某一国家（地区）进行的赋予制造、加工后所得货物基本特征的主要工序。

C. 从价百分比是指在某一国家（地区）对非该国（地区）原产材料进行制造、加工后的增值部分，不低于所得货物价值的 30%。用公式表示如下：

（工厂交货价 – 对非该（地区）原产材料价值)/工厂交货价 × 100% ≥ 30%

4. 原产地证书

原产地证书是证明产品原产于某地的书面文件。它是受惠国的产品出口到给惠国时享受关税优惠的凭证，同时也是进口货物是否适用反倾销、反补贴税率及保障措施等贸易政策的参考凭证。

我国规定，国家质检总局所述的出入境检验检疫机构、中国国际贸易促进会及其地方分会有权签发出口货物原产地证书。进口原产地证书签发机构，与具体的自由贸易协定或优惠贸易安排另行规定。

三、税率适用

税率适用，是指进出口货物在征税、补税或退税时选择适用的各种税率。

目前，我国对进口关税设置了最惠国税率、协定税率、特惠税率、普通税率、关税配额税率等，同时，对适用最惠国税率、协定税率、特惠税率、关税配额税率的进口货物和部分出口货物在一定期限内还实行了暂定税率。

确定税率时，除了需要会查商品编码，找到应税货物的相应税率，确定应税货物的"国籍"，理清应税货物关税和非关税待遇，还要掌握税率适用原则。

1. 关税税率适用原则

（1）进口税率。基本原则是"从低适用"，特殊情况除外。

1）原产于共同适用最惠国待遇条款的世贸组织成员的进口货物，原产于与中华人民共和国签订含有相互给予最惠国待遇条款的双边贸易协定的国家或者地区的进口货物以及原产于中华人民共和国境内的进口货物，适用最惠国税率。原产于与中华人民共和国签订含有关税优惠条款的区域性贸易协定的国家或地区的进口货物，适用协定税率。原产于与中华人民共和国签订含有特殊关税优惠条款的贸易协定的国家或地区的进口货物，适用特惠税率。

上述之外的国家或者地区的进口货物以及原产地不明的进口货物，适用普通税率。

2）适用最惠国税率的进口货物有暂定税率的，应当适用暂定税率；适用协定税率、特惠税率的进口货物有暂定税率的，应当从低适用税率；用普通税率的进口货物，不适用暂定税率。对于无法确定原产国（地区）的进口货物，按普通税率征税。

3）按照国家规定实行关税配额管理的进口货物，关税配额内的，适用关税配额税率；关税配额以外的，其税率的适用按其所适用的其他相关规定执行。

（2）出口税率适用原则。对于出口货物，在计算出口关税时，出口暂定税率优先于出口税率执行。

2. 关税税率适用时间

《关税条例》规定，进出口货物适用于海关接受申报进口或者出口之日实施的税率。我国税率每年调整一次，税率适用的时间问题仅在税率变动时才显得重要，一般情况下并不突出。一般涉及"运输工具申报进境之日"、"收发货人申报进出口之日"和改变货物性质"再次申报之日"等时间，以哪个时间为准适用税率的问题。实际运用时应区分以下不同情况：

（1）进口货物先行申报的，以运输工具申报进境之日实施的税率。

（2）进口转关运输货物，适用指运地海关接受该货物申报进口之日实施的税率。先行申报的，以运抵指运地之日实施的税率。

（3）出口转关运输货物适用启运地海关接受申报之日实施的税率。

（4）经海关批准，实行集中申报的进出口货物，应当适用每次货物进出口时海关接受申报之日实施的税率。

（5）变卖超期未报货物以运输工具申报进境之日实施的税率。

（6）需要追征税款的按行为发生之日实施的税率。不能确定的，按海关发现该行为实施的税率。

（7）以申报进境并放行的进口保税货物、减免税货物、租赁货物、暂时进口货物内销或转让需缴纳税款的，适用再次填写报关单申报纳税之日实施的税率。

任务三 税费计算

【实训任务】

▶ 工作任务

完成下列税费的计算。

（1）某出口货物成交价格为 FOB 上海 23000.00 美元，另外从大连至出口目的国日本的运费总价为 700.00 美元，从大连至日本的保险费率为 3‰。假定其适用的基准汇率为 1 美元=6.65 元人民币，出口关税税率为 11%。计算出口关税税额。

（2）营口丰盈食品进出口贸易有限公司从意大利进口冷冻整鸡 1500 千克，以每千克 1.8 美元 CIF 营口价格条件成交，买方自行向其购货代理人支付佣金 500 美元。经查，冷冻整鸡税目税号为 02071200，按从量税征收进口关税，最惠国税税率为 1.30 元/千克，增值税税率为 13%，该商品无进口环节消费税，海关计征汇率为 1 美元=7.20 元人民币。经海关审定以成交价格为完税价格征收进口关税和进口环节增值税。试计算，该批冷冻整鸡应总计缴纳多少进口税费？

（3）某工厂从德国某企业购买了一批机械设备，成交条件为 CIF 浦东，该批货物的发票列示如下：机械设备 USD600000，运保费 USD6000，卖方佣金 USD40000，培训费 USD2500，设备调试费 USD2500。已知其适用的基准汇率为 1 美元 = 6.667 元人民币，该货物适用的关税税率为 15%，求该批进口货物应纳关税税额。

（4）武汉正大汽车贸易公司从德国进口一批小汽车，合同主要条款及相关条件为：品名：大众小轿车；规格：排气量 2232 毫升；总值：USD350000.00 FOB 汉堡；运费：USD60000；保费：USD7000；假设汇率：1 美元 = 6.65 元人民币。

海关填写税款缴款书的日期为：2015 年 2 月 16 日（星期一）；缴纳税款之日为 2010 年 3 月 12 日；经审查：关税税率为 25%，消费税税率为 9%，增值税税率为 17%。请计算应缴纳的进口关税税额、进口环节消费税税额、进口环节增值税、应缴纳的滞纳金。

（5）A 企业进口摩托车 10 辆，以每辆 3500 美元 CFR 上海价格条件成交，由买方自行投保，支付保险费 185 美元。载运货物的船（美国籍，净吨位为 6900 吨的轮船，纳税义务人自行选择为 30 天期缴纳船舶吨税）于 2015 年 9 月 4 日申报进境，报关企业于 2015 年 9 月 22 日向海关进行报关申报，海关以成交价格并计入保险费估定该进口货物的完税价格。经查阅进口税则获知，该商品税目税号为 87113010，进口关税最惠国税税率为 45%，进口环节增值税税率为 17%，进口环节消费税税率 10%，当时的计征汇率为 1 美元 = 6.50 元人民币。试计算该批进口货物应征进口关税、进口环节增值税、进口环节消费税、船舶吨税以及滞报金。

【专业知识】

一、关税计算

1. 进口关税的计算

（1）从价税。从价税的计算方法如下：

1）计算程序。计算程序如下：

A. 按照归类原则确定税则归类，将应税货物归入恰当的税目税号。

B. 根据原产地规则和税率适用原则，确定应税货物所适用的税率。

C. 根据完税价格审定办法和规定，确定应税货物的 CIF 价格。

D. 根据汇率使用原则，将以外币计价的 CIF 价格折算成人民币（完税价格）。

E. 按照计算公式正确计算应征税款。

2）计算。计算以实例加以说明。

【例1】国内某公司于 2013 年 4 月 16 日向中国香港购进日本产越野车（四轮驱动）10 辆，成交价格合计为 FOB 中国香港 120000 美元，实际支付运费 5000 美元，保险费 800 美元。已知越野车的规格为 7 座，汽缸容量 1800cc，计算应征进口关税。

计算过程：

A. 定税则归类：7 座，汽缸容量 1800cc 越野车（四轮驱动）归入税目税号：

8703.2352。

  B. 确定税率适用原则：原产于日本的货物适用于最惠国税率25%。

  C. 计算完税价格：CIF = FOB + 运杂费 + 保险费

$$= 120000 + 5000 + 800$$

$$=125800 \text{ 美元}$$

  D. 根据汇率使用原则，适用税率之日的中国人民银行公布的基准汇率为：1美元 = 6.06元人民币。

完税价格 = 125800 × 6.06

$$= 762348 \text{ 元}$$

  E. 计算应征进口关税：

应征进口关税税额 = 完税价格 × 法定进口关税税率

$$= 762348 × 25\%$$

$$= 190587.00 \text{（元）（关税税额四舍五入取至分）}$$

【**例2**】 国内某远洋渔业企业向美国购进国内性能不能满足需要的柴油船用发动机2台，成交价格合计为FOB洛杉矶680000美元，运费1168美元，保费率3%，另付外商佣金300美元（销货佣金）。经批准该发动机进口关税税率减按1%计征。计算应征进口关税。

  计算过程：

  A. 确定税则归类：该发动机归入税目税号8408.1000。

  B. 确定税率适用原则：原产国美国适用最惠国税率5%，减按1%计征。

  C. 计算完税价格：

CIF = (FOB + 运杂费)/(1 − 保费率) + 销货佣金

$$=(680000 \text{ 美元} + 1168 \text{ 美元})/(1 − 0.3\%) + 300 \text{ 美元}$$

$$= 683517.65 \text{ 美元}$$

  D. 根据汇率使用原则，适用税率之日的中国人民银行公布的基准汇率为：1美元 = 6.06元人民币

完税价格 = 683517.65 × 6.06

$$= 4142116.98 \text{ 元}$$

  E. 计算应征进口关税：

应征进口关税税额 = 完税价格 × 法定进口关税税率

$$= 4142116.98 \text{ 元} \times 1\%$$

$$= 41421.17 \text{（元）}$$

（2）从量关税。从量关税计算程序：①按照归类原则确定税则归类，将应税货物归入恰当的税目税号。②根据原产地规则和税率使用原则，确定应税货物所适用的税率。③确定其实际进口量。④根据完税价格审定办法、规定，确定应税货物的 CIF 价格（计征进口环节增值税时需要）。⑤根据汇率使用原则，将外币折算成人民币（完税价格）。⑥按照计算公式正确计算应征税款。

【例】山东华丰食品进出口贸易有限公司从法国进口冷冻整鸡 2000 千克，以每千克 1.95 美元 CIF 青岛价格条件成交，买方自行向其购货代理人支付佣金 200 美元。计算应征进口关税。

计算过程：

1）确定税则归类：冷冻整鸡税目税号 0207.1200。

2）确定税率适用原则：整鸡适用从量关税，原产法国的冻整鸡适用最惠国税税率为 1.30 元/千克。

3）确定其实际进口量：2000 千克。

4）计算应征进口关税：

进口关税税额 = 进口货物数量 × 单位税率

$$= 2000 \times 1.3$$

$$= 2600 \text{（元）}$$

（3）复合关税。复合关税计算程序：①按照归类原则确定税则归类，将应税货物归入恰当的税目税号。②根据原产地规则和税率使用原则，确定应税货物所适用的税率。③确定其实际进口量。④根据完税价格审定办法、规定，确定应税货物的完税价格。⑤根据汇率使用原则，将外币折算成人民币。⑥按照计算公式正确计算应征税款。

【例】国内某一公司，从日本购进广播级电视摄像机（非特征用途）40 台，其中有 20 台成交价格为 CIF 境内某口岸 4000 美元/台，其余 20 台成交价格为 CIF 境内某口岸 5200 美元/台，已知外汇折算价为 1 美元 = 6.06 元人民币，计算应征进口关税。

计算过程：

1）确定税则归类：该摄像机归入税号 8525.8022。

2）确定税率适用原则：原产国日本关税税率适用最惠国税率，经查：完税价格不高于 5000 美元/台的关税税率为单一从价税 35%；完税价格高于 5000 美元/台的关税税率为 3%，每台加 12960 元从量税。

3）计算完税价格：分别为 80000 美元（4000 美元/台 × 20 台）和 104000 美元（5200 美元/台 × 20 台）。

4）根据汇率使用原则：完税价格分别为 484800 元和 630240 元。

5）计算应征进口关税：

20 台单一从价进口关税税额 = 完税价格 × 进口关税税率

$$= 484800 \times 35\%$$

$$= 169680.00 （元）$$

20 台复合进口关税税额 = 货物数量 × 单位税额 + 完税价格 × 关税税率

$$= 20 \times 12960 + 630240 \times 3\%$$

$$= 259200 + 18907.2$$

$$= 278107.20 （元）$$

40 台合计进口关税税额 = 从价进口关税税额 + 复合进口关税税额

$$= 169680.00 + 278107.20$$

$$= 447787.20 （元）$$

2. 出口关税的计算

计算程序：①按照归类原则确定税则归类，将应税货物归入恰当的税目税号。②根据完税价格审定办法、规定，确定应税货物的 FOB 价格。③根据汇率使用原则和税率使用原则，将外币折算成人民币。④按照计算公式正确计算应征出口关税税款。

【例】国内某企业从广州出口日本镜铁 86 吨，每吨价格为 CIF 大阪 98 美元，运费为 300 美元，保费为 45 美元。已知外汇折算价为 1 美元 = 6.06 元人民币，计算出口关税。

计算过程：

（1）确定税则归类：该批货物归入税号 7201.5000，出口税率为 20%。

（2）审定应税货物的 FOB 价格为：8083 美元（98 美元 × 86 − 300 美元 − 45 美元）。

（3）根据汇率使用原则：8083 × 6.06 元 = 48982.98 元。

（4）计算应征出口关税：

出口关税税额 = [FOB/(1 + 出口关税税率)] × 出口关税税率

$$= 48982.98/(1 + 20\%) \times 20\%$$

$$= 8163.83 （元）$$

二、进口环节代征税计算程序

1. 消费税计算

消费税是以消费品或消费行为的流转额作为课税对象而征收的一种流转税。

与增值税对所有货物的普遍征收不同，消费税是在征收增值税的基础上选择少数消费品再予以征收的税。其目的是调节我国的消费结构，引导消费方向，确保国家财政收入。

我国的消费税由税务机关征收，进口的应税消费品的消费税由海关代征。

（1）纳税义务人。消费税的纳税义务人为在中华人民共和国境内生产、委托加工和进口《消费税暂行条例》规定的消费品的单位和个人以及国务院确定的销售《消费税暂行条例》规定的消费品的其他单位和个人。进口的应税消费品的消费税由进口人或者其代理人在报关进口时向报关地海关申报纳税。

（2）计征。我国进口的应税消费品消费税采用从价计税、从量计税和复合计税的方法计征。

采用从价税方法计征进口消费税的应税消费品，是以组成价格作为计税价格。组成价格由关税完税价格加上关税税额组成，又因为我国消费税采用价内税的计税方法，所以，组成价格中还包括消费税税额。

其计算公式为：消费税从价税税额 = 消费税组成价格 × 消费税从价税税率

消费税组成价格 = (关税完税价格 + 关税税额)/(1 − 消费税税率)

采用从量计征消费税的应税消费品有啤酒、黄酒和成品油（汽油、柴油）。其计算方法同关税的从量税计算办法相同。

其计算公式为：消费税从量税税额 = 货物数量 × 单位税率

采用复合计征消费税的应税消费品有卷烟和白酒（粮食白酒、薯类白酒）。

其计算公式为：消费税复合税税额＝消费税组成价格×消费税从价税税率＋货物数量×单位税率

（3）征收范围和税率。消费税的征税范围，主要是根据我国经济社会发展现状和现行消费政策、人民群众的消费结构以及财政需要，并借鉴国外的通行做法确定的，仅限于少数消费品。应税消费品大体可分为以下 4 种：

1）一些过度消费会对人的身体健康、社会秩序、生态环境等方面造成危害的特殊消费品，如烟、酒、酒精、鞭炮、焰火等。

2）奢侈品、非生活必需品，如贵重首饰及珠宝玉石、化妆品等。

3）高能耗的高档消费品，如小轿车、摩托车、汽车轮胎等。

4）不可再生和不可替代的资源类消费品，如汽油、柴油等。

消费税的税目、税率，依照《消费税暂行条例》所附的《消费税税目税率表》执行；消费税税目、税率的调整，由国务院决定。消费税从价税的税率为 3%~45%；啤酒、黄酒的从量税以吨为计量单位，目前单位税率分别为 220 元/吨、240 元/吨；汽油、柴油以升为计量单位，目前的单位税率分别为 0.2 元/升和 0.1 元/升；卷烟在被征收了 36%~56% 的从价计税的基础上还要征收 0.003 元/支的从量税，目前白酒的消费税从价税率是 20%，从量单位税率是 0.5 元/500 克。

（4）从价征收消费税。从价征收消费税的计算程序：①按照归类原则确定税则归类，将应税货物归入恰当的税目税号。②根据有关规定，确定应税货物所适用的消费税税率。③根据完税价格审定办法、规定，确定应税货物的 CIF 价格。④根据汇率使用原则，将外币折算成人民币（完税价格）。⑤按照计算公式正确计算消费税税款。

【例】浙江捷达汽车国际贸易有限公司从日本进口排气量为 300 毫升，装有往复式活塞内燃发动机摩托车 10 辆，以每辆 3500 美元 CFR 上海价格条件成交，由买方自行投保，支付保险费 185 美元。海关以成交价格并计入保险费估定该进口货物的完税价格。已知外汇折算价为 1 美元 = 6.06 元人民币，计算应征的消费税。

计算过程：

1）确定税则归类：该货物归入税目税号 8711.3010。

2）确定消费税税率和关税税率：进口环节消费税税率10%，原产国日本适用最惠国税率45%。

3）计算应税货物的CIF价格：

CIF = CFR + 保费

= 3500 美元 × 10 + 185 美元

= 35185 美元

4）根据汇率使用原则：

完税价格 = 35185 × 6.06

= 213221.1 元

5）计算应征消费税：

进口环节消费税额 = [（关税定税价格 + 关税税额）/（1 – 消费税税率）] × 消费税税率

= [（213221.1 + 213221.1 × 45%）/（1 – 10%）] × 10%

= 34352.29 元

（5）从量计征消费税。从量计征消费税计算程序：①按照归类原则确定税则归类，将应税货物归入恰当的税目税号。②根据有关规定，确定应税货物所适用的消费税单位税率。③按照计算公式正确计算消费税税款。

【例】某进出口公司进口丹麦产啤酒3800升，经海关审核其成交价格总值为CIF境内某口岸1672.00美元。已知外汇折算价为1美元 = 6.06元人民币，现计算应征的消费税。

计算过程：

1）确定税则归类：该货物归入税目税号2203.0000。

2）确定消费税税率和关税税率：原产国丹麦产啤酒适用最惠国税率0。进口环节消费税税率为进口完税价格 > 360 美元/吨的消费税税率为250 元/吨，进口完税价格 < 360 美元/吨的消费税税率为220 元/吨；1 吨 = 988 升。

计算应税货物的完税价格单价：

3800/988 = 3.846 吨

完税单价 = 1672 美元/3.846 吨

= 434.74 美元/吨（进口完税价格 ≥ 360 美元/吨）

则消费税单位税率为 250 元/吨。

3）计算应征消费税：

进口环节消费税税额 = 应征消费税消费品数量 × 单位税率

$$= 3.846 \text{ 吨} \times 250 \text{ 元/吨} = 961.50 \text{ 元}$$

2. 增值税税款的计算

增值税是以商品的生产、流通和劳务服务各个环节所创造的新增价值为课税对象的一种流转税。进口环节增值税是在货物、物品进口时，由海关依法向进口货物的法人或自然人征收的一种增值税。

进口环节增值税由海关依法向进口货物的法人或自然人征收，其他环节的增值税由税务机关征收。

（1）纳税义务人。在中华人民共和国境内销售货物或者提供加工、修理修配劳务以及进口货物的单位和个人，为增值税的纳税义务人，应当依照增值税条例缴纳增值税。进口货物的增值税由进口人或者其委托的代理人向办理进口手续的海关申报纳税。

（2）计征。与其他环节增值税应纳税额等于当期销项税额减去当期进项税额不同，进口环节增值税是以组成价格作为计税价格，征税时不得抵扣任何税额。进口环节的增值税组成价格由关税完税价格加上关税税额组成，应征消费税的品种的增值税组成价格要另加上消费税税额。

其计算公式为：进口环节增值税应纳税额 = 增值税组成价格 × 增值税税率

增值税组成价格 = 关税完税价格 + 关税税额 + 消费税税额

（3）征收范围和税率。我国增值税的征收采取基本税率（17%）再加一档低税率（13%）的征收模式。

适用基本税率，即17%的范围包括纳税人销售或者进口除适用低税率的货物以外的货物以及提供加工、修理修配劳务。

适用低税率，即13%的范围是指纳税人销售或者进口下列货物：

1）粮食、食用植物油。

2）自来水、暖气、冷气、热水、煤气、石油液化气、天然气、沼气、居民用煤炭制品。

3）图书、报纸、杂志。

4）饲料、化肥、农药、农机、农膜。

5）国务院规定的其他货物。

（4）计算程序。计算程序如下：

1）按照归类原则确定税则归类，将应税货物归入恰当的税目税号。

2）根据有关规定，确定应税货物所适用的增值税税率。

3）根据审定完税价格的有关规定，确定应税货物的 CIF 价格。

4）根据汇率适用规定，将外币折算成人民币（完税价格）。

5）按照计算公式正确计算关税税款。

6）按照计算公式正确计算消费税税款、增值税税款。

【例】某公司进口货物一批，经海关审核其成交价格为 1239.50 美元，其适用中国银行的外汇折算价为 1 美元 = 6.5718 元人民币。已知该批货物的关税税率为 12%，消费税税率为 10%，增值税税率为 17%，计算应征增值税税额。

计算过程：首先计算关税税额，然后计算消费税税额，最后再计算增值税税额。

A. 将外币价格折算成人民币为 1239.50 美元×6.5718=8145.75 元。

B. 计算关税税额：

应征关税税额 = 完税价格 × 关税税率

　　　　　　 = 8145.75 × 12% = 977.49 元

C. 计算消费税税额：

应征消费税税额 = [（完税价格 + 关税税额)/(1 – 消费税税率)] × 消费税税率

　　　　　　　　= [（8145.75 + 977.49)/(1 – 10%)] × 10%

　　　　　　　　= 10136.93 × 10%

　　　　　　　　= 1013.69 元

D. 计算增值税税额：

应征增值税税额 = (完税价格 + 关税税额 + 消费税税额) × 增值税税率

　　　　　　　　= (8145.75 + 977.49 + 1013.69) × 17%

　　　　　　　　= 10136.93 × 17%

　　　　　　　　= 1723.28 元

三、其他税费的计算

1. 船舶吨税的计算

船舶吨税,简称吨税,是海关在设关口岸对自中华人民共和国境外港口驶入境内港口的船舶征收的一种使用税。是一国船舶使用了另一国家的助航设施而向该国缴纳的一种税费,专项用于海上航标的维护、建设和管理。

(1) 纳税义务人。船舶吨税以船舶使用人(船长)或其委托的外轮代理公司为纳税义务人。

(2) 计征。船舶吨税分为1年期、90天期与30天期缴纳3种办法,由纳税义务人于申请完税时按照《吨税税目税率表》自行选择申领一种期限的吨税执照,海关根据纳税义务人申报的吨税执照期限和船舶净吨位计征船舶吨税。

其计算公式为:船舶吨税税额 = 船舶净吨位 × 适用税率 (元/净吨)

纳税义务人缴纳税款后由海关核销缴款书并签发执照。船舶吨税起征日为应税船舶进入港口的当日。进境后驶达锚地的,以船舶抵达锚地之日起计算;进境后直接靠泊的,以靠泊之日起计算。应税船舶在吨税执照期满后尚未离开港口的,应当申领新的吨税执照,自上一次执照期满的次日起续缴吨税。

(3) 船舶吨税的征税范围。船舶吨税是对在中国港口行驶的外国籍船舶、外商租用的中国籍船舶以及中外合营企业使用的中外国籍船舶征税。但对以下几种外籍船舶,免征船舶吨税:

1) 应纳税额在人民币50元以下的船舶。

2) 自境外以购买、受赠、继承等方式取得船舶所有权的初次进口到港的空载船舶。

3) 吨税执照期满后24小时内不上下客货的船舶。

4) 非机动船舶(不包括非机动驳船)。

5) 捕捞、养殖渔船。

6) 避难、防疫隔离、修理、终止运营或者拆解,并不上下客货的船舶。

7) 军队、武装警察部队专用或者征用的船舶。

8) 依照法律规定应当予以免税的外国驻华使领馆、国际组织驻华代表机构及其有关人员的船舶。

9）国务院规定的其他船舶。

（4）计征船舶吨税的计税依据和税率。船舶吨税以船舶注册净吨位为计税依据，净吨位尾数不足 0.5 吨的不计，达到或超过 0.5 吨的按 1 吨计。船舶吨税按船舶净吨位大小分等级设置单位税额，每一等级又分为一般吨税和优惠吨税。无论是一般吨税还是优惠吨税，又分别按 1 年期、90 天期和 30 天期制定吨税税率。船舶吨税税目税率如表 3-3-1 所示。

表 3-3-1 船舶吨税税目税率表

税目 （按船舶净吨位划分）	税率（元/净吨）						备注
	普通税率 （按执照期限划分）			优惠税率 （按执照期限划分）			
	1 年	90 日	30 日	1 年	90 日	30 日	
不超过 2000 净吨	12.6	4.2	2.1	9.0	3.0	1.5	拖船和非机动驳船分别按相同净吨位船舶税率的 50% 计征税款
超过 2000 净吨，但不超过 10000 净吨	24.0	8.0	4.0	17.4	5.8	2.9	
超过 10000 净吨，但不超过 50000 净吨	27.6	9.2	4.6	19.8	6.6	3.3	
超过 50000 净吨	31.8	10.6	5.3	22.8	7.6	3.8	

优惠税率适用于中华人民共和国籍的应税船舶以及同我国签有条约或协定，协定规定对船舶税费相互给予优惠国待遇的国家或地区的应税船舶；其他应税船舶适用一般税率征税。

（5）计算程序。计算程序如下：

1）确定适用税率的种类。

2）确定船舶净吨位和申报纳税期所适应的税率。

3）按照计算公式正确计算税额。

【例】有一美国籍净吨位为 8800 吨的轮船，船名为"阿拉斯加"，停靠在我国境内某港口装卸货物。纳税义务人自行选择为 30 天期缴纳船舶吨税。现计算应征的船舶吨税。

计算过程：

A. 确定适用税率的种类：美国籍的船舶适用于优惠税率。

B. 确定船舶净吨位和申报纳税期所适应的税率超过 2000 净吨，但不超过 10000 净吨 30 天期的优惠税率为 2.9 元/净吨。

C. 按照计算公式正确计算税额:

船舶吨税税额 = 船舶净吨位 × 适用税率 (元/净吨)

$$= 8800 \times 2.9$$

$$= 25520.00 \ 元$$

2. 滞纳金的计算

滞纳金,是指在关税、海关进口代征税缴纳期限内未履行其关税、进口代征税给付义务的纳税人,被海关课以应纳税额一定比例的货币的行政行为。征收滞纳金的目的是促使纳税义务人尽早履行其税款的缴纳义务。

(1) 缴纳义务人。滞纳金的缴纳义务人为关税、进口环节增值税、进口环节消费税、船舶吨税等的纳税义务人或其代理人。

(2) 计征。按照规定,缴纳义务人应当自海关填发税款缴款书之日起 15 日内向指定银行缴纳税款,逾期缴纳的,海关依法在原应纳税款的基础上,按日加收滞纳税款 0.5‰的滞纳金。

海关对滞纳天数的计算是自滞纳税款之日起至进出口货物的纳税义务人缴纳税费之日止,其中的法定节假日不予扣除。缴纳期限届满日遇星期六、星期日或者法定节假日的,应当顺延至休息日或法定节假日之后的第一个工作日。国务院临时调整休息日与工作日的,则按照调整后的情况计算缴款期限。

其计算公式为:关税滞纳金金额 = 滞纳关税税额 × 0.5‰ × 滞纳天数

进口环节税滞纳金金额 = 滞纳进口环节税税额 × 0.5‰ × 滞纳天数

滞纳金的起征额为人民币 50 元,不足人民币 50 元的免予征收。

(3) 计算程序。计算程序如下:

1) 根据规定确定滞纳天数。

2) 按照计算公式正确计算滞纳金。

【例】 国内某公司向美国购进摩托车 10 辆,成交价格为 CIF 境内某口岸 125800 美元。已知该批货物应征关税税额为人民币 352793.52 元,应征进口环节消费税为人民币 72860.70 元,进口环节增值税税额为人民币 247726.38 元。海关于 2013 年 10 月 17 日 (星期四) 填发《海关专用缴款书》,该公司于 2013 年 11 月 12 日缴纳税款。

计算过程:

A. 确定滞纳天数：根据规定，滞纳期的计算如下图所示：

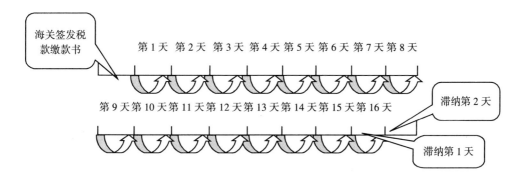

税款缴款期限为 2013 年 11 月 1 日（星期五），11 月 2~12 日为滞纳期，共滞纳 11 天。

B. 按照公式计算滞纳金：

关税滞纳金 = 滞纳关税税额 × 0.5‰ × 滞纳天数

$\qquad$ = 352793.52 × 0.5‰ × 11

$\qquad$ = 1940.36（元）

进口环节消费税滞纳金 = 进口环节消费税税额 × 0.5‰ × 滞纳天数

$\qquad$ =72860.70 × 0.5‰ × 11

$\qquad$ =400.73（元）

进口环节增值税滞纳金 = 进口环节增值税税额 × 0.5‰ × 滞纳天数

$\qquad$ = 247726.38 × 0.5‰ × 11

$\qquad$ = 1362.50（元）

3. 滞报金的计算

滞报金的计算程序如下：

（1）根据规定确定滞报天数。

（2）按照计算公式正确计算滞报金。

【例】某一运输工具装载某进出口企业购买进口的货物于 2005 年 3 月 1 日（星期二）申报进口，但该企业于 2005 年 3 月 22 日才向海关申报进口该批货物。该批货物的成交价格为 CIF 境内口岸 285000 美元（兑换率为：1 美元 = 8.2 元人民币）。计算应征滞报金。

计算过程：

1）确定滞报天数：根据规定，滞报期计算方法与滞纳期相类似。申报期限为 2005 年 3 月 15 日，3 月 16~22 日为滞报期，共滞报 7 天。

2）按照公式计算滞报金：

进口货物滞报金金额 = 进口货物成交价格 × 0.5‰ × 滞报天数

$$= 285000 \times 8.2 \times 0.5‰ \times 7$$

$$= 8179.50 \, 元$$

四、典型工作项目演示

1. 案例

大连美益嘉宝商贸有限公司从澳大利亚 A 公司进口冷冻羊脖子，申报价格为 FOB 墨尔本 36.7 万美元，运费 1620 美元，保费率 3‰。另外，公司为了确保货物的质量，进口环节委托国外采购商对商品采购、收货、国外监装、产品质量初检等前期采购工作提供服务，并与采购商签订了服务协议，且支付货值的 1‰作为服务费。货物运到大连港后，因迟报关而在码头堆放，从而给集装箱公司支付了 3 万元人民币的滞箱费。

美益嘉宝商贸有限公司委托报关公司来完成这票进口报关业务，请报关行预先算出海关应征的税款，以便有所准备。已知外汇折算价为 1 美元 = 6.06 元人民币。

2. 工作任务

任务 1：确定该货物的完税价格。

任务 2：计算出该货物报关时应缴纳的税款。

3. 任务实施

（1）实施任务 1：确定该货物的完税价格。确定完税价格步骤如下：

1）确定估计方法。海关审定进口货物完税价格的方法主要有 6 种，即成交价格法、相同货物成交价格法、类似货物成交价格法、倒扣价格法、计算价格法和合理方法，并且 6 种估价方法应当依次采用。此案例中的成交价格具备 4 种状况：①对买方处置或者使用进口货物不予限制。②进口货物的价格不得受到使该货物成交价格无法确定的条件或者因素的影响。③卖方不得直接或者间接获得因买方销售、处置或者使用进口货物而产生的任何收益，除非上述收益能够被合理确定。④买卖双方之间没有特殊关系，或虽有特殊关系但不影响成交价格。符合海关适用成交价格法估价条件，因此采用成交价格法。

2）根据成交价格法的相关规定，计算完税价格。根据海关有关规定，进口货物的完税价格由海关以该货物的成交价格为基础审查确定，并应包括货物运抵中华人民共和国境内输入地点起卸前的运输及相关费用、保险费。因此进口货物的完税价格应该是（FOB+运费）/（1-保费率）=（367000 + 1620）/（1 – 3%）= 380020.62 美元。

除此之外，在本案例中，还涉及两个费用，一是支付给采购商的服务费，二是滞箱费。经过分析可以知道，这里的服务费是由进口商支付给自己委托的采购商的，属于购货佣金，根据成交价格法中成交价格的"调整因素"规定，只有"除购货佣金以外的佣金和经纪费"才要计入完税价格，所以这笔服务费不计入完税价格；而滞箱费是在货物运抵中华人民共和国境内输入地点起卸后才发生的费用，因此也不计入完税价格。所以，该货物的完税价格为 380020.62 美元。

（2）实施任务 2：计算该货物报关时应缴纳的税款。根据进口货物进口关税及计算步骤来计算税款：

1）确定税则归类：冷冻的羊脖子归入税目税号：0204.4200。

2）确定税率适用原则：原产于澳大利亚货物适用于最惠国税率12%。

3）计算完税价格：380020.62 美元。

4）根据汇率使用原则：完税价格 = 380020.62 × 6.06

$$= 2302924.95 \text{ 元}$$

5）计算应征进口关税：应征进口关税税额 = 完税价格 × 法定进口关税税率

$$= 2302924.95 \times 12\%$$

$$= 276350.99 \text{ 元}$$

【知识链接】

进行税则归类的技术要领

做好税则归类这项专业技术性很强的工作，要求做到以下几点：

（1）充分了解有关商品知识。即了解被归类商品的名称、性能、规格成分、结构、用途等有关知识。为了做好归类工作，必须更多地掌握和熟悉各种商品知识，并且要具有一定的化学、物理、生物学等方面的基础知识和生产实际、商业实务等方面的基础知识。以商品的名称来说，有时一种商品有多种名称，如一般名称、专业名称、商业名称、化学名称等。有时一种商品的商标、牌号、型号在商业上或社会上也可成为它的代表名称。尤其是化工产品更为复杂，有些商品只从它的名称也不能识别它的真正类属。因此，熟悉商品及有关基本知识是非常重要的。

（2）熟悉现行税则的商品分类结构。我国目前采用国际上通用的税则商品分类目录，它有类、章、4位目、6位目、8位目5个等级。其中，前4个等级都是国际上通用的，我国根据国家关税政策，进出口统计和管理等方面的需要，又在某些6位目下增列了若干8位目。目前，8位数码的分类，共有6350个税目。给进出口商品"对号入座"，首先要对这些座次的排列顺序和编排结构以及分类原则全面了解，掌握每个税目所应包括的商品范围。仅熟悉一部分分类、章、税目是不够的，一个种类的商品有时可涉及几个类、章的税目。因此，要对整个税则的类、章、税目等有较完整的了解。在进行归类之前，先要仔细查阅有关的类、章、税目的注释。这些注释往往对每类、章、税目的商品作出一些限定范围，指导一些具体商品应归入何类或哪个税目中。

（3）运用归类总规则指导归类。归类总规则是制定《商品名称及编码协调制度》时设计和掌握的分类方法和分类原则，也是进行商品归类时应遵循的归类方法和归类原则。这样既可使归类时与分类时的口径标准一致，又可使各国在使用这个制度分类时统一认识，不会产生归类的分歧，达到国际范围的统一。因此，它是在税则归类时必须遵守的规则和归类方法。按照这个规则归类，就可使国际贸易中的每种商品都可以得到一个合适的项目位置，而且一种商品只能有一个正确的项目位置。从法律角度讲，一种商品不应有同时可归在两个项目的情况，否则就产生征税纠纷。但在实际工作中，往往会遇到一汇总商品可归入两个或几个不同税目的考虑，但严格运用总规则的归类原则和归类方法，总会找到一个比较合适的税目。

（资料来源：566考试吧 http://www.exam8.com/。）

进出口货物的报关

【实训目标】

能够正确区分不同海关监管制度下的货物

明确海关对不同监管货物的管理要点

掌握各类不同监管货物的报关流程，能够熟练进行报关操作

任务一　一般进出口货物的报关

【实训任务】

▶　**任务背景**

长风科技（中国）有限公司（A 类企业，海关注册编码为 2107241002）于 2015 年 5 月与德国的一家公司签订了购买控制柜的合同。

▶　**随附单证**

随附单证见单证 4-1-1 至单证 4-1-13。

◉ **工作任务**

任务 1：根据"任务背景"及相关单证信息，设计通关方案，画出流程图，要求标注好每个环节的执行时间及相关单证。

任务 2：完成相关报关服务的现场作业：申报、配合查验、缴税、提装货物、办理相关证明联等。

任务 3：提交填好完整信息的相关单证：代理报关委托书、进口货物报关单、查验通知单、查验记录单、进口关税专用缴款书（企业留存）、进口增值税专用缴款书（企业留存）。

单证 4-1-1　Purchase Order

No.：L063256
DATE：MAY 11, 2015

THE BUYERS：Long Wind Technology（China）Co., Ltd.
ADDRESS：No. 9 Huanhe Road，Xigang distric Dalian116023

THE SELLERS：J & B Deutchland GmbH
ADDRESS：Thedorstrasse 83 BONN，GERMANY

This Contract is made by and between the Buyers and the Sellers，whereby the Buyers agree to buy and the Seders agree to sell the under mentioned commodity according to the roerms and conditions stipulated billow：
COMMODITY：

NO.	Commodity Code	Description	Unit	Qty.	Price	Amount
1	90309085	3652–TCPIIP–X：TCPIIP communication facility	PCS	2	FCA EUR5110.00	EUR 10220.00

Total Value in EUR

2. COUNTRYAND MANUFACTURERS：DENMARK

3. SHIPPING MARK：　　　　　N/M

4. PORT OF S HIPMENT：　　　HAMBURG

SPORT OF DESTINAION：　　　DALIAN

6. SHIPMENT

TO BE SHIPPED BEFORE MAY 302015.

Transshipment is allowed.

7. ARBITRATION

Any dispute arising from or in connection with this Contract shall be submitted to China international Economic and Trade Arbitration Commission for arbitration which shall be conductedin accordance with the Commission arbitration rules in effect at the time of applying for arbitration. The arbitralaward is final and binding upon both parties. Arbitration fee shall be borne by the losing party.

8. OTHER

This contract signed in three copies the seller holds onecopy and the buyer hold one copies.

THE BUYERS　　　　　　　　　　　　　　　　　　　　THE SELLERS

Long Wind Technology（China）Co., Ltd　J & B Deutchland GmbH

长风科技（中国）
有限公司

单证 4-1-2

The dorstrasse 83 BONN, GERMANY **J&B Deutschland GmbH**

Long Wind Technology (China) Co., Ltd.	**Invoice**
No. 9 Huanhe Road, the xigang of Xigang distric Dalian116023	Number　561485204
CHINA	Date　21.05.2015
1 Packing unit (s):	Delivery　9080133306
>Collect by customer	note/date　24.05.2015
>Ocean Freiight　EUR 90	Order/date　9100169858
>Weight gross 214KG/Net 180KG/Volume 2.1 m³	11.05.2015

Item material	Qty.	Price/unit	Value (EUR)
000020	CMS6345.20 Your Material.No.: 212014 2 UNIT **3652-TCP-X: TC/IP** **communication facility** Standard configuration, without sensors Commodity code: 90309085 Country of origin: GERMANY	5110.00 EUR	10220.00

Item (s) Total　　　　　　　　10220.00

　Net　　　　　　　　　　　　10220.00

Total price (EUR)　　　　　10220.00

Basis for Price and Delivery/General Condation

Incoterms (2000) FCA: Free carrier Naerum Darmstadt

Premium　　　3‰

Mode of patch　　Collect. by Customer

 Terms of payment***When effecting payment please indicate invoice no.***

Current month+60 days

J&B Deutchland GmbH

单证 4-1-3

The dorstrasse 83 BONN, GERMANY **J&B Deutchland GmbH**

Long Wind Technology（China）Co., Ltd.

No: 9 Huanhe Road, Xigang distric Dalian116023

CHINA

Ship-to-party

Long Wind Technology（China）Co., Ltd.

No. 9 Huanhe Road, Xigang distric Dalian116023

CHINA

Shipping point

J&B Deutchland GmbH

Total Weight gross　214.00KG

Total Weight net　180.00KG

No. of Packing　1unit（s）:

Freightdata

Delivery conditions

　Naerum Darmstadt

PACKING LIST

Number	561485204
Date	21. 05. 2015
Order/date	2200077282
	11.05. 2015

Incoterms 2000: FCA: Free carrier

Collect. by Customer

We deliver according to our Standard Terms and Condition of Sale, which you will find under WWW.kmki.com.

Please check the delivery immediately.

Your E-mail order no.L063256 dated11.05. 2015 by Xao len.

Package-Date		Weight （KG）
Pos.	Material/Description	Qty.
98046	Pallet	214

（PG:）　　120×80×175 CM　　　180

Order　　2200077282/11.05.2015/Item 000020

0001 0 CMS6345.20　　2 UNIT

YOUR Material-No.: 212014

3652. TCP/IP-X: CP/IP communication facility

Standard configuration, without sensors

Commodity code: 90309085

Country of origin: GERMANY

Senrialnr.　（11 123-111311）

179

单证 4-1-4

中远集装箱运输有限公司 SEAWAYBILL
COSCO CONTAINER LINES CO., LTD.

TLX：33057COSCOCN
FAX：+86 (0411) 6545 8984

NON-NEGOTIABLE SEA WAYBILL FOR COMBINED TRANSPORT OR PORT TO PORT

9805 Date of Issue MAY 25 2015 Place of Issue COPENHAGEN Signed for the Carrier, COSCO
CONTAINER LINES Co., LTD. CNT110153348

1. Shipper Insert Name.Address and Phone/Fax J&B Deutchland GmbH Thedorstrasse 83 BONN, GERMANY		Booking NO. 502903178	Sea Waybill NO. COS 502903178
2. Consignee Insert Name.Address and Phone/Fax **Long Wind Technology (China) Co., Ltd.** **No. 9 Huanhe Road, Xigang distric Dalian116023, CHINA**		Export References **SHORSE11661, DKMKAS**	
3. Notify Party Insert Name.Address and Phone/Fax **SAME AS CONSIGNEE**		Forwarding Agent and Reference	
Combined Transport Pre-Carriage by **TRUCK**	Combined-Transport Place of Receipt **BONNE**	Point and Country of Origin Also Notify Party-routing & Instructions	
6. Ocean Vessel Voy.No **COSCOOCEANIA 022W**	7. PortofLoading **HAMBURG**	Service Contract No.	Commodity Code
8. Portof Discharge **DALIAN**	9. Combined Transport Place of Receipt	Type of Movement **LCL/LCL**	

Marks & Nos. Container/Seal No.	No. of containers or Packages	Description of Goods {Dangerous Goods, See Clause 20}	GroosWeight	Measurement
5354504545/N	**1** **PACKAGES**	**1×20'DC CONTAINER STC:** **3652-TCP/IP-X: TCP/IP** **COMMUNICATION FACILITY**	**214KG**	

OCEAN FREIGHT PREPAID
SHIPPER'S LOAD STOW COUNT AND SEAL
CBHU5638771/F13061/1 PACKAGES /LCL/LCL/20GP/

TARE 2250KG				
Declared Cargo ValueUS$		Description of Contents for Shipper's Use Only {Not part of This SeaWay bill Contract}		

10.Total Number of containers and/or packages (in word)
   Subject to Clause 7 Limitation   SAY ONE CONTAINER TOTAL

11.Freight & Charges	Revenue Tons	Rate	Per	Amount	Prepaid	Collect	Freight & Charges Payable at./by
EUR 90					**EUR 90**		

Receivedin external apparent good order and condition except as otherwise noted The total Number of the packages or units stuffed in the container, the description of the goods and the Weights shown in this Sea Waybill are furnished by the merchants, and which the carrier has no reasonable means of checking and is not a part of this Sea Waybill contract. The carrier has Issued 1 Sea way bill The merchants agreeto be bound by the terms and conditions of this Sea Way bill as if each hadpertly signedthis Sea Way bill	DateLaden onBoard Signed by:

单证 4-1-5

海关查验通知单

海关编号：001

长风科技（中国）有限公司：

你单位于 2015 年 6 月 13 日所申报货物，经审核现决定实施查验，请联系港务等相关部门做好准备，于 6 月 14 日派员配合海关查验。

特此通知。

经办关员：

报关员签收

中华人民
共和国
大连港湾海关
查验章
（1）

2015 年 6 月 13 日

单证 4-1-6 海关货物查验记录单

第 1（1/1）页报关单号查验记录单编号

经营单位 长风科技（中国）有限公司		运输工具名称		申报日期		进出口日期	
收发货单位		提运单号		监管方式		运输方式	
申报单位	件数		包装种类			毛重（公斤）	净重（公斤）

| 总署查
验要求 | 1 核对品名【 】2 核对规格【 】3 核对数量【 】4 核对重量【 】
5 核对件数【 】6 核对唛头【 】7 是否侵权【 】8 核对产地【 】
9 核对归类【 】10 核对新旧【 】11 核对价格【 】12 取样送检【 】
13 检查车体【 】14 检查箱体【 】15 是否夹藏【 】 | | | 本关区
查验要求 | 查验
方式 |

集装箱/编号	封志号	追加查验方式	查验区域	查验结果	集装箱备注

序号 商品编码 品名/规格 数量单位 原产国/最终目的国 总价/币制 商品特殊查验要求
备注：
安全提示： 其他特殊要求：

查验结果处理意见	查验时间		查验地点		查验关员签名或代号	①	②
机器查验过程记录：				审批意见：			

查验结果处理意见	查验时间		查验地点	查验关员签名或代号	①	②	③
人工查验过程记录：						审批意见：	

处理结果	科（处）长审批意见 签名： 日期：	关（处）长审批意见 签名： 日期：
收发货人或其 代理人签字	在查验过程中，本人一直在场，海关未使货物造成任何损坏或破损，本人对海关查验结果无异议 收发货人（代理人）签字 电话 地址 邮编 年　月　日	

单证 4-1-7 大连海关进口关税专用缴款书

收入系统：税务系统   填发日期：2015 年 6 月 23 日   号码：   No：

收款单位	收入机关	中央金库			缴款单位（人）	名称	长风科技（中国）有限公司
	科目	进口关税	预算级次	中央		账号	
	收款国库					开户银行	

税号	货物名称	数量	单位	完税价格（¥）	税率（%）	税款金额（¥）
	控制柜	2	个		8.4000	

金额人民币（大写）			合计（¥）	
申请单位编号		报关单编号	填制单位	收款国库（银行）
合同（批文）号		运输工具（号）		
缴款期限	年 月 日	提/装货单号	制单人 复核人	
备注		一般贸易照章征税		

第一联：（收据）国库收款签章后交缴款单位或缴税人

从填发缴款书之日起限 15 日内缴纳（期末遇法定节假日顺延），逾期按日征收税款总额万分之五的滞纳金。

单证 4-1-8 大连海关进口关税专用缴款书

收入系统：   填发日期： 年 月 日   号码：   No：

收款单位	收入机关	中央金库			缴款单位（人）	名称	长风科技（中国）有限公司
	科目	进口关税	预算级次	中央		账号	
	收款国库					开户银行	

税号	货物名称	数量	单位	完税价格（¥）	税率（%）	税款金额（¥）
	控制柜	2	个		8.4000	

金额人民币（大写）			合计（¥）	
申请单位编号		报关单编号	填制单位	收款国库（银行）
合同（批文）号		运输工具（号）		
缴款期限	年 月 日	提/装货单号	制单人 复核人	
备注		一般贸易照章征税		

第六联：（存根）由填发单位存查

从填发缴款书之日起限 15 日内缴纳（期末遇法定节假日顺延），逾期按日征收税款总额万分之五的滞纳金。

单证 4-1-9　大连海关进口增值税专用缴款书

收入系统：税务系统　　　　填发日期：2015 年 6 月 23 日　　　　号码：　　　No：

收款单位	收入机关	中央金库			缴款单位（人）	名称	长风科技（中国）有限公司
	科目	进口增值税	预算级次	中央		账号	
	收款国库					开户银行	
税号	货物名称	数量		单位	完税价格（¥）	税率（%）	税款金额（¥）
	控制柜	2		个		17.0000	
金额人民币（大写）						合计（¥）	
申请单位编号			报关单编号			填制单位	收款国库（银行）
合同（批文）号			运输工具（号）			制单人	
缴款期限	年　月　日		提/装货单号			复核人	
备注				一般贸易照章征税			

从填发缴款书之日起限 15 日内缴纳（期末遇法定节假日顺延），逾期按日征收税款总额万分之五的滞纳金。

单证 4-1-10　大连海关进口增值税专用缴款书

收入系统：税务系统　　　　填发日期：2015 年 6 月 23 日　　　　号码：　　　No：

收款单位	收入机关				缴款单位（人）	名称	
	科目	进口增值税	预算级次	中央		账号	
	收款国库					开户银行	
税号	货物名称	数量		单位	完税价格（¥）	税率（%）	税款金额（¥）
金额人民币（大写）						合计（¥）	
申请单位编号			报关单编号			填制单位	收款国库（银行）
合同（批文）号			运输工具（号）			制单人	
缴款期限	年　月　日		提/装货单号			复核人	
备注				一般贸易照章征税			

从填发缴款书之日起限 15 日内缴纳（期末遇法定节假日顺延），逾期按日征收税款总额万分之五的滞纳金。

单证 4-1-11　中华人民共和国出入境检验检疫入境货物通关单

编号：210020112014524780

1. 收货人 长风科技（中国）有限公司			5. 标记及号码 N/M
2. 发货人 *** ***			
3. 合同/提（运）单号	4. 输出国家或地区 德国		
6. 运输工具名称及号码 *** ***	7. 目的地		8. 集装箱规格及数量 ***
9. 货物名称及规格 控制柜 *** *** （以下空白）	10. H.S.编码 *** *** （以下空白）	11. 申报总值 *** *** （以下空白）	12. 数/重量、包装数量及种类 *164 千克 *1 个天然木托 （以下空白）
13. 证明 上述货物业已报检/申报，请海关予以放行。 本通关单有效期至二〇一六年六月十九日 签字：　　日期：2015 年 05 月 20 日			
14. 备注			

[2-2（2000.1.1）] ① 货物通关

单证 4-1-12 大连中远集装箱船务代理有限公司提货单
DELIVERY ORDER

No. D011153

大连港地区、场、站 收货人/通知方:	LONG WINDTECHNOLOGY		货位编号:	
船名 COSCO OCEANIA	航次 022W	起运港 汉堡	目的港 大连港	
提单号 COS45029cB890	交付条款 CFS—CFS	到付海运费	合同号 L063256	
卸货地点	到达日期	进库场日期	第一程运输	
货名	控制柜	集装箱号/铅封号		
集装箱数	1×20′	CBHU5638771	F13061	
件数	1 PACKAGE			
重量	214.00KG			
体积	2.1m³			
标志				

请核对放货

大连中远集装箱船务代理有限公司

凡属法定检验、检疫的进口商品，必须向有关监督机构申报

（COSCO DALIAN CONTAINFP SHIPPING AGENGYGO, LTD 大连中远集装箱船务代理有限公司 业务专用章）

1	2	3	4
5	6	7	8

单证 4-1-13　中华人民共和国海关进口货物报关单

预录入编号：　　　　　　　　　　　　　　　　　海关编号：

进口口岸	备案号		进口日期	申报日期
经营单位	运输方式		运输工具名称	提运单号
收货单位	贸易方式		征免性质	征税比例
许可证号	启运国（地区）		装货港	境内目的地
批准文号	成交方式	运费	保费	杂费
合同协议号	件数	包装种类	毛重（千克）	净重（千克）
集装箱号	随附单据			用途

标记唛码及备注

项号	商品编码	商品名称规格型号	数量及单位	原产国（地区）	单价	总价	币制	征免

税费征收情况

　　合计总价：

录入员　录入单位	兹声明以上申报无误并承担法律责任	海关审单批注及放行日期（签章）	
报关员　　　海关			
单位地址	申报单位（签章）	审单　　审价	
邮编　　电话	填制日期	征税　　统计	
		查验　　放行	

【专业知识】

一、一般进出口货物概述

1. 概念与区别

（1）一般进出口货物的含义。一般进出口货物是指在进出境环节缴纳了应征的进出口税费并办结了所有必要的海关手续，海关放行后不再进行监管，可以直接进入国内生产和流通领域的进出口货物。

（2）一般进出口货物与一般贸易货物的区别。一般进出口货物并不完全等同于一般贸易货物。一般贸易是指中国境内有进出口经营权的企业单边进口或单边出口的贸易，按一般贸易交易方式进出口的货物即为一般贸易货物。一般贸易是国际贸易中的一种交易方式；一般进出口是海关业务中的一种监管制度。一般贸易货物在进口时可以按一般进出口监管制度办理海关手续，这时它就是一般进出口货物；也可以享受特定减免税优惠，按特定减免税监管制度办理海关手续，这时它就是特定减免税货物；也可以经海关批准保税，按保税监管制度办理海关手续，这时它就是保税货物。

2. 特征

（1）进出境时缴纳进出口税费。"进出境"是指进口货物办结海关手续以前，出口货物已向海关申报尚未装运离境时，处于海关监管之下的状态。在这一环节，进口货物的收货人、出口货物的发货人应当按照《海关法》和其他有关法律、法规的规定，向海关缴纳关税、海关代征税、规费及其他费用。

（2）进出口时提交相关的许可证件。根据规定，进出口的货物受国家法律、法规管制的，进出口货物收发货人或其代理人报关时需要向海关提交相关的进出口许可证件。

（3）海关放行即为办理结关手续。海关征收了全额的税费，审核了相关的进出口许可证件以后，按规定签印放行。这时，进出口货物收发货人或其代理人才能办理提取进口货物或者装运出口货物的手续。对一般进口货物来说，海关放行即意味着海关手续已经全部办结，货物可以在关境内自由流通；对一般出口货物来说，海关放行后需离境才意味着全部办结海关手续。

3. 范围

实际进出口的货物，除特定减免税货物外，都属于一般进出口货物的范围，包括内容如下：

（1）一般贸易进口货物。

（2）一般贸易出口货物。

（3）转为实际进口的保税货物、暂准进境货物或转为实际出口暂准出境货物。

（4）易货贸易、补偿贸易的进出口货物。

（5）不准予保税的寄售代销贸易货物。

（6）承包工程项目实际进出口货物。

（7）外国驻华商业机构进出口陈列用样品。

（8）外国旅游者小批量订货出口的商品。

（9）随展览品进出境的小卖品。

（10）实际进出口货样广告品。

（11）免费提供的进口的货物（考点：商业往来的赠送属于一般进口货物）：

1）外商在经济贸易活动中赠送的进口货物。

2）外商在经济贸易活动中免费提供的试车材料等。

3）我国在境外的企业、机构向国内单位赠送的进口货物。

二、一般进出口货物的报关程序

报关程序是指进出口货物收发货人、运输负责人、物品所有人或其代理人按照海关的规定，办理货物、物品、运输工具进出境及相关海关事务的手续和步骤。一般进出口货物报关的程序与其他进出口货物，如加工贸易货物、特定减免税货物、暂准进出境货物等不同，不需要经过前期阶段，也不需要经过后续阶段，只需要经过进出境阶段，包括 4 个环节：进出口申报、配合查验、缴纳税费、提取或装运货物。归纳如表 4-1-1 所示。

1. 进出口申报

申报是指进出口货物发货人或其委托的报关企业依照《海关法》及有关法律法规的要求，在规定的期限、地点，采用电子数据报关单和纸质报关单形式，向海关报告实际进出口货物的情况，并接受海关审核的行为。

表 4-1-1　不同监管制度下货物的报关程序

适用范围	前期阶段	进出境阶段	后续阶段
一般进出口货物报关	—	进出口申报	—
加工贸易货物	备案登记	配合查验	核销结案
特定减免税货物	备案、审批	缴纳税费	解除监管
暂准进出境货物	备案	提取或装运货物	核销结案

申报是报关程序的开始，顺利申报，需要掌握以下几个方面的内容：

（1）申报的地点。不同货物的申报地点不同，具体如表 4-1-2 所示。

表 4-1-2　一般进出口货物申报地点

海关监管货物		申报地点
进口货物		进境地海关（进入我国关境第一个口岸）
出口货物		出境地海关（离开我国关境最后一个口岸）
进口转关货物		指运地海关
出口转关货物		启运地海关
保税货物	因故改变使用目的从而改变货物的性质为一般进口货物	货物所在地主管海关
特定减免税货物		
暂准进境货物		

注：转关运输是指进出口货物在海关监管下，从一个海关运至另一个海关办理海关手续的行为。转关运输进口货物指定运达的地点或海关监管货物国内转运时的到达地称为指运地；出口转关运输货物报关发运的地点，称为启运地。

（2）申报的期限。进口货物的申报期限为运载进口货物的运输工具申报进境之日起 14 天内。超期 3 个月由海关变卖处理。不宜长期保存的货物，根据实际情况随时处理。出口货物的申报期限为货物运抵海关监管区后、装货的 24 小时以前。特殊货物，经电缆、管道或其他方式进出境的货物，按照海关规定定期申报。

（3）申报日期。申报日期指申报数据被海关接受的日期。无论以电子数据报关单方式申报，还是以纸质报关单申报，海关接受申报数据的日期即为申报日期。采用先电子数据报关单申报，后提交纸质报关单，或仅以电子数据报关单方式申报的，申报日期为海关计算机系统接受申报数据时记录的日期。电子数据报关单被退回，重新申报的，申报日期为海关接受重新申报的日期。先纸质报关单申报，后补报电子数据，或只提供纸质报关单申报的，海关工作人员在报关单上做登记处理的日期为海关接受申报的日期。

（4）滞报金。进出口货物收发货人未按规定期限向海关申报的，由海关征收滞报金，滞报金按日计征，起始日和截止日均计入滞报期间。

计征起始日为运输工具申报进境之日起第 15 日为起始日，海关接受申报之日为截止日。

电子数据申报后，未在规定期限提交纸质报关单，被海关撤单需重新申报产生滞报的，计征起始日以自运输工具申报进境之日起第 15 日为起始日，以海关重新接受申报之日为截止日。进出口货物收发货人申报并经海关审核，必须撤销原电子数据报关单重新申报产生滞报的，滞报金的征收，以撤销原电子数据报关单之日起 15 日为起始日，以海关重新接受申报之日为截止日。

运输工具申报进境之日起超期过 3 个月未向海关申报的，由海关变卖处理，收货人申请发还余款的，要扣除相关的费用（例如仓储费、滞报金等），滞报金的征收以运输工具申报进境之日起第 15 日为起始日，以该 3 个月期限的最后一日为截止日。

滞报金按日征收，金额为完税价格的 0.5‰，以元为计征单位，不足 1 元的部分免征。起征点为 50 元。滞报金的计征起始日如遇法定节假日，则顺延至其后第一个工作日。

滞报金的计算公式为：

滞报金 = 进口货物完税价格 × 0.5‰ × 滞报天数

（5）申报步骤。申报步骤如下：

1）准备申报单证。准备申报单证是报关员开始进行申报工作的第一步，是整个报关工作能否顺利进行的关键一步。申报单证可以分为主要单证和随附单证两大类，其中随附单证包括基本单证、特殊单证和预备单证，具体如表 4-1-3 所示。

准备申报单证的原则是：基本单证、特殊单证、预备单证必须齐全、有效、合法；报关单填制必须真实、准确、完整；报关单与随附单证数据必须一致。

2）申报前看货取样。申报前看货取样的目的是准确确定进口货物的品名、规格、型号，了解货物的状况，便于正确申报。

其做法为由收货人提出申请，海关同意，签发批准证明并派员现场监管，

表 4-1-3　一般进出口货物申报单证

分类		单证	备注
主要单证		报关单	由报关员按照海关规定格式填制的申报单（详见项目三）
申报单证	随附单证 / 基本单证	进口提货单 出口装货单 装箱单 商业发票等	进出口货物的货运单据和商业单据，任何货物的申报都必须提供
	随附单证 / 特殊单证	进出口许可证件 出口收汇核销单 加工贸易登记手册（电子的和纸质的） 特定减免税证明 外汇收付汇核销单证 原产地证明书 担保文件 进口租赁货物的租赁贸易合同等	国家依法实行特殊管制的相关文件。涉及特殊管理的货物申报时必须提供
	随附单证 / 预备单证	贸易合同 进出口企业营业执照等有关证明文件	海关在审单、征税的时候需要调阅或者收取备案的。海关提出要求时提供

海关开具取样记录和取样清单，取样后收货人要在取样记录和取样清单上签字确认。

3）申报。申报程序如下：

A. 填写预录入凭单。进出口货物收发货人或其代理人手工填写报关单预录入凭单的各个栏。预录入凭单可将现行报关单放大后使用。

B. 报关单预录入。根据报关单预录入凭单将相关信息录入到计算机上预录入报关单的电子表格中。进出口货物收发货人或其代理人可以自行录入也可以委托录入。预录入报关单要经过仔细的审核和修改，直到确认无误。

C. 电子数据申报。电子数据申报即将确认后的预录入报关单通过一定的方式提交给海关。进出口货物收发货人或其代理人可以选择 4 种方式进行电子数据申报，即：

终端申报，是指进出口货物收发货人或其代理人在海关规定的报关地点委托经海关登记注册的预录入企业使用连接海关计算机系统的计算机终端录入报关单电子数据。

委托电子数据申报，是指进出口货物收发货人或其代理人在海关规定的报关地点委托经海关登记注册的预录入企业使用电子数据方式录入报关单电子数据。

自行电子数据申报，是指进出口货物收发货人或其代理人在计算机中安装电子数据申报系统，在该系统中录入报关单内容，由计算机转换成标准格式的数据报文向海关计算机系统发送报关单电子数据。

网上申报，是指进出口货物收发货人或其代理人在本企业办公地点连接互联网，通过"中国电子口岸"自行录入报关单电子数据。

申报后，海关计算机系统对报关单进行逻辑性、规范性审核。通过审核的，计算机自动接受申报，并记录接受申报的时间，进出口货物收发货人或其代理人会收到海关反馈的"接受申报"的报文和"现场交单"或"放行交单"通知，表示申报成功；未通过的进出口货物收发货人或其代理人会收到海关反馈的不接受申报的报文，表示申报不成功，需根据报文提示的问题进行修改，并重新申报。

D. 提交纸质报关单和随附单证。进出口货物收发货人或其代理人应当自接到海关"现场交单"或"放行交单"通知之日起 10 日内，持打印的纸质报关单及随附单证并签名盖章，到货物所在地海关提交书面单证并办理相关手续。

4）修改申报内容或撤销申报。海关接受申报以后，报关单及随附单证的内容不得修改，申报也不得撤销。但是有以下正当理由的，经海关同意，可以修改申报内容或者撤销申报后重新申报：

A. 报关人员操作或书写失误造成申报差错，但未发现有走私违规或者其他违法嫌疑的。

B. 出口货物放行后，由于装配、装运等原因造成原申报货物全部或部分退关。

C. 进出口货物在装载、运输、存储过程中因溢短装、不可抗力的灭失、短损等原因造成原申报数据与实际货物不符的。

D. 根据国际惯例先行采用暂时价格成交、实际结算时按商检品质认定或国际市场实际价格付款方式需要修改原申报单据的。

E. 由于计算机、网络系统等方面的原因导致电子数据申报错误的。

F. 其他特殊情况经海关核准同意的。

海关已经决定布控、查验的进出口货物以及涉及有关案件的进出口货物的报关单在"办结"前不得修改或撤销。

海关发现进出口货物报关单需要进行修改或者撤销的，海关通知进出口货物收发货人或其代理人。收发货人或其代理人应当提交"进出口货物报关单修改/撤销确认书"。

2. 配合查验

（1）海关查验。海关查验的内容如下：

1）含义。查验是指海关为确定进出境货物收发货人向海关申报的内容是否与进出口货物的真实情况相符，或者为确定进出境货物归类、价格、原产地等，依法对进出口货物进行实际核查的执法行为。

2）查验地点。查验地点有以下几处：

A. 现场查验。一般在海关监管区内的进出口口岸码头、车站、机场、邮局或海关的其他监管场所进行查验。

B. 船边查验。对进出口大宗散货、危险品、鲜活商品、落驳运输的货物，经进出口货物收发货人的申请，海关也可在作业现场予以查验放行。

C. 就地查验。在特殊情况下，经进出口货物收发货人或其代理人申请，海关审核同意，也可派员到规定的时间和场所以外的工厂、仓库或施工工地查验货物。

3）查验方法。

海关实施查验可以是彻底查验，也可以是抽查。彻底检查，即对货物逐件开箱（包）查验，对货物品种、规格、数量、重量、原产地货物状况等逐一与货物申报单详细核对；抽查，即按一定比例对货物有选择地开箱抽查，必须卸货。卸货程度和开箱（包）比例以能够确定货物的品名、规格、数量、重量等查验指令的要求为准。

4）查验操作。查验操作可以分为人工查验和设备查验。

人工查验包括外形查验、开箱查验。外形查验是指对外部特征直观、易于判断基本属性的货物的包装、运输标志和外观等状况进行验核；开箱查验是指将货物从集装箱、货柜车箱等箱体中取出并拆除外包装后对货物实际状况进行验核。

设备查验是指利用技术检查设备如地磅和 X 光机等对货物实际状况进行验核。外型查验只能适用于大型机器、大宗原材料等不易搬运、移动的货物。

5）查验时间。海关决定查验时，会以书面形式提前通知收发货人或其代理人，一般约定在海关正常工作时间内；对于危险品或者鲜活、易腐烂、易失效、易变质的货物以及因其他特殊情况需要"紧急验放"的货物，经进出口货物收发货人或其代理人申请，海关可以优先安排实施查验。

海关查验部门自查验受理起，到实施查验结束、反馈查验结果最多不得超过48 小时，出口货物应于查验完毕后半个工作日内予以放行。

（2）配合查验。配合查验有以下几方面：

1）接收查验通知。根据海关通知，对需查验的货物，做好查验准备。查验时，进出口货物收发货人或者其代理人应到场。

2）做好查验准备。根据海关确定的查验方式，将需查验的货物或货柜准备好。有施封装置的进出口货物，应检查集装箱或货柜是否被非法开启过，核对封志是否完整。

对于危险品或者鲜活、易腐、易烂、易失效、易变质等不宜长期保存的货物以及因其他特殊情况需要紧急验放的货物，进出口货物收发货人或者其代理人可以申请海关优先安排查验。

因货物易受温度、静电、粉尘等自然因素影响，不宜在海关监管区内实施查验，或者因其他特殊原因，需要在海关监管区外查验的，进出口货物收发货人或者其代理人可以申请海关派员到海关监管区外实施查验。

3）配合实施查验。查验货物时，进出口货物收发货人或者其代理人应当到场，负责按照海关要求搬移货物，开拆和重封货物的包装，并如实回答查验人员的询问以及提供必要的资料。因进出口货物所具有的特殊属性，容易因开启、搬运不当等原因导致货物损毁，需要查验人员在查验过程中予以特别注意的，进出口货物收发货人或者其代理人应当在海关实施查验前声明。

4）查验后续工作。查验完毕后，在场的进出口货物收发货人或其代理人在《海关货物查验记录单》上签名确认查验结果。经查验发现货物与申报不符的，按规定程序移交缉私、法规、审单等相关部门处理。对需送检货物应当按取样要求采集货样，填写《化验鉴定申请单》并办理相关送检手续。

（3）特殊情况处理。特殊情况处理有如下几方面：

1）货物损害赔偿。货物赔偿分以下几种情况：

A. 海关的赔偿范围。查验时，如果造成货损，进出口货物收发货人及其代理人有权要求赔偿。但海关的赔偿范围仅限于实施查验过程中（之前和之后损坏，海关不赔偿），由于海关关员的责任造成被查验货物损坏的直接经济损失。

B. 不赔偿。以下情况海关不赔偿:

搬运货物、开箱、封箱不慎造成损坏的;易腐、易失效货物在海关正常工作时间内变质失效的;正常磨损;在海关查验之前已经损坏的或海关查验之后发生的损坏;不可抗力造成的货物损失等;进出口货物收发货人或其代理人在海关查验时对货物是否受损坏,未提出异议,事后发现损坏的,海关不负责赔偿。

C. 赔偿办法。由海关关员如实填写《中华人民共和国海关查验货物、物品损坏报告书》一式两份,查验关员和当事人双方签字,各留一份。双方共同商定货物的受损程度或修理费用(必要时,可凭公证机构出具的鉴定证明确定),以海关审定的完税价格为基数,确定赔偿金额。赔偿金额确定后,由海关填发《中华人民共和国海关损坏货物、物品赔偿通知单》,当事人自收到通知单之日起,3个月内凭单向海关领取赔款或将银行账号通知海关划拨,逾期海关不再赔偿。赔款一律用人民币支付。

2)复验。复验,即第二次查验,海关可以对已查验货物进行复验。复验的情形主要有以下几种:

A. 经初次查验未能查明货物的真实属性,需要对已查验货物的某些性状做进一步确认的。

B. 货物涉嫌走私违规,需要重新查验的。

C. 进出口货物收发货人对海关查验结论有异议,提出复验要求并经海关同意的。

D. 其他海关认为必要的情形。

3)径行开验。径行开验是指海关在进出口货物收发货人不在场或其代理人不在场的情况下,对进出口货物进行开拆包装查验。

A. 可以径行开验的情形。进出口货物有违法嫌疑的;经海关通知查验,进出口货物收发货人或其代理人届时未到场的。

B. 径行开验的操作。海关径行开验时,存放货物的海关监管场所经营人、运输工具的负责人应到场协助,并在查验记录上签字确认。

3. 缴纳税费

(1)开具税款缴款书。经海关审核报关单,并查验货物无误后,海关根据申报的货物计算税费打印纳税缴款书和收费票据。

（2）缴税。缴税有以下几种方式：

1）现场缴税。进出口货物收发货人或其代理人凭海关签发的缴税通知书和收费单据在限定的时间内即收到缴款书后 15 日内向指定银行缴纳税费。

2）网上电子支付缴税。一些实行了电子口岸网上缴税和付税的海关，进出口货物收发货人或其代理人可以通过登录电子口岸平台，货物报关后应缴税费的网上查询和缴纳，提高企业进出口货物的通关效率。

网上缴税的业务流程：

A. 进出口货物收发货人或其代理人通过电子口岸系统向海关进行申报。

B. 海关审结报关单并发送"税费通知"。

C. 进出口货物收发货人或其代理人登录"中国电子口岸"系统查询"税费通知"。

D. 进出口货物收发货人或其代理人通过电子口岸发送"税费支付"指令至缴税银行。

E. 缴税银行系统自动完成预扣款（进出口货物收发货人账户减少相应资金）。

F. 缴税银行通过电子口岸系统向海关反馈预扣款成功回执。

G. 进出口货物收发货人或其代理人到现场海关办理验放手续。

H. 海关货物放行后，通过电子口岸系统向缴税银行发送"确认扣款"通知。

I. 缴税银行核对税费单据后，将款项划转国库账户。

4. 提取或装运货物

（1）海关进出境现场放行和货物结关。海关进出境现场放行和货物结关方式如下：

1）海关进出境现场放行。海关接受进出口货物的申报、审核电子数据报关单和纸质报关单及随附单证、查验货物、征免税费或接受担保以后，允许进出口货物离开海关监管场所的工作环节。

放行的方式为由海关在提货凭证或出口装货凭证上加盖海关放行章。进出口货物收发货人或其代理人签收进口提货凭证或者出口装货凭证，凭此提取进口货物或将出口货物装运到运输工具上离境。

在实行"无纸通关"申报方式的海关，海关做出现场放行决定时，通过计算机将海关决定放行的信息发送给进出口货物收发货人或其代理人和海关监管货物保管人。

进出口货物收发货人或其代理人从计算机上自行打印海关通知放行的凭证，凭此提取进口货物或将出口货物装运到运输工具上离境。

2）货物结关。进出境货物由收发货人或其代理人向海关办理完所有的海关手续，履行了法律规定的与进出口有关的一切义务，就办结了海关手续，海关不再进行监管。

3）现场放行。现场放行分以下两种情形：

A. 结关放行。对于一般进出口货物，海关放行后就可以进入生产和流通领域，放行就是结关。

B. 放行不结关。保税货物、暂准进口货物、特定减免税货物，放行时进出境货物的收发货人或其代理人并未全部办完所有的海关手续，海关在一定期限内还需进行监管，所以该类货物的海关进出境现场放行不等于结关。

（2）提取或装运货物。进口货物收货人或其代理人签收海关加盖海关放行章戳记的进口提货凭证（提单、运单、提货单等），凭此到货物进境地的港区、机场、车站、邮局等地的海关监管仓库办理提取进口货物的手续。

出口货物发货人或其代理人签收海关加盖海关放行章戳记的出口装货凭证（运单、装货单、场站收据等），凭此到货物出境地的港区、机场、车站、邮局等地的海关监管仓库办理将货物装上运输工具离境的手续。

（3）申请签发报关单证明联。进出口货物收发货人或其代理人办理完提取进口货物或装运出口货物的手续以后，如需要海关签发有关的货物进口、出口证明联的，均可向海关提出申请。常见的证明主要有：

1）进口付汇证明。对需要在银行或国家外汇管理部门办理进口付汇核销的进口货物，报关员应当向海关申请签发"进口货物报关单"付汇证明联。海关经审核，对符合条件的，即在"进口货物报关单"上签名、加盖海关验讫章，作为进口付汇证明联签发给报关员。同时，通过电子口岸执法系统向银行和国家外汇管理部门发送证明联电子数据。

2）出口收汇证明。对需要在银行或国家外汇管理部门办理出口收汇核销的出口货物，报关员应当向海关申请签发"出口货物报关单"收汇证明联。海关经审核，对符合条件的，即在"出口货物报关单"上签名、加盖海关验讫章，作为出口收汇证明联签发给报关员。同时，通过电子口岸执法系统向银行和国家外汇管理部门发送证明联电子数据。

3）出口收汇核销单。对需要办理出口收汇核销的出口货物，报关员应当在申报时向海关提交由国家外汇管理部门核发的"出口收汇核销单"。海关放行货物后由海关工作人员在出口收汇核销单上签字、加盖海关单证章。出口货物发货人凭"出口货物报关单"收汇证明联和"出口收汇核销单"办理出口收汇核销手续。

4）出口退税证明。对需要在国家税务机构办理出口退税的出口货物，报关员应当向海关申请签发"出口货物报关单"退税证明联。海关经审核，对符合条件的予以签发并在证明联上签名、加盖海关验讫章，交给报关员。同时，通过电子口岸执法系统向国家税务机构发送证明联电子数据。

5）进口货物证明书。对进口汽车、摩托车等，报关员应当向海关申请签发"进口货物证明书"，进口货物收货人凭此向国家交通管理部门办理汽车、摩托车的牌照申领手续。海关放行汽车、摩托车后，向报关员签发"进口货物证明书"，同时将"进口货物证明书"上的内容通过计算机发送给海关总署，再传输给国家交通管理部门。

任务二　保税加工货物的进出境报关

【实训任务】

【任务一】

▶ 任务背景

2014年6月江苏一家轮胎制造有限公司（以下简称A公司，加工贸易A类管理企业）与外商签订进料加工贸易合同，使用现汇从境外购进天然橡胶和炭黑一批，用于生产挖掘机轮胎出口。2014年10月，在加工生产过程中，由于A公司没有硫化设备，报经海关同意后，A公司与上海一家制造公司（以下简称B公司，加工贸易B类管理企业）签订加工合同，将自己生产的轮胎半成品交给B公司硫化生产后成品运回。2014年11月，加工生产完毕办理相关海关手续后，A公司与山东一家机械制造公司（以下简称C公司，加工贸易B类管理企业）签订购销合同，将部分轮胎成品出售给C公司，用做C公司进料加工项下料件，装配挖掘机后出口。

2014年12月，A公司签订进料加工贸易合同，从境外购进料件一批，委托浙江一家公司（以下简称D公司，加工贸易B类管理企业）加工生产出口摩托车轮胎。该加工合同履行期间，因境外发货有误，部分进口料件（10吨）未能及时到货。A公司报经主管海关核准后，使用A公司原进口保税料件进行内部串换，用于加工生产。合同执行完毕后，尚有剩余料件1吨，A公司结转加工使用。

▶ 工作任务

任务1：分析并列出本案例中涉及的所有加工贸易业务。

任务2：用线图标出各业务中A、B、C、D之间的业务关系。

任务3：画出本案例中涉及的所有报关业务的流程图，要求环节清晰，标明各环节适用的单证。

【任务二】

▶ **任务背景**

A公司是一家主营进料加工业务的外商独资企业，进口的原料为聚氯乙烯、铜芯等，出口的成品为磁圈等。企业进口的原料如表4-2-1所示，拟加工的成品如表4-2-3所示。

▶ **工作任务**

任务1：利用提供的单证（单证4-2-1至单证4-2-3）、表格，模拟操作加工贸易货物合同的备案登记、料件进口报关、成品出口报关、合同核销的业务流程，要求环节清晰、单证明确。

任务2：借助归并表4-2-2、归并表4-2-4、成品单耗（BOM）表4-2-5、料件使用计划表4-2-6、成品出口计划表4-2-7，利用"加工贸易企业电子化管理系统"完成手册生成、进出口操作、库存管理、核销的具体操作。

表4-2-1 进口原料表

序号	料件物料编号	海关HS编码	料件中文品名	申报计量单位	规格型号	参考单价	企业计量单位	参考币制
1	HM1	3904210000	聚氯乙烯	千克	HM1	640	G	JPY
2	HM2	3904210000	聚氯乙烯	千克	HM2	500	G	JPY
3	HM3	3904210000	聚氯乙烯	千克	HM3	400	G	JPY
4	202	3904210000	聚氯乙烯	吨	202	300	D	JPY
5	41	7326909000	铜芯	个	41	200	个	JPY
6	42	7326909000	铜芯	个	42	500	个	JPY
7	43	7326909000	铜芯	个	43	900	个	JPY
8	44	7326909000	铜芯	个	44	800	个	JPY
9	QL1	7326909000	铜芯	个	QL1	750	个	JPY
10	QL2	7326909000	铜芯	个	QL2	432	个	JPY
11	QL3	7326909000	铜芯	个	QL3	235	个	JPY
12	QL4	7326909000	铜芯	个	QL4	221	个	JPY
13	QL5	7326909000	铜芯	个	QL5	254	个	JPY
14	φ4.1	7222200000	不锈钢棒	千克	φ4.1	531	G	JPY
15	φ5.1	7222200000	不锈钢棒	千克	φ5.1	516	G	JPY
16	φ7.5	7222200000	不锈钢棒	千克	φ7.5	641	G	JPY
17	φ7.5f	7222200000	不锈钢棒	千克	φ7.5f	790	G	JPY
18	HD112-1	8483109000	轴承传动轴	个	HD112-1	780	个	JPY
19	HD112-2	8483109000	轴承传动轴	个	HD112-2	480	个	JPY

表 4-2-2　归并后料件

项号	海关 HS 编码	料件中文品名	申报计量单位
1	3904210000	聚氯乙烯	千克
2	3904210000	聚氯乙烯	吨
3	7326909000	铜芯	个
4	7222200000	不锈钢棒	千克
5	8483109000	轴承传动轴	个

表 4-2-3　成品表

序号	成品物料编号	海关 HS 编码	成品中文品名	申报计量单位	规格型号	参考单价	企业计量单位	参考币制
1	50M	8505190090	磁圈	个	50M	55	个	JPY
2	65M	8505190090	磁圈	个	65M	55	个	JPY
3	45M	8505190090	磁圈	个	45M	55	个	JPY
4	441	8505190090	磁圈	个	441	55	个	JPY
5	442	8505190090	磁圈	个	442	55	个	JPY
6	443	8505190090	磁圈	个	443	55	个	JPY
7	L5124	8505190090	磁圈	个	L5124	55	个	JPY
8	L5144	8505190090	磁圈	个	L5144	55	个	JPY
9	L5164	8505190090	磁圈	个	L5164	55	个	JPY
10	M4	8473309000	连动杆	个	M4	55	个	JPY
11	M6	8473309000	连动杆	个	M6	55	个	JPY
12	5L	8503009090	转动轮	个	5L	55	个	JPY
13	10L	8503009090	转动轮	个	10L	55	个	JPY
14	13L	8503009090	转动轮	个	13L	55	个	JPY
15	14L	8503009090	转动轮	个	14L	55	个	JPY
16	24L	8503009090	转动轮	个	24L	55	个	JPY
17	QLM1	8503009090	转动轮	个	QLM1	55	个	JPY
18	QLM2	8503009090	转动轮	个	QLM2	55	个	JPY
19	QLM3	8503009090	转动轮	个	QLM3	55	个	JPY
20	QLM4	8503009090	转动轮	个	QLM4	55	个	JPY
21	QLM5	8503009090	转动轮	个	QLM5	55	个	JPY
22	HDD122-1	8483109000	轴承传动轴	个	HDD122-1	55	个	JPY
23	HDD122-2	8483109000	轴承传动轴	个	HDD122-2	55	个	JPY

表 4-2-4　归并后成品

项号	海关 HS 编码	成品中文品名	申报计量单位
1	8505190090	磁圈	个
2	8473309000	连动杆	个
4	8503009090	转动轮	个
5	8483109000	轴承传动轴	个

表 4-2-5　成品单耗（BOM）表

成品物料编号	料件物料编号	成品单耗（净耗）	成品损耗率	成品企业计量单位	料件企业计量单位
50M	HM1	10	0.0005	个	G
50M	HM3	50	0.05	个	G
50M	HM2	100	0.004	个	G
50M	QL1	1	0.006	个	个
65M	HM2	100	0.008	个	G
65M	HM1	50	0.0002	个	G
65M	QL3	1	0.0003	个	个
45M	HM2	100	0.06	个	G
45M	HM3	30	0.05	个	G
45M	QL2	1	0.0002	个	个

表 4-2-6　料件使用计划表

料件编号	商品编码	品名	数量	企业单位	总价	币制
HM1	3904210000	聚氯乙烯	15000	G	9600000.00	JPY
HM2	3904210000	聚氯乙烯	10000	G	5000000.00	JPY
HM3	3904210000	聚氯乙烯	30000	G	12000000.00	JPY
202	3904210000	聚氯乙烯	100000	D	30000000.00	JPY
41	7326909000	铜芯	100000	个	20000000.00	JPY
42	7326909000	铜芯	10000	个	5000000.00	JPY
43	7326909000	铜芯	2000	个	1800000.00	JPY
44	7326909000	铜芯	2000	个	1600000.00	JPY
QL1	7326909000	铜芯	20000	个	15000000.00	JPY
QL2	7326909000	铜芯	600	个	259200.00	JPY
QL3	7326909000	铜芯	31180	个	7327300.00	JPY
QL4	7326909000	铜芯	30000	个	6630000.00	JPY
QL5	7326909000	铜芯	30000	个	7620000.00	JPY
φ4.1	7222200000	不锈钢棒	30000	G	15930000.00	JPY
φ5.1	7222200000	不锈钢棒	30000	G	15480000.00	JPY
φ7.5	7222200000	不锈钢棒	30000	G	19230000.00	JPY
φ7.5f	7222200000	不锈钢棒	37000	G	29230000.00	JPY
HD112-1	8483109000	轴承传动轴	205000	个	159900000.00	JPY
HD112-2	8483109000	轴承传动轴	200000	个	96000000.00	JPY

表 4-2-7　成品出口计划表

成品编号	商品编码	版本号	品名	数量	企业单位	总价	币制
50M	8505190090	0	磁圈	10000000	个	558000000	JPY
65M	8505190090	0	磁圈	10000000	个	975000000	JPY
45M	8505190090	0	磁圈	10000000	个	192000000	JPY

单证 4-2-1　加工贸易企业经营情况及生产能力证明
[由各类有进出口经营权的生产型企业（含外商投资企业）填写]

企业名称：			
进出口企业代码：	海关注册编码：		法人代表：
外汇登记号：	联系电话：		联系传真：
税务登记号：	邮政编码：		工商注册日期：　年　月　日
基本账号及开户银行：			
经营企业地址：			
加工企业地址：			

企业类型（选中划"√"）：□1. 国有企业　□2. 外商投资企业　□3. 其他企业

海关分类评定级别（选中划"√"）：□A 类　□B 类　□C 类　□D 类（以填表时为准）

（外商投资企业填写）（万$）	注册资本	累计实际投资总额（截至填表时）：	实际投资来源地：（按投资额度或控股顺序填写前五位国别/地区及累计金额） 1. 2. 3. 4. 5.	外商本年度拟投资额： 外商下年度拟投资额：
（非外商投资企业填写）（万¥）	注册资本	资产总额（截至填表时）：	净资产额（截至填表时）：	本年度拟投资额： 下年度拟投资额：

研发机构数量： □改进型　自主型　□核心　□外围	是□否□世界 500 强公司投资（选择"√"） （根据美国《财富》杂志年评结果，主要考察投资主体）
研发机构投资总额（万美元）：	

产品技术水平：□A 世界先进水平　□B 国内先进水平　□C 行业先进水平

累计获得专利情况：1. 国外（个）　2. 国内（个）

企业员工总数：	文化程度：1. 本科以上（　）　2. 高中、大专（　）　3. 初中及以下（　） （在括号内填入人数）

经营范围：（按营业执照）

上年度	营业额（万¥）：	利润总额（万¥）：	
	纳税总额（万¥）：	企业所得税（万¥）：	
	工资总额（万¥）：	个人所得税总计（万¥）：	
	加工贸易进出口额（万$）：	出口额（万$）：	进口额（万$）：
	进料加工进出口额（万$）：	出口额（万$）：	进口额（万$）：
	来料加工进出口额（万$）：	出口额（万$）：	进口额（万$）：
	加工贸易合同份数：	进料加工合同份数：	来料加工合同份数：
	进出口结售汇差额（万$）：	出口结汇额（万$）：	进口售汇额（万$）：
	进料加工结售汇差额（万$）：	进料加工结汇（万$）：	进料加工售汇（万$）：
	加工贸易转内销额（万$）：	内销补税额（万¥含利息）：	来料加工（万$工缴费）：
	内销主要原因 （可多项选择）	□1. 国外市场方面　□2. 国外企业方面　□3. 国外法规调整　□4. 客户 □5. 国内市场方面　□6. 国内企业方面　□7. 国内法规调整　□8. 产品质量	

续表

上年度	深加工结转总额（万$）：	转出额（万$）：	转进额（万$）：
	本企业采购国产料件额（万¥）：（不含深加工结转件和出口后复进口的国产料件）		
	国内上游配套企业家数：	国内下游用户企业家数：	
	直接出口订单来源：A 跨国公司统一采购 B 进口料件供应商 C 自有客户 D 其他客户		

上年度加工贸易主要进口商品（按以下分类序号选择"√"，每类可多项选择）
大类：□1. 初级产品 □2. 工业制成品
中类：□A 机电 □B 高新技术 □C 纺织品 □D 工业品 □E 农产品 □F 化工产品
小类：□a 电子信息 □b 机械设备 □c 纺织服装 □d 鞋类 □e 旅行品、箱包 □f 玩具
　　　□g 家具 □h 塑料制品 □i 金属制品 □j 其他 □k 化工产品

上年度加工贸易主要出口商品（按以下分类序号选择"√"，每类可多项选择）
大类：□1. 初级产品 □2. 工业制成品
中类：□A 机电 □B 高新技术 □C 纺织品 □D 工业品 □E 农产品 □F 化工产品
小类：□a 电子信息 □b 机械设备 □c 纺织服装 □d 鞋类 □e 旅行品、箱包 □f 玩具
　　　□g 家具 □h 塑料制品 □i 金属制品 □j 其他 □k 化工产品

生产能力	厂房面积：（平方米）	仓库面积：（平方米）	生产性员工人数：
	生产加工范围：		
	生产规模：（主要产出成品数量及单位）		
	累计生产设备投资额（万$）：（截至填表时）		
	上年度生产设备投资额（万$）：		
	累计加工贸易进口不作价设备额（万$）：（截至填表时）		

企业承诺：以上情况真实无讹并承担法律责任	法人代表签字：	企业盖章　年　月　日
商务部门审核意见：	审核人：	审核部门签章　年　月　日

备注：

说明：（1）有关数据如无特殊说明均填写上年度数据。
　　　（2）如无特别说明，金额最小单位为"万美元"和"万元"。
　　　（3）涉及数值、年月均填写阿拉伯数字。
　　　（4）只统计本企业既为经营企业又为加工企业的加工贸易业务，受委托的从事加工贸易业务由相关经营企业统计。
　　　（5）进出口额、深加工结转额以海关统计或实际发生额为准。
　　　（6）此证明自填报之日起有效期为一年。

单证 4-2-2　加工贸易业务批准证申请表

1. 经营企业名称：	4. 加工企业名称：		
2. 经营企业地址、联系人、电话：	5. 加工企业地址、联系人、电话：		
3. 经营企业类型： 　　经营企业编码：	6. 加工企业类型： 　　加工企业编码：		
7. 加工贸易类型：	8. 来料加工项目协议号：		
进料加工	9. 进口合同号：	来料加工	12. 合同外商：
	10. 出口合同号：		13. 合同号：
	11. 客供辅料合同号：		14. 加工费（美元）：
15. 进口主要料件（详细目录见清单）：	18. 出口主要制成品（详细目录见清单）：		
16. 进口料件总值（美元）：	19. 出口制成品总值（美元）：		
17. 进口口岸：	20. 出口口岸：		
21. 出口制成品返销截止日期：	22. 加工地主管海关：		
23. 加工企业生产能力审查单位：	24. 经营企业银行基本账户账号：		
25. 国产料件总值（美元）：	26. 深加工结转金额	转入（美元）	
		转出（美元）	
27. 选项说明： （　）（1）本合同项下产品不涉及地图内容，不属于音像制品、印刷品 （　）（2）本合同项下产品涉及地图内容，已取得国家测绘局批准文件 （　）（3）本合同项下产品属音像制品、印刷品，已取得省级出版行政机关批准文件	29. 备注：	30. 经办人： 审核： 签发： 日期： （此栏由审批机关使用）	
28. 申请人申明：本企业的生产经营和所加工产品符合国家法律、法规的规定			

单证 4-2-3　加工贸易业务批准证

批准证号：

1. 经营企业名称：	3. 加工企业名称：		
2. 经营企业类型： 　　经营企业编码：	4. 加工企业类型： 　　加工企业编码：		
5. 加工贸易类型：	6. 出口制成品返销截止日期：		
进料加工	7. 进口合同号：	来料加工	10. 合作外商：
	8. 出口合同号：		11. 合同号：
	9. 客供辅料合同号：		12. 加工费（美元）：
13. 进口主要料件（详细目录见清单）：	16. 出口主要制成品（详细目录见清单）：		
14. 进口料件总值（美元）：	17. 出口制成品总值（美元）：		
15. 进口口岸：	18. 出口口岸：		
19. 加工企业地址、联系人、电话：	20. 加工地主管海关：		
21. 加工企业生产能力审查单位：	22. 经营企业银行基本账户账号：		

续表

23. 国产料件总值（美元）：		24. 深加工结转金额	转入（美元）	
			转出（美元）	
25. 备注： （1）凭此证批准一个月内办理海关备案及有关事项 （2）批准证内容变更，需在原审批单位办理批准手续 （3）涂改无效		26. 发证机关签章 27. 发证日期：		

商务部监制

【专业知识】

一、保税加工货物概述

1. 保税货物的定义

保税货物，是指经海关批准未办理纳税手续进境，在境内储存、加工、装配后复运出境的货物。

2. 保税货物的特征

（1）特定目的。我国《海关法》将保税货物限定为两种特定目的而进口的货物，即进行贸易（储存）活动和加工制造（加工、装配）活动，将保税货物与为其他目的暂时进口的货物（如工程施工、科学实验、文化体育活动等）区别开来。

（2）暂免纳税。《海关法》第 43 条规定："经海关批准暂时进口或暂时出口的货物以及特准进口的保税货物，在货物收发货人向海关缴纳相当于税款的保证金或者提供担保后，将予暂时免纳关税。"保税货物未办理纳税手续进境，属于暂时免纳，而不是免税，海关将根据货物最终的流向决定征税或免税。

（3）复运出境。复运出境是构成保税货物的重要前提。保税货物未按一般货物办理进口和纳税手续，因此，保税货物必须以原状或加工后产品复运出境，这既是海关对保税货物的监管原则，也是经营者必须履行的法律义务。

3. 保税货物的分类

中国海关监管的保税货物主要有两种形式：保税存储和保税加工。

（1）保税存储。保税存储是指进口货物在海关监管下存储于指定场所，暂缓缴纳进口关税的一种保税形式。存储的保税货物可以整理、分拣，但不能进行实质性的加工。保税存储的货物主要有：国际转运货物、供应国际运输工具的货物、进口寄售用于维修外国商品的零配件（保修期内免税、不包括耐用消费品的配件）、外汇免税商品。

（2）保税加工。保税加工主要涉及进口料件加工，出口成品为主要形式的来料加工和进料加工。

4. 保税加工货物

（1）含义。保税加工货物是指经海关批准未办理纳税手续进境，在境内加工、装配后复运出境的货物。保税加工货物包括专为加工、装配出口产品而从国外进口且海关准予保税的原材料、零部件、元器件、包装物料、辅助材料（简称料件）以及用上述料件生产的成品、半成品、副产品、剩余料件、残次品和边角料。

（2）保税加工的形式。保税加工形式有以下两种：

1）来料加工。来料加工是指进口料件由境外企业提供，经营企业不需要付汇进口，按照境外企业的要求进行加工或装配，只收加工费，制成品由境外企业销售的经营活动。

2）进料加工。进料加工是指进口料件由经营企业付汇进口，制成品由经营企业外销出口的经营活动。

（3）特征。保税加工货物特征如下：

1）料件进口暂缓纳税，成品出口除另有规定外无须缴纳关税。

2）料件进口除国家另有规定外免予交验进口许可证件，成品出口时凡属于许可证件管理的，必须交验出口许可证件。

3）进出境海关现场放行并未结关。

（4）监管模式。海关对保税加工货物的监管模式有两大类：

1）物理围网的监管模式。物理围网即经国家批准，在关境内或关境线上划出一块地方，采用物理围网，让企业在围网内专门从事保税加工业务，由海关进行封闭的监管。包括出口加工区和跨境工业区。

2）非物理围网的监管模式。采用纸质手册管理或计算机联网（电子账册、电子手册）监管。

（5）监管措施。监管有如下措施：

1）商务审批。加工贸易业务须经过商务主管部门审批才能进入海关备案程序。大体上有两种情况：

A. 商务主管部门审批加工贸易合同。加工贸易经营企业在向海关办理加工贸易合同备案设立电子化手册之前，先要到商务主管部门办理合同审批手续。经审批后，凭商务主管部门出具的"加工贸易业务批准证书"和"加工贸易企业经营状况和生产能力证明"两个单证及商务主管部门审批同意的加工贸易合同到海关备案。

B. 商务主管部门审批加工贸易经营范围。加工贸易经营企业在向海关申请联网监管和建立电子账册、电子化手册之前，先要到商务主管部门办理审批加工贸易经营范围的手续，由商务主管部门对加工贸易企业与海关联网监管的申请作出前置审批，凭商务主管部门出具的"经营范围批准证书"和"加工贸易企业经营状况和生产能力证明"到海关申请联网监管并建立电子账册、电子化手册。

2）备案保税。加工贸易料件经海关批准才能保税进口。海关批准保税是通过受理备案来实现的。凡是准予备案的加工贸易料件进口时可以暂不办理纳税手续，即保税进口。

海关受理加工贸易料件备案的原则是：

A. 合法经营。所谓合法经营，是指申请保税的料件或保税申请人本身不属于国家禁止的范围，并且获得有关主管部门的许可，有合法进出口的凭证。

B. 复运出境。所谓复运出境，是指申请保税的货物流向明确，进境加工、装配后的最终流向表明是复运出境，而且申请保税的单证能够证明进出基本是平衡的。

C. 可以监管。所谓可以监管，是指申请保税的货物无论在进出口环节，还是在境内加工、装配环节，海关都可以监管，不会因为某种不合理因素造成监管失控。

3）银行保证金台账制度。保税加工货物享受特殊的税收待遇，暂缓纳税。料件进境时未办理纳税手续，需要提供担保，具体担保手续按加工贸易银行保证金台账制度执行。

银行保证金台账是指经营加工贸易单位或企业（包括有进出口经营权的贸易公司、工贸公司、国有企业、外商投资企业和经批准可从事来料加工业务的企业）凭海关核准的手续，按合同备案料件金额向指定银行申请设立加工贸易进口料件保证金台账，加工成品在规定期限内全部出口，经海关核销后，由银行核销保证金台账。

加工贸易银行保证金台账制度的核心是对不同地区的加工贸易企业和加工贸易涉及的进出口商品实行分类管理，对部分企业进口的部分料件，由银行按照海关根据规定计算的金额征收保证金。

A. 地区分类。分为东部地区和中西部地区。东部地区包含辽宁省、北京市、天津市、河北省、山东省、江苏省、上海市、浙江省、福建省、广东省。中西部地区指东部地区以外的中国其他地区。

B. 企业分类。加工贸易企业按报关单位分类管理中"收发货人的审定标准"分为 AA 类、A 类、B 类、C 类、D 类 5 个管理类别。

C. 商品分类。商品分为禁止类、限制类、允许类 3 类。

加工贸易禁止类和限制类商品目录由商务部、海关总署会同国家其他有关部门适时公布。

目前公布的加工贸易禁止类目录主要包括国家明令禁止进出口的商品；为种植、养殖而进口的商品；高能耗、高污染的商品；低附加值、低技术含量的商品；其他列名的加工贸易禁止类商品。

目前公布的加工贸易进口限制类商品，主要包括冻鸡，植物油，初级形状聚乙烯，聚酯切片，天然橡胶，糖，棉、棉纱、棉坯布和混纺坯布，化学短纤，铁和非合金钢材、不锈钢，电子游戏机等；目前公布的加工贸易出口限制类商品，主要包括线型低密度聚乙烯、初级形状聚苯乙烯、初级形状环氧树脂、初级形状氨基树脂等化工品，拉敏木家具、容器等制成品，玻璃管、棒、块、片及其他型材和异型材，羊毛纱线，旧衣物，部分有色金属等。

禁止类和限制类以外的商品为允许类商品。

分类管理的具体内容如下：

a. 任何企业都不得开展禁止类商品的加工贸易。

b. 适用 D 类管理的企业不得开展加工贸易。

c. 适用 C 类管理的企业，不管在什么地区开展加工贸易，进口限制类、允许类商品都要设台账，按全部进口料件应征税款金额全额征收保证金。

d. 东部地区适用 B 类管理的企业开展加工贸易，进口限制类、允许类商品均设台账，进口限制类商品按进口的限制类商品应征税款的 50% 征收保证金，进口允许类商品不征收保证金。

e. 东部地区适用 A 类管理的企业，中西部地区 A 类、B 类管理的企业开展加工贸易，进口限制类、允许类商品均设台账，但实行保证金台账空转。

f. 适用 AA 类管理的企业，不管在什么地区开展加工贸易，进口允许类商品不设台账，进口限制类商品设台账，但实行保证金台账空转。

g. 适用 AA 类、A 类、B 类管理的企业，不管在什么地区，进口料件（不管是限制类还是允许类商品）金额在 1 万美元及以下的，可以不设台账，因此也不征收保证金。

h. 东部地区适用 B 类管理的企业从事限制类商品加工贸易，其台账保证金计算公式：

——进口料件属限制类商品或进口料件、出口成品均属限制类商品：

台账保证金 =（进口限制类料件的关税 + 进口限制类料件的增值税）× 50%

——出口成品属限制类商品：

台账保证金 = 进口料件备案总值 ×（限制类成品备案总值 ÷ 全部出口成品备案总值）× 22% × 50%

i. 适用 C 类管理的企业从事限制类商品加工贸易，其台账保证金计算公式：

台账保证金 =（进口全部料件的进口关税 + 进口全部料件的进口增值税）× 100%

加工贸易银行保证金台账分类管理的大体内容如表 4-2-8 所示。

表 4-2-8　加工贸易银行保证金台账分类管理

台账分类管理内容	禁止类商品		限制类商品		允许类商品	
	东部	中西部	东部	中西部	东部	中西部
AA 类企业	不准开展加工贸易		空转		空转	
A 类企业					空转	
B 类企业			半实转	空转		
C 类企业			实转			
D 类企业	不准开展加工贸易					
特殊监管区域企业	不准开展加工贸易		不转			

注：表中"不转"指不设台账；"空转"指设台账不付保证金；"实转"指设台账付保证金；"半实转"指设台账减半支付保证金。

4）监管延伸。海关对保税加工货物的监管无论是地点，还是时间，都需要延伸。

A. 地点。保税加工的料件运离进境地口岸海关监管场所后进行加工、装配的地方，都是海关监管的场所。

B. 时间。保税加工的料件在进境地被提取并不是海关保税监管的结束，而是继续，海关一直要监管到加工、装配后复运出境或者办结正式进口手续最终核销结案为止。这里涉及两个期限：准予保税的期限和申请核销的期限。

准予保税的期限是指经海关批准保税后在境内加工、装配、复运出境的时间限制。申请核销的期限是指加工贸易经营人向海关申请核销的最后日期。具体如表 4-2-9 所示。

表 4-2-9　保税加工货物海关监管期限

分类	纸质手册和电子化手册管理货物	联网监管模式中纳入电子账册管理货物
准予保税的期限	不超过 1 年，经批准可以延长，延长的最长期限原则上也是 1 年	从企业的电子账册记录第一批料件进口之日起到该电子账册被撤销止
申请核销的期限	手册有效期到期之日起或最后一批成品出运后 30 天内	一般以 180 天为一个报核周期

5）核销结关。保税加工货物经过海关核销后才能结关。

二、纸质手册和电子化手册管理下的保税加工货物及其报关程序

纸质手册和电子化手册管理模式到目前为止还是"常规监管模式"，是以合同为单元的监管模式。

其基本程序为合同备案、进出境报关、报核结案。

1. 合同备案

（1）合同备案的含义。指加工贸易企业持合法的加工贸易合同，到主管海关备案，申请保税并领取加工贸易登记手册或其他准予备案凭证的行为。

1）海关受理合同备案。海关根据国家规定，在接受加工贸易企业合同备案后，批准合同约定的进口料件保税，并把合同内容转化为登记手册内容或作必要的登记，然后核发登记手册。

2）备案要求。合同必须合法有效，即合同通过商务主管部门审批；加工贸

易合同所涉及的料件是否受国家贸易管制，如果是受管制的，需要获得许可，即申领到了许可证件等。

3）同意备案。符合备案要求的合同，海关将在规定日期内予以备案，并核发加工贸易登记手册及其他准予备案的凭证；不能备案的合同，海关将书面告知申请企业。

（2）合同备案企业。加工贸易经营中主要涉及两个企业：经营单位和加工企业。

经营单位是指负责对外签订加工贸易进出口合同的各类进出口企业和外商投资企业；经批准获得来料加工经营许可的对外加工装配服务公司。

加工企业是指受经营企业的委托，负责对进口料件进行加工组装，具有法人资格的企业；虽不具有法人资格，但是实行相对独立核算，并已经办理工商营业执照的工厂。

国家规定开展加工贸易业务应当由经营企业到加工企业的所在地主管海关办理加工贸易合同备案手续。经营企业和加工企业有可能是同一个企业，也可能不是同一个企业。

（3）合同备案步骤。合同备案步骤如下：

1）合同审批（商务主管部门审批）。领取"加工贸易业务批准证"、"加工贸易企业经营状况和生产能力证明"。

2）需要领取许可证件的，领取许可证。

3）将合同相关的内容预录入与主管海关联网的计算机。

4）海关审批是否准予备案。确定是否需要开设台账，如需则领取"台账开设联系单"。

5）领取加工贸易登记手册及其他准予备案的凭证，分以下几种情况：

A. 不需要开设台账的，直接向海关领取"加工贸易登记手册"。

B. 需要开设台账的凭台账开设联系单到银行开设台账，领取"台账登记通知单"。凭"台账登记通知单"到海关领取"加工贸易登记手册"。

C. 对为生产出口产品而进口属于国家规定的 78 种列名服装辅料，且金额不超过 5000 美元的合同，除 C 类企业外，免予申领手册，直接凭出口合同备案准予保税后，凭海关在备案出口合同上的签章和编号直接进入进出口报关阶段。

（4）合同备案的变更。已经海关登记备案的加工贸易合同，其品名、规格、金额、数量、加工期限、单损耗、商品编码等发生变化的，须向主管海关办理合同备案变更手续，开设台账的合同还须变更台账。

合同变更应在合同有效期内报商务原审批部门批准；贸易性质不变、商品品种不变，合同变更的金额小于 1 万美元（含 1 万美元）和合同延长不超过 3 个月的合同，企业可直接到海关和银行办理变更手续，不须再经商务主管部门重新审批。

原 1 万美元及以下备案合同，变更后进口金额超过 1 万美元的，A、B 类管理企业需重新开设台账，其中适用 B 类管理的企业合同金额变更后，进口料件如果涉及限制类商品的，加收相应的保证金。因企业管理类别调整，合同从"空转"转为"实转"的，应对原备案合同交付台账保证金。经海关批准，可只对原合同未履行出口部分收取台账保证金。

管理类别调整为 D 类企业的，已备案合同，经海关批准，允许交付全额台账保证金后继续执行，但合同不得再变更和延期。

2. 进出境报关

（1）保税加工货物进出境报关。保税加工货物进出境由加工贸易经营单位或其代理人向海关申报。

保税加工货物进出境的报关程序有 4 个环节，除了第 3 个环节不是缴纳税费，而是暂缓纳税即保税之外，申报、配合查验、提取货物和装运货物 3 个环节与一般进出口货物基本一致。

1）进出境报关需提交的单证。进出境报关需提交的单证如下：

A. 保税加工货物进出境申请报关必须持有加工贸易手册或其他准予合同备案的凭证。

B. 进口许可证。进口料件，除易制毒化学品、监控化学品、消耗臭氧层物质、原油、成品油等个别规定商品外，均可以免予交验进口许可证件。

出口成品，属于国家规定应交验出口许可证件的，在出口报关时必须交验出口许可证件。

2）关于进出口税收征管。税收征管方式如下：

A. 准予保税加工贸易进口料件，进口时暂缓纳税。

B. 生产成品出口时，全部使用进口料件生产，不征收关税。

C. 加工贸易项下应税商品，如果部分使用进口料件，部分使用国产料件加工的产品，则按海关核定的比例征收关税。

具体计算公式是：

出口关税 = 出口货物完税价格 × 出口关税税率 × 出口产（成）品中使用的国产料件和全部料件的价值比例

（2）其他保税货物的报关。加工贸易其他保税货物是指履行加工贸易合同过程中产生的剩余料件、边角料、残次品、副产品、受灾保税货物和其他经批准不再出口的加工贸易成品、半成品、料件等。

剩余料件是指加工贸易企业在从事加工复出口业务过程中剩余的可继续用于加工制成品的加工贸易进口料件。

边角料是指加工贸易企业从事加工复出口业务，在海关核定的单位耗料量内、加工过程中产生的、无法再用于加工该合同项下出口制成品的数量合理的废、碎料及下脚料。

残次品是指加工贸易企业从事加工复出口业务，在生产过程中产生的有严重缺陷或者达不到出口合同标准，无法复出口的制成品（包括完成品和未完成品）。

副产品是指加工贸易企业从事加工复出口业务，在加工生产出口合同规定的制成品（即主产品）过程中同时产生的，且出口合同未规定应当复出口的一个或一个以上的其他产品。

受灾保税货物是指加工贸易企业从事加工出口业务中，因不可抗力原因或其他经海关审核认可的正当理由造成损毁、灭失或短少等导致无法复出口的保税进口料件和加工制成品。

对于履行加工贸易合同中产生的上述剩余料件、边角料、残次品、副产品、受灾保税货物，企业必须在手册有效期内处理完毕。处理的方式有内销、结转、退运、放弃、销毁等。除销毁处理外，其他处理方式都必须填制报关单报关。

1）内销报关。保税加工货物转内销应经商务主管部门审批，加工贸易企业凭"加工贸易保税进口料件内销批准证"办理内销料件正式进口报关手续，缴纳进口税和缓税利息。

经批准允许转内销的保税加工货物属进口许可证件管理的，企业还应按规定向海关补交进口许可证件；申请内销的剩余料件，如果金额占该加工贸易合同项下实际进口料件总额 3%及以下且总值在人民币 1 万元及以下的，免予审批，免予交验许可证件。

内销征税应当遵循表 4-2-10 所示的内容。

表 4-2-10　其他保税货物内销征税依据

项目 货物	计征的数量依据	完税价格确定依据		税率适用	缓税利息	注
剩余料件	按申报数量计征	进料加工	料件原进口成交价格为基础确定	海关接受申报办理纳税手续之日实施的税率	征	单耗=净耗/(1-工艺损耗率) 应征缓税利息=应征税额×计息期限（天数）×缓税利息率/360 缓税利息计息期限的起始日期为内销料件或制成品所对应的加工贸易合同项下首批料件进口之日，终止日期为海关填发税款缴款书之日
		来料加工	同时或大约同时进口的相同或者类似的货物的进口成交价格为基础确定		征	
制成品	根据单耗关系折算耗用掉的保税进口料件数量计征	料件的原进口成交价格为基础确定			征	
残次品					征	
副产品	申报时实际状态的数量计征	内销价格			征	
边角料	按申报数量计征	内销价格			不征	

2）结转报关。加工贸易企业可以向海关申请将剩余料件结转至另一个加工贸易合同生产出口。但必须在同一经营单位、同一加工厂、同样的进口料件和同一加工贸易方式的情况下结转。

剩余料件结转时应当向海关提供以下单证：①企业申请剩余料件结转的书面材料。②企业拟结转的剩余料件清单。③海关按规定需收取的其他单证和材料。

海关依法对企业结转申请予以审核：①对不符合规定的应当作出不予结转决定，并告知企业按照规定将有关剩余料件做退运、征税内销、放弃或者销毁处理。②对符合规定的收取相当于拟结转保税料件应缴税款金额的保证金或银行保函（对海关收取担保后备案的手册或者已实行银行保证金台账实转的手册，免收）。

签发加工贸易剩余料件结转联系单，交企业在转出手册的主管海关办理出口报关手续，在转入手册的主管海关办理进口报关手续。

3）退运报关。加工贸易企业因故申请将剩余料件、边角料、残次品、副产品等退运出境的，应持登记手册等有关单证向口岸海关报关，办理出口手续，留存有关报关单证以备报核。

4）放弃。报关企业放弃剩余料件、边角料、残次品、副产品等交由海关处理应当提交书面申请，经海关核定。

有下列情形的将作出不予放弃的决定，并告知企业按规定将有关货物做退运、征税内销、在海关或者有关主管部门监督下予以销毁或者进行其他妥善处理：①申请放弃的货物属于国家禁止或限制进口的。②申请放弃的货物属于对环境造成污染的。③法律、行政法规、规章规定不予放弃的其他情形。

对符合规定的，海关应当作出准予放弃的决定，开具加工贸易企业放弃加工贸易货物交接单。企业凭此在规定的时间内将放弃的货物运至指定的仓库，并办理货物的报关手续，留存有关报关单证以备报核。

5）销毁。企业向海关提出销毁申请，海关经核实同意销毁的，由企业按规定销毁，必要时海关可以派员监销。货物销毁后，企业应当收取有关部门出具的销毁证明材料，以备报核。

3. 合同报核

（1）含义。合同报核是加工贸易企业在加工合同履行完毕或终止后，按照规定处理完剩余货物，在规定的时间内，按照规定的程序向该企业主管海关申请核销要求结案的行为。

（2）报核的时间。经营企业应在规定的时间内完成合同，并自加工贸易手册项下最后一批成品出口或者加工贸易手册到期之日起 30 日内向海关申请报核。

因故提前终止的合同，自合同终止之日起 30 日内向海关报核。

（3）报核凭证。报核凭证有：①企业合同核销申请表。②加工贸易登记手册。③进出口报关单。④核销核算表。⑤其他海关需要的材料。

（4）报核步骤。报核步骤如下：

1）收集、整理、核对。及时将登记手册和报关单进行收集、整理、核对。

2）计算单耗。根据有关账册记录、生产工艺资料等计算出合同的实际单耗，并填写核销核算表。

3）预录入。填核销预录入申请单，办理预录入手续。

4）申请报核。携带报核单证到主管海关报核，填写报核签收"回联单"。

（5）海关受理报核和核销。海关受理报核和核销步骤如下：

1）受理。海关审核报核企业申请，不符合规定的，重新报核；符合规定的，受理。

2）核销时限。受理之日起 20 个工作日内完成，经批准可延长 10 个工作日。

3）核销。经过核销情况正常的：①未开设台账的：海关应当签发"核销结案通知书"。②开设台账的：海关应当签发"银行保证金台账核销联系单"，到银行销台账，并领取"银行保证金台账核销通知单"，凭此向海关领取核销结案通知书。

保税加工货物基本的通关流程如图 4-2-1 所示。

三、典型工作项目演示

1. 案例

天津专营进料加工集成块出口的外贸投资企业 A 公司，是适用海关 B 类管理的企业。该企业于 3 月对外签订了主料硅片等原材料的进口合同，按企业合同（章程）部分加工成品内销，另一部分加工成品外销，原料交货期为 3 月底。4 月初又对外签订了生产集成块所必需的价值 20000 美元的三氯氧磷进口合同。5 月初与境外某商人签订了集成块出口合同，交货期 9 月底。8 月底，产品全部出运，仅有些边角余料残次品没有处理，作为 A 公司的报关员，完成这个进料加工业务，需要做些什么工作？

2. 工作任务

任务 1：办理合同备案登记。

任务 2：办理主料进口报关。

任务 3：特殊管理货物报批领证。

任务 4：办理合同变更和增补材料报关。

任务 5：办理成品出口报关。

任务 6：办理合同核销。

3. 任务实施

（1）任务 1：外销部分"备案登记"。A 公司系海关分类管理 B 类企业，因主料硅片等材料并非限制商品类，所以设台账，"空转"。

作为 A 公司的报关员应当在 3 月底之前申领"外商投资企业履行产品出口

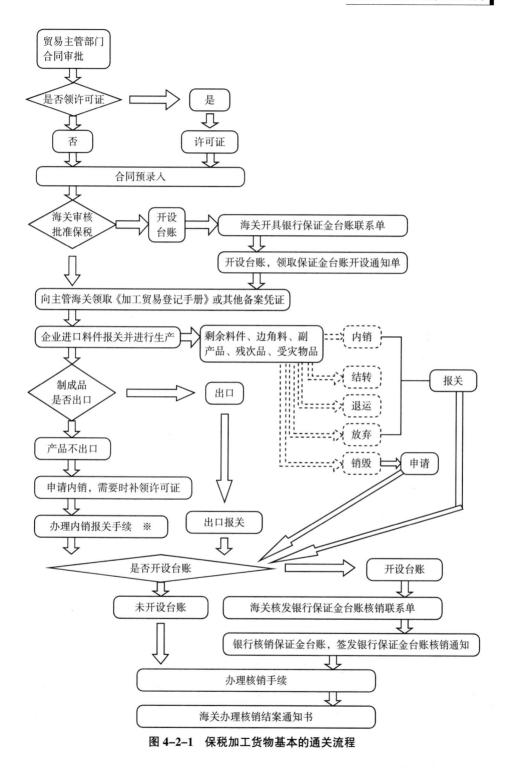

图 4-2-1 保税加工货物基本的通关流程

合同登记手册"，以便使料件按合同期限收货。

申领登记手册的程序和手续如下：

1）持主料进口合同到天津外经贸委审批，取得外经贸委"加工贸易业务批准证书"，并填写"加工贸易企业经营状况和生产能力证明"由外经贸委确认盖章。

2）填写"登记手册"，将合同基本情况预录入后，持合同、批件（"加工贸易业务批准证书"、"加工贸易企业经营状况和生产能力证明"）等到天津海关备案，主管海关审批无误后，按企业合同（章程）内外销比例批注保税比例。开出"银行保证金台账开设联系单"。

3）持联系单到海关指定的中国银行设立台账，因空转，不付保证金。付100元手续费后取得"银行保证金台账开设通知单"。

4）持通知单到天津海关领取"登记手册"。

（2）任务2：主料进口报关。货物到港后，按企业合同（章程）规定的内外销比例将货物拆成两部分预录入通关。

1）申报。申报如下：

A.加工成品内销部分报"一般贸易"，提供发票、装箱单、提货单。属许可证管理范畴内的货物应当提供相应的许可证件。硅片不需要许可证件。

B.加工成品外销部分报"三资进料加工"，全额保税，提供"登记手册"、发票、装箱单、提货单。

审单通过后，将单据交现场海关接单人员。

2）配合查验。如海关决定查验，则陪同查验、搬移货物、开拆包装、重封包装。

3）缴税。缴税分两部分：

A.内销部分。从接单人员处取得"税款专用缴款书"，到银行付税或网上支付税款。

B.保税部分。免征监管手续费。

4）放行、提货。凭银行收税款后签章的"税款专用缴款书"正本到海关进行报关单签注，然后到现场海关取得海关签放行章的提货单，凭此到口岸提货。

（3）任务3：三氯氧磷报批领证。三氯氧磷报批领证步骤如下：

1）三氯氧磷为能够制造化学武器的化工原材料，应报化工部批准。

2）凭化工部的批准件到外经贸部申领许可证。

3）有了许可证货物才能到港。

（4）任务4：材料增补和报关。材料增补和报关手续如下：

1）三氯氧磷系加工增补材料，应以"变更"方式办理，因为价值已超过10000美元，所以要到外经贸委审批批准后，将增补材料预录入。

2）主管海关凭批件和许可证开"变更联系单"。

3）凭"变更联系单"到银行办台账变更手续，银行出具"变更通知单"。

4）凭"变更通知单"到主管海关办理"登记手册"变更手续。

5）凭"手册"和许可证报关，同样要按内外销比例拆单。内销部分要征税，保税部分免征监管手续费。

（5）任务5：出口合同办手续。出口合同手续如下：

1）进料加工出口合同签订后以变更的方式将出口合同的内容做进"登记手册"，同样要外经贸委做合同变更审批，预录入，海关开"变更联系单"，银行变更台账开"变更通知"，海关变更"手册"。

2）凭变更后的"手册"办理产品出口报关，步骤同主料进口报关。

（6）任务6：报核和注销台账。8月底，产品全部出口，9月底以前必须报核。报核和注销台账步骤如下：

1）报核申请要对边角余料说明处理意向（内销、退运、放弃、销毁）。

2）持加工贸易登记手册，主料进口（内销、保税）报关单、成品出口（内销）报关单、边角料处理报关单或销毁证明材料，企业合同核销申请表，核销核算表到天津海关报核。

3）从主管海关处取得"银行保证金台账核销联系单"，到中国银行核销台账，取得"银行保证金台账核销通知单"。

4）凭"银行保证金台账核销通知单"向海关领取核销结案通知书。

任务三　特定减免税货物报关

【实训任务】

▶ **任务背景**

上海万道服装有限公司（经营单位编码 3101241208）在投资总额内进口工业用缝纫机 1 台（法定计量单位：台），货物委托上海机械进出口有限公司（经营单位编码 3101240112）与外商签约代理进口并代理报关，装载货物的运输工具于 2013 年 9 月 18 日向上海浦东海关申报进境，全程运费为 1000 港元，保险费费率为 3‰。

▶ **工作任务**

任务 1：申请减免税。

任务 2：填制报关单进行进口申报。

任务 3：办理解除。

▶ **相关单证**

相关单证见单证 4-3-1 至单证 4-3-5。

单证 4-3-1 **COMMERCIAL INVOICE**

Shipper KANGHONG, LTD. APLIU STREET, KOWLOONBAY, HONGKONG		COMMERCIAL INVOICE	
Consignee SHANGHAI MECHINERY AND EQUIPMENT IMPORT & EXPORT LTD. JINYANG ROAD, SHANGHAI, CHINA		Invoice No. ISM130181	Invoice Date SEP. 11, 2013
Port of loading NAGOYA, JAPAN	Port of discharge SHANGHAI, CHINA	S/C No. KHISM130181	L/C No. ABC1308260016
Vessl Voy.No. SEKI 056E	Saling on or about SEP. 12, 2013	Terms of payment FOB SHANGHAI AT SIGHT	
Marks and numbers	Number and kind of packages Description of goods	Quantity	Unit price	Amount

SHMAEIEL SHANGHAI ISM-2102 KHISM130181 C/NO. 1/1	INDUSTRIAL SEWING MACHINE	1SET	HKD5000	HKD5000

TOTAL AMOUNT: SAY HONGKONG DOLLARS FIVE THOUSAND ONLY.
TATAL PACKAEG: 1 WOODEN CASE
COUNTRY OF ORIGIN: JAPAN

PACKING LIST

单证 4-3-2 **PACKING LIST**

Shipper KANGHONG, LTD. APLIU STREET, KOWLOONBAY, HONGKONG		PACKING LIST	
Consignee SHANGHAI MECHINERY AND EQUIPMENT IMPORT&EXPORT LTD. JINYANG ROAD, SHANGHAI, CHINA		Invoice No. ISM130181	Invoice Date SEP. 11, 2013
Port of loading NAGOYA, JAPAN	Port of discharge SHANGHAI, CHINA	S/C No. KHISM130181	L/C No. ABC1308260016
Vessl Voy.No. SEKI 056E	Saling on or about SEP. 12, 2013	Terms of payment FOB SHANGHAI AT SIGHT	
Marks and numbers	Number and kind of packages Description of goods	Quantity	N.W.	G.W.	Measurement

SHMAEIEL SHANGHAI ISM-2102 KHISM130181 C/NO. 1/1	INDUSTRIAL SEWING MACHINE	1SET	630KGS	720KGS	0.56CBM

TATAL PACKAEGS: 1 WOODEN CASE
COUNTRY OF ORIGIN: JAPAN

223

单证 4-3-3 BILL OF LADING

SHIPPER SHUNDA SHIPPING CO., LTD KAI CHEUNG ROAD. KOWLOONBAY, HONGKONG	B/L NO. HK0912100009
CONSIGNEE SHANGHAI MECHINERY AND EQUIPMENT IMPORT & EXPORT LTD. JINYANG ROAD, SHANGHAI, CHINA	
NOTIFY PARTY SAME AS CONSIGNEE	CARRIER: HONGKONG INTERNATIONAL TERMINALS

PLACE OF RECEIPT	OCEAN VESSEL HUANGPU	LTD. ORIGINAL
VOYAGE NO. 0086	PORT OF LOADING HONGKONG	Combined Transport BILL OF LADING
PORT OF DISCHARGE SHANGHAI	PLACE OF DELIVERY	

MARKS   NOS.& KINDS OF PKGS. DESCRIPTION OF GOODS   G.W. (kg)   MEAS (m³)
SHMAEIEL   1 WOODEN CASE INDUSTRIAL SEWING MACHINE 720KGS 0.56CBM SHANGHAI   ISM-2102 KHISM130181 C/NO. 1/1

TOTAL NUMBER OF CONTAINERS
  OR PACKAGES (IN WORDS)   SAY ONE WOODEN CASE ONLY.

FREIGHT & CHARGES	REVENUE TONS	RATE	PER	PREPAID	COLLECT
PREPAID AT	PAYABLE AT		PLACE AND DATE OF ISSUE		
TOTAL PREPAID	NUMBER OF ORIGINAL B/L				
LOADING ON BOARD THE VESSEL					
DATE	BY				

单证 4-3-4　上海市外商投资企业进口设备审核表

审核编号：

企业名称：上海万道服装有限公司		联系人：	
企业地址：　　电话：			
进口企业代码：3101241208　　注册资本：132.00 万美元			
进口设备名称	数量		金额
工业用缝纫机	1		5000.00 港币
总计（台套）1			总价 5000.00 港币
本批设备：新设备□　旧设备□			
		审核机构意见：	
年　月　日		（盖章） 年　月　日	

上海外商投资企业委员会监制

```
* * * *
* 主页 *
* * * *
```

```
* * * *
* 进口 *
* * * *
```

单证 4-3-5　进出口货物征免税证明

第 1 页共 1 页编号：

申请单位：	征免性质/代码：	审批依据：署税（　）号文								
发证日期：　年　月　日	有效期：至　年　月　日止									
到货口岸：上海浦东	合同号：									
序号	货名	规格	税号	数量	单位	金额	币制	主管海关审批征免意见		
								关税	增值税	其他
1										
2	<以下空白>									
3										
4										
5										
备注										

审批海关签章： 黄埔海关（签章） 负责人： 2013 年 9 月 14 日	核放海关批注： 负责人： 　年　月　日	注意事项： 1. 本表使用一次有效。如同一合同货物分口岸进口，应分别填写，一份合同内货物分批到货的，应向审批海关申明，并按到货期分填此表 2. 表中"征免性质/代码"栏应按海关 H883（H2000）规范要求正确填写 3. "审批依据"栏应由主管海关减免税审批部门填明批准减免税所依据的文件号 4. 货物进口应向海关交验本表，复印件无效 5. 本表自签发之日起半年内有效，逾期应向原审批海关申请展期或退单。如遇政策调整，有效期应服从有关规定 6. 经批准进口的货物如拟移作他用、转让或出售，原申请单位应事先报请原批准海关核准，应按法补税，否则，海关将依法处理

　　　　　　　　海关　　　处　　　　　　　　　　　　　　　　邮编：

【专业知识】

一、特定减免税货物概述

1. 特定减免税货物的含义与范围

（1）含义。特定减免税货物是指海关根据国家的政策规定准予减税、免税进口使用于特定地区、特定企业和特定用途的货物。

（2）范围。特定减免税范围有以下几类：

1）特定地区。特定地区是指我国关境内由行政法规规定的某一特别限定区域，享受减免税优惠的进口货物只能在这一特别限定的区域内使用。

特定地区一般有出口加工区、保税区、保税港区、保税物流园区等。

2）特定企业。特定企业是指由国务院制定的行政法规专门规定的企业，享受减免税优惠的进口货物只能由这些专门规定的企业使用。

特定企业一般是指鼓励外商投资企业，具体包括中外合资企业、中外合作企业、外商独资企业。

3）特定用途。特定用途是指国家规定可以享受减免税优惠的进口货物只能用于行政法规专门规定的用途。

具有特定用途的货物主要包括以下几种：外商投资企业自有资金项目；国内投资项目进口自用设备；重大技术装备；科教用品；科技开发用品；贷款项目进口物资；贷款中标项目进口零部件；集成电路项目进口物资；无偿援助项目进口物资；救灾援助物资；扶贫慈善捐赠物资；残疾人专用品；远洋渔业项目进口自捕水产品；进口远洋渔船及船用关键设备和部件；海上、路上石油项目进口物资。

2. 特定减免税货物的特征

（1）特定条件下减免进口关税。特定减免税是我国关税优惠政策的重要组成部分，是国家无偿向符合条件的进口货物使用企业提供的关税优惠，其目的是优先发展特定地区经济，鼓励外商在我国的直接投资，保证国有大中型企业和科学、教育、文化、卫生事业的发展。因而，这种关税优惠具有鲜明的特定性，只能在国家行政法规规定的特定条件下使用。

（2）进口申报应当提交进口许可证件。特定减免税货物实际进口货物按照国家有关进出境管理的法律法规，凡属于进口需要交验许可证件的货物，收货人或其代理人都应当在进口申报时向海关提交进口许可证件（法律、行政法规另有规定的除外）。

（3）进口后在特定的海关监管期限内接受海关监管。进口货物享受特定减免税的条件之一就是在规定的期限，使用于规定的地区、企业和用途，并接受海关的监管。海关监管到期时，特定减免税的收货人应向海关申请解除对特定减免税进口货物的监管。特定减免税进口货物的海关监管期限按照货物的种类各有不同。以下是特定减免税货物的海关监管期限：

1）船舶、飞机，8年。

2）机动车辆，6年。

3）其他货物，5年。

3. 特定减免税货物的监管和报关要点

（1）减免税货物相关手续的办理。减免税备案、审批、税款担保和后续管理业务等相关手续应当由进口货物减免税申请人或其代理人办理。

进出口货物减免税申请人，是指根据有关进出口税收优惠政策和有关法律法规的规定，可以享受进出口税收优惠，并依法向海关申请办理减免税相关手续的具有独立法人资格的企事业单位、社会团体、国家机关；符合相关规定的非法人分支机构；经海关总署审查确认的其他组织。

已经在海关办理注册登记并且取得报关注册登记证书的报关企业或者进出口货物收发货人可以接受减免税申请人委托，代为办理减免税相关事宜。

（2）"税款担保"的相关规定。"税款担保"的相关规定如下：

1）可以向主管海关申请凭"税款担保"先予以办理货物放行手续的情形：①主管海关按照规定已经受理减免税备案或者审批申请，尚未办理完毕的。②有关进出口税收优惠政策已经国务院批准，具体实施措施尚未明确，海关总署已确认减免税申请人属于享受该政策范围的。③其他经海关总署核准的情况。

2）不得向主管海关申请凭"税款担保"先予以办理货物放行手续的情形：应当提供许可证件而不能提供的。

3）税款担保放行手续的办理。在货物申报进口前向主管海关提出申请，主管海关出具准予担保证明；口岸海关凭主管海关的准予担保证明，办理税款担保和验放手续。

4）税款担保期限。不超过 6 个月。经直属海关关长或者其授权人批准可予以延期（延期时间自担保期限届满之日起算，延长期限不得超过 6 个月）；特殊情况仍需要延期的，则应当经过海关总署批准方可。

（3）监管期限内外相关要求。在海关监管年限内，减免税申请人应当自进口减免税货物放行之日起，在每年的第一季度向主管海关递交《减免税货物使用状况报告书》，报告减免税货物使用状况。

在海关监管年限及其后 3 年内，海关依照《海关法》和《中华人民共和国海关稽查条例》有关规定对减免税申请人进口和使用减免税货物情况实施稽查。

（4）其他相关规定。在海关监管年限内，减免税申请人将进口减免税货物转让给进口同一货物享受同等减免税优惠待遇的其他单位的，不予恢复减免税货物转出申请人的减免税额度，减免税货物转入申请人的减免税额度按照海关审定的货物结转时的价格、数量或者应缴税款予以扣减。减免税货物因品质或者规格原因原状退运出境，减免税申请人以无代价抵偿方式进口同一类型货物的，不予恢复其减免税额度；未以无代价抵偿方式进口同一类型货物的，减免税申请人在原减免税货物退运出境之日起 3 个月内向海关提出申请，经海关批准，可以恢复其减免税额度。对于其他提前解除监管的情形，不予恢复减免税额度。

二、特定减免税货物的报关程序

1. 减免税备案和审批

减免税申请人应向其所在地海关申请办理减免税的备案、审批等手续，特殊情况除外。

投资项目所在地海关与减免税申请人所在地海关不是同一个海关的，减免税申请人应向投资项目所在地海关申请办理减免税备案、审批手续。

投资项目所在地涉及多个海关的，减免税申请人可以向其所在地海关或者相关海关的共同上级海关申请办理减免税的备案、审批手续。有关海关的共同上级海关可以指定相关海关办理减免税的备案、审批手续。

投资项目由投资项目单位所属非法人分支机构具体实施的，在获得投资项目单位的授权并经投资项目所在地海关审核同意后，该非法人分支机构可以向投资项目所在地海关申请办理减免税的备案、审批手续。

（1）减免税备案。减免税申请人按照有关进出口税收优惠政策的规定申请减免税进出口相关货物，海关需要事先对减免税申请人的资格或者投资项目等情况进行确认的，减免税申请人应当在申请办理减免税审批手续前，向主管海关申请办理减免税备案手续。

（2）减免税审批。减免税审批步骤如下：

1）资料提交要求。减免税备案后，减免税申请人应当在货物申报进口前，向主管海关申请办理进口货物减免税审批手续，并同时提交下列材料：

A. 进出口货物征免税申请表。

B. 企业营业执照或者事业单位法人证书、国家机关设立文件、社团登记证书、民办非企业单位登记证书、基金会登记证书等证明材料。

C. 进出口合同、发票及相关货物的产品情况资料。

D. 相关政策规定的享受进出口税收优惠政策资格的证明材料。

E. 海关认为需要提供的其他材料。

减免税申请人按本条规定提交证明材料的，应当交验原件，同时提交加盖减免税申请人有效印章的复印件。

2）"进出口货物征免税证明"的签发及其相关要求。海关收到减免税申请人的减免税审批申请后，经审核符合相关规定的，确定其所申请货物征税、减税或者免税的决定，并签发"进出口货物征免税证明"。

"进出口货物征免税证明"的有效期按照具体政策规定签发，但最长不得超过半年，持证人应当在征免税证明的有效期内办理有关进口货物通关手续。如情况特殊，可以向海关申请延期一次，延期时间自有效期届满之日起算，延长期限不得超过6个月。海关总署批准的特殊情况除外。

"进出口货物征免税证明"使用一次有效，即一份征免税证明上的货物只能在一个进口口岸一次性进口。如果同一合同项下货物分口岸进口或分批到货的，应向审批海关申明，并按到货口岸、到货日期分别申请征免税证明。

2. 进口报关

政策性减免税货物进口报关程序，可参照"一般进出口货物的报关程序"中的有关内容。但是政策性减免税货物进口报关的有些具体手续与一般进出口货物的报关有所不同，具体如下：

（1）资料提交要求。减免税货物进口报关时，进口货物收货人或其代理人除了向海关提交报关单及随附单证以外，还应当向海关提交"进出口货物征免税证明"。海关在审单时从计算机查阅征免税证明的电子数据，核对纸质的"进出口货物征免税证明"。

（2）正确填写备案号。减免税货物进口填制报关单时，报关员应当特别注意报关单上"备案号"栏目的填写。"备案号"栏内填写"进出口货物征免税证明"上的12位编号，如果这12位编号写错将不能通过海关计算机的逻辑审核，或者在提交纸质报关单证时无法顺利通过海关的审单。

（3）一般情况下不豁免进口许可证件，但以下情形可以免予交验相关的许可证件：

1）外资企业和港、澳、台资企业以及华侨投资企业在进口本企业自用的机器设备时可免予交验。

2）外商投资企业在其投资总额内进口涉及机电产品自动进口许可证管理的可免予交验。

3. 减免税货物的后续处置及解除监管

（1）后续处置。减免税货物的后续处置有以下几种情况：

1）变更使用地。在海关的监管年限内，减免税货物应当在主管海关核准的地点使用。

需要变更使用地点的，减免税申请人则应向主管海关提出申请，说明理由，经海关批准之后方可变更使用地点。

减免税货物需要移出主管海关管辖地使用的，减免税申请人应当事先持相关单证及需要异地使用的说明材料向主管海关申请办理异地监管手续，经主管海关审核同意并通知转入地海关以后，减免税申请人可以将减免税货物运至转入地海关管辖地，转入地海关确认减免税货物的情况后进行异地监管。

减免税货物在异地使用结束后，减免税申请人应及时向转入地海关申请办结异地监管手续，经转入地海关审核同意并通知主管海关之后，减免税申请人应将减免税货物运回主管海关管辖地。

2）结转。在海关的监管年限之内，减免税申请人将进口减免税货物转让给进口同一货物享受同等减免税优惠待遇的其他单位的，应当按照下列规定办理减免税货物结转手续：

A. 减免税货物的转出申请人持相关单证向转出地主管海关提出申请，转出地主管海关审核同意之后，通知转入地的主管海关。

B. 减免税货物的转入申请人向转入地主管海关申请办理减免税审批手续。转入地主管海关审核无误后签发征免税证明。

C. 转出、转入减免税货物的申请人应分别向各自的主管海关申请办理减免税货物的出口、进口报关手续。

D. 转出地主管海关办理转出减免税货物的解除监管手续。结转减免税货物的监管年限应连续计算，转入地主管海关在剩余监管年限内对结转减免税货物继续实施后续的监管。

3）转让。在海关监管年限内，减免税申请人将进口减免税货物转让给不享受进口税收优惠政策或者进口同一货物不享受同等减免税优惠待遇的其他单位的，应当事先向减免税申请人主管海关申请办理减免税货物补缴税款和解除监管手续。

4）移作他用。在海关监管年限内，减免税申请人需要将减免税货物移作他用的，应当事先向主管海关提出申请。经海关批准，减免税申请人可以按照海关批准的使用地区、用途、企业将减免税货物移作他用。主要包括以下情形：①将减免税货物交给减免税申请人之外的其他单位使用。②未按照原定的用途、地区使用减免税货物。③未按照特定地区、特定企业或者特定用途使用减免税货物的其他情形。

按照以上规定将减免税货物移作他用的，减免税申请人应按照移作他用的时间补缴相应税款；移作他用时间不能确定的，应当提交相应的税款担保，税款担保不得低于剩余监管年限应补缴税款的总额。

5）变更、终止。变更、终止程序如下：

A. 变更。在海关监管年限内，减免税申请人发生分立、合并、股东变更、改制等变更情形的，权利义务承受人应当自营业执照颁发之日起 30 日内，向原减免税申请人的主管海关报告主体变更情况及原减免税申请人进口减免税货物的情况。

经海关审核，需要补征税款的，承受人应当向原减免税申请人主管海关办理补税手续；可以继续享受减免税待遇的，承受人应当按照规定申请办理减免税备案变更或者减免税货物结转手续。

B. 终止。在海关监管年限内，因破产、改制或者其他情形导致减免税申请人终止，没有承受人的，原减免税申请人或者其他依法应当承担关税及进口环节海关代征税缴纳义务的主体应当自资产清算之日起 30 日内向主管海关申请办理减免税货物的补缴税款和解除监管手续。

6）退运、出口。退运、出口程序如下：

A. 在海关监管年限内，减免税申请人要求将进口减免税货物退运出境或者出口的，应当报主管海关核准。

B. 减免税货物退运出境或者出口后，减免税申请人应当持出口货物报关单向主管海关办理原进口减免税货物的解除监管手续。

C. 减免税货物退运出境或者出口的，海关不再对退运出境或者出口的减免税货物补征相关税款。

7）贷款抵押。办理抵押贷款手续如下：

A. 在海关监管年限内，减免税申请人要求以减免税货物向金融机构办理贷款抵押的，应当向主管海关提出书面申请。经审核符合有关规定的，主管海关可以批准其办理贷款抵押手续。

B. 减免税申请人不得以减免税货物向金融机构以外的公民、法人或者其他组织办理贷款抵押。

C. 减免税申请人以减免税货物向境内金融机构办理贷款抵押的，应当向海关提供下列形式的担保：与货物应缴税款等值的保证金；境内金融机构提供的相当于货物应缴税款的保函；减免税申请人与境内金融机构共同向海关提交"进口减免税货物贷款抵押承诺保证书"，书面承诺当减免税申请人抵押贷款无法清偿需要以抵押物抵偿时，抵押人或者抵押权人先补缴海关税款，或者从抵押物的折（变）价款中优先偿付海关税款。

减免税申请人以减免税货物向境外金融机构办理贷款抵押的，应当向海关提交与货物应缴税款等值的保证金或者境内金融机构提供的相当于货物应缴税款的保函。

（2）解除监管。解除监管分以下两种情形：

1）监管期满申请解除监管。减免税货物海关监管年限届满的，自动解除监管，减免税申请人可以不用向海关申请领取"中华人民共和国海关进口减免税货物解除监管证明"。减免税申请人需要海关出具解除监管证明的，可以自办结补缴税款和解除监管等相关手续之日或者自海关监管年限届满之日起1年内，向主管海关申请领取解除监管证明。海关审核同意后出具"中华人民共和国海关进口减免税货物解除监管证明"。

2）监管期内申请解除监管。在海关监管年限内的进口减免税货物，减免税申请人书面申请提前解除监管的，应当向主管海关申请办理补缴税款和解除监管手续。按照国家有关规定在进口时免予提交许可证件的进口减免税货物，减免税申请人还应当补交有关许可证件。

任务四　暂准进出境货物报关

【实训任务】

▶ **任务背景**

上海电子科技有限公司（3302912242）从香港利丰达系统公司进口电子清纱器（法定计量单位：千克/个）及 IBM 计算机（法定计量单位：台），用于企业新产品的测试，使用 20 天后便可退运出境外。

▶ **工作任务**

任务 1：判断海关监管货物的类型。

任务 2：办理相关海关业务。

▶ **随附单证**

随附单证见单证 4–4–1 至单证 4–4–9。

单证 4-4-1 **INVOICE**

Consignee: SHANGHAI ELECTRONIC SCIENCE AND TECHNOLOGY CO., LTD. 2008 PUDONG AVENUE, SHANGHAI CHINA TEL: 63249077 FAX: 63249078	INVOICE No.: DATE: 09024271 JUL.20.2009		
	VESSEL: FLIGHT/CA0311		
Notify party: SHANGHAI LINSHEN CORPORATION 48 MINSHENG, SHANGHAI CHINA TEL: 56875412 FAX: 56875413	FROM: TO: HONGKONG SHANGHAI		
	P/O No.: EC09026		
	B/L No.: M.AWB: 526-67894532 H. AWB: 02456743		
	PAYMENT TERMS: T/T		
Marks & Num of pkgs	Description of Goods	Unit	Amount
N/M Total: Packed in Five Cartons Only	YARN CLEANER, Taiwan origin PI 120 1SET IBM COMPURTER, Singapore origin S50 8086-KCA 1SET	 US$2100/set US$1200/set	CPT SHANGHAI 2100.00 1200.00
		TOTAL: 3300.00	

单证 4-4-2 **PACKING LIST**

Consignee: SHANGHAI ELECTRONIC SCIENCE AND TECHNOLOGY CO., LTD. 2008 PUDONG AVENUE, SHANGHAI CHINA TEL: 63249077 FAX: 63249078	INVOICE No.: DATE: 09024271 JUL.20.2009
	VESSEL: FLIGHT/CA0311

	FROM: TO: HONGKONG SHANGHAI
Notify party: SHANGHAI LINSHEN CORPORATION 48 MINSHENG, SHANGHAI CHINA TEL: 56875412 FAX: 56875413	P/O No.: EC09026
	B/L No.: M.AWB: 526-67894532 H. AWB: 02456743
	PAYMENT TERMS: T/T

CARTONS NO.	QUANTITY	DESCRIPTION OF GOODS	N.WEIGHT (KGS)	G.WEIGHT (KGS)
1/5-3/5	1 SET	YARN CLEANER PI 120	110	113
4/5-5/5	1 SET	IBM COMPUTER S50 8086-KCA	40	42
TOTAL: 5 CARTONS		2 SETS 150KGS		155KGS

单证 4-4-3　保函

致上海浦东出入境检验检疫局:

　　我公司上海电子科技有限公司于 2009 年 7 月进口一批货物,

　　提单号: M.AWB: 526-67894532

　　　　　　H.AWB: 02456743

　　品名:电子清纱器和 IBM 计算机

　　数量: 1/1

　　总金额:美元 3300.00

　　原产地:中国香港

　　此次以暂时进出境的贸易方式申报进境。具体用途为:上海电子科技有限公司新产品的测试。我公司向贵局申请出保 20 天,届时在规定期限内按贵局要求申请消保。望贵局予以批准。

　　此致

敬礼!

上海电子科技有限公司

单证 4-4-4　货物暂时进/出境申请书

编号:

　　海关:

　　我单位拟对办理暂时进/出境手续,特向贵关提出申请。

(公章)
年　　月　　日

　　填写规范说明:

　　(1)海关名称。

　　(2)申请暂时进/出境货物名称、规格型号、数量、颜色、品牌。

　　(3)申请单位名称。

单证 4-4-5　货物暂时进/出境海关审批表

海关编号

报关单号		进出境日期	
经营单位名称		报关单位名称	
申请内容			
隶属海关审批意见	经办人:日期:　年　月　日		
	复核意见 　　　　科长:日期:　年　月　日		
	审批意见: 　　　　　关(处)领导:日期:　年　月　日		
直属海关职能部门审批意见	经办人(科长):日期:　年　月　日		
	复核意见: 　　　　处领导:日期:　年　月　日		
	审批意见 　　　　关领导:日期:　年　月　日		

单证 4-4-6　委托书

致上海出入境检验检疫局：

　　我公司上海电子科技有限公司特委托上任琪货运有限公司报检员白松前来贵局办理相关业务，我公司对所提供的产品信息的真实性、合法性承担相关法律责任。

　　特此证明。

上海电子科技有限公司

2009-07-26

单证 4-4-7　暂时进出境货物清单

申请暂时进（出）境单位名称：					
申请人地址及邮政编码：					
联系人：					
联系电话：					
暂时进（出）境货物类别：					
暂时进（出）境货征免税类别：					
申请暂时进（出）境期限：　年　月　日					
序号	商品编码	商品名称	规格型号	数量及单位	货值及币值
一次延期期限：　年　月　日			延期事项：		
二次延期期限：　年　月　日			延期事项：		
三次延期期限：　年　月　日			延期事项：		

申请人（签印）：

年　月　日

单证 4-4-8

Temporary Import and Export Agreement
暂时进出口协议

1. Purpose 目的

This agreement provides that the product mentioned below should be sent to SHANGHAI for now product testing, then should be sent back toc.

根据本协议，下述产品运至上海作新产品测试用，测试结束后将运回香港。

2. Concerning Companies 协议方

（A）Hong Kong Lifengda System CO., LTD.

Address：

（B）Shanghai Electronic Science and Technology CO., LTD.

Address：

上海电子科技有限公司

地址：

3. Concerning Parts 协议商品

1. Description of Soods		2. Quantity	3. Unit price	4. Total amount
YARN CLEANER PI 120	电子清纱器	1	2100.00	2100.00
IBM COMPUTER S50 8086-KCA	IBM 计算机	1	1200.00	1200.00
Total 总价			USD	3300.00

4. The products should be sent back to Hong Kong within 20 days

产品应在 20 天内返回香港。

5. Airfreight should be born by （A）

运输费用由（A）承担。（A）Hong Kong Lifengda System CO., LTD

　Signature

（B）Shanghai Electronic Science and Technology CO., LTD.

上海电子科技有限公司

　Signature

单证 4-4-9　中华人民共和国外港海关货物暂时进/出境申请批准决定书

编号：2225130501206

上海电子科技有限公司：

　　经审核，你单位"货物暂时进/出境申请书"130040083 的申请，符合《中华人民共和国海关法》及《中华人民共和国海关暂时进出境货物管理办法》的有关规定，决定予以批准。

外港海关（盖章）

2009 年 7 月 26 日

填写规范说明：

（1）被告知单位名称。

（2）单位暂时进出境申请书编号。

（3）海关名称。

第一联送当事人

【专业知识】

一、暂准进出境货物概述

1. 暂准进出境货物定义

暂准进出境货物是暂准进境货物和暂准出境货物的合称。暂准进境货物是指进口货物收货人为了特定的目的，经海关批准暂时进境，并在规定的期限内保证按原状复运出境的货物。暂准出境货物是指出口货物发货人为了特定的目的，经海关批准暂时出境，并在规定的期限内保证按原状复运进境的货物。

2. 暂准进出境货物特征

（1）有条件的暂时免予缴纳税费。暂准进出境货物在进出境时，可以不必缴纳进出口的税费。但是要向进出口的海关提供相应的担保，可以是保证金或保函。例如，银行出具的相当于税费金额的保函。

（2）免予提交进出口许可证件。暂准进出境货物不是实际进出口货物，在进出境报关时可以免予交验进出口许可证件。但是涉及公共道德、公共安全、公共卫生所实施的进出境管制制度的暂准进出境货物应当凭许可证件进出境。

（3）规定期限内按原状恢复运进出境。暂准进出境货物为自进境或出境之日起 6 个月内复运出境或复运进境。经过收发货人的申请，主管海关可以根据规定延长复运出境或者复运进境的时间。

（4）按货物实际使用情况办结海关手续。暂准进出境货物都必须在规定的时间内，由货物的收发货人根据货物的实际使用情况向海关办理核销结关手续。具体归纳如图 4-4-1 所示。

3. 暂准进出境货物范围

第一大类：是指经海关批准暂时进境或者出境，在进境或者出境时由纳税义务人向海关缴纳相当于应缴纳税款的保证金或者提供担保可以暂时不缴纳税款，在规定的期限内，复运出境或者复运进境的货物。

第二大类：是指第一类以外的暂准进出境货物。这类货物应当按货物的完税价格和其在境内、境外滞留时间与折旧时间的比例计算，按月或者在规定期限内货物复运出境或者复运进境时征收进出口税的暂准进出境货物。

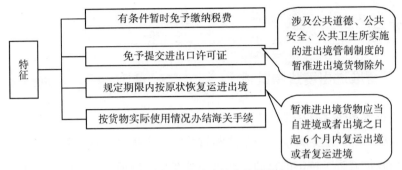

图 4-4-1 暂准进出境货物的特征

下面仅介绍第一大类暂准进出境货物的范围：

（1）在展览会、交易会、会议及类似活动中展示或者使用的货物。

（2）文化、体育交流活动中使用的表演、比赛用品。

（3）进行新闻报道或者摄制电影、电视节目使用的仪器、设备及用品。

（4）开展科研、教学、医疗活动使用的仪器、设备和用品。

（5）上述 4 项所列活动中使用的交通工具及特种车辆。

（6）货样。

（7）慈善活动使用的仪器、设备及用品。

（8）供安装、调试、检测、修理设备时使用的仪器及工具。

（9）盛装货物的容器。

（10）旅游用自驾交通工具及其用品。

（11）工程施工中使用的设备、仪器及用品。

（12）海关批准的其他暂准进出境货物。

以上 12 项暂准进出境货物按照海关监管的方式，分为 4 种监管方式：

第一种方式：使用《ATA 单证册》报关的暂准进出境货物。主要是指上述第（1）项货物。

第二种方式：不使用《ATA 单证册》报关的进出境展览品。主要是指包含在第（1）项货物中的进出境展览品，但不含使用《ATA 单证册》报关的展览品。

第三种方式：集装箱箱体。主要是指上述第（9）项包含在"盛装货物的容器"中的暂准进出境的集装箱箱体。

第四种方式：其他暂准进出境货物。主要是指包含所有 12 项是使用第（1）、第（2）、第（3）种所述的监管方式报关的暂准进出境货物。

二、暂准进出境货物的报关程序

1. 使用《ATA 单证册》报关的暂准进出境货物

（1）《ATA 单证册》的适用范围。《ATA 单证册》仅限于展览会、交易会会议及类似活动的货物。暂准进出境货物范围所包括的 12 项内容里面的第（1）种情况。

（2）《ATA 单证册》制度。《ATA 单证册》制度介绍如下：

1）《ATA 单证册》的含义。《ATA 单证册》是"暂准进口单证册"的简称。"暂准进口单证册"是世界海关组织通过的《货物暂准进口公约》及其附约 A 和《关于货物暂准进口的 ATA 单证册海关公约》中规定使用的，用于替代各缔约方海关暂准进出口货物报关单和税费担保的国际性通关文件。

2）《ATA 单证册》的格式。一份《ATA 单证册》由 8 页 ATA 单证组成：一页绿色封面单证、一页黄色出口单证、一页白色进口单证、一页白色复出口单证、两页蓝色过境单证、一页黄色复进口单证、一页绿色封底。《ATA 单证册》必须使用英语或法语，如果需要，可以同时使用第三种语言印刷。我国海关只接受用中文或英文填写的《ATA 单证册》。用英文填写的《ATA 单证册》，海关可要求提供中文译本。用其他文字填写的《ATA 单证册》，必须随附忠实原文的中文或英文译本。

3）《ATA 单证册》的有效期。《ATA 单证册》的有效期，在我国为 6 个月，超过 6 个月要延期，《ATA 单证册》的持证人可以向海关申请延期。延期最多不超过 3 次，每次延长的期限不超过 6 个月，18 个月延长期届满后仍需延期的，应当由主管直属海关报海关总署审批。延长期届满应当复运出境、进境或者办理正式的进出口手续。

4）《ATA 单证册》的使用。在国际上，《ATA 单证册》的担保协会和出证协会一般是国际商会国际局和各国海关批准的各国国际商会。在我国，中国国际商会是我国 ATA 单证的担保协会和出证协会。

A. 正常使用《ATA 单证册》。持证人向出证协会提出申请，缴纳一定的手续费，并提供担保。出证协会审核后签发《ATA 单证册》，持证人凭《ATA 单证册》将货物在出境国暂时出口，又暂时进口到进境国，进境国海关经查验签章放行，货物完成暂时进口的特定使用目的后，再复运出口，复运出口到原出境国。持证

人将使用过的，经各国海关签注的《ATA单证册》交还给原出证协会。详细流程
如图4-4-2所示。

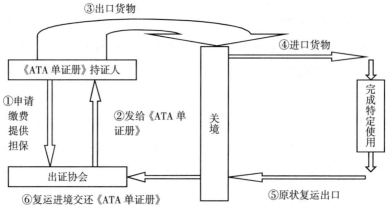

图4-4-2 《ATA单证册》的正常使用流程

B. 未正常使用《ATA单证册》。未正常使用有两种情况：一是没有在规定的
期限内复运出境，产生了暂时进口国海关对货物的征收税费的问题；二是《ATA
单证册》持证人未遵守暂时进境国的有关规定，产生了暂时进口国海关对于持证
人罚款的问题。索赔的程序：暂时进口国担保协会代替持证人垫付了税款或罚款
后，向暂时出口国担保协会进行追偿，暂时出口国担保协会垫付款项后向持证人
追偿，持证人偿付款项或罚款后，索赔流程结束。具体流程如图4-4-3所示。

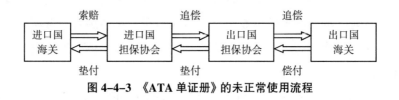

图4-4-3 《ATA单证册》的未正常使用流程

（3）适用《ATA单证册》的暂准进出境货物的报关。适用《ATA单证册》的
暂准进出境货物的报关分以下几种情况：

1）进境申报。进境货物的收货人或其代理人持《ATA单证册》在向海关申报
进境展览品时，先在海关核准的出证协会，例如，中国国际商会以及其他商会，
将《ATA单证册》上的内容预录入与商会联网的ATA单证电子审核系统，然后向
展览会主管海关提交纸质ATA单证、提货单等单证。海关在白色进口单证上签

注，并留存白色进口单证（正联），退还其存根联和《ATA 单证册》其他各联给货物的收货人或其代理人。

2）出境申报。出境货物发货人或其代理人手持《ATA 单证册》向出口海关申报出境展览品时，向出境地海关提交国家主管部门的批准文件、纸质《ATA 单证册》、装货单等单证。海关在绿色封面单证和黄色出口单证上签注，并留存黄色出口单证（正联），退还存根联和《ATA 单证册》其他各联给出境货物发货人或其代理人。

3）过境申报。过境货物承运人或其代理人持《ATA 单证册》向海关申报将货物通过我国转运至第三国参加展览会的，不必填制过境货物报关单。海关在两份蓝色过境单证上分别签注后，留存蓝色过境单证（正联），退还其存根联和《ATA 单证册》其他各联给运输工具承运人或其代理人。

4）担保和许可证。一般不需要提交许可证，也不需要另外再提供担保。特殊情况除外。

（4）《ATA 单证册》项下暂准进出境货物的核销结关。在规定的期限内，将进境展览品和出境展览品复运出境或复运进境，海关在白色复出口单证和黄色复进口单证上分别签注、留存单证正联，存根联随《ATA 单证册》其他各联退持证人，正式核销结关。持证人不能按规定期限将展览品复运进出境的，我国海关向担保协会中国国际商会提出索赔。

2. 展览品

（1）进出境展览品的范围。进出境展览品的范围如下：

1）进境展览品。展览品包含在展览会中展示或示范用的货物、物品、为示范展出的机器或器具所需用的物品、展览者设置临时展台的建筑材料及装饰材料、供展览品做示范宣传用的电影片、幻灯片、录像带、说明书、广告、光盘、显示器材等。与展出活动有关的物品也可以按展览品申报进境。下列与展览会活动有关的物品也可以按展览品申报进境，免征进口关税和进口环节税：①在展览活动中的小件样品。②为展出的机器或者器件进行操作示范被消耗掉或者损坏的物料。③布置或装饰临时展台而消耗的低值货物。④展览会期间向观众散发的免费宣传品。⑤供展会使用的档案、记录、表格及其他文件。

还有一些虽然在展览活动中使用，但不是展览品的货物。其中属于一般进出口货物的范围，进口时应当缴纳进口关税，由进口环节海关代征税。如果涉及进口许可证的，还应交验许可证件。以下是具体的在展览会中征税的货物：①展览会期间出售的小卖品，属于一般进出口货物范围。②展览会期间使用的含酒精的饮料、烟叶制品、燃料，虽然不按一般进出口货物管理，但是海关对这些商品一律征收关税。③其中属于参展商随身携带进境的含酒精饮料、烟叶制品，按进境旅客携带物品的有关规定管理。

2）出境展览品。出境展览品包括国内单位赴境外举办展会或参加外国博览会、展会而运出的展览品，包括与展览活动相关的宣传品、布置品、招待品，等等。与展览活动相关的小卖品、展卖品可以按照展览品报关出境。如果不按规定期限复运进境的，就要办理一般出口手续，交验出口许可证件，缴纳出口关税和环节税。包括以下两种暂准出境货物：①展览品以及与展览活动有关的宣传品、布置品、招待品及其他办公用物品。②与展览品货物有关的小卖品、展览品，属于一般出口货物。

（2）展览品的暂准进出境期限。展览品的暂准进出境期限如下：

1）进境展览品的暂准进境期限是 6 个月，即自展览品进境之日起 6 个月内复运出境。超过 6 个月的，进境展览品的收货人可以向海关申请延期，延期最多不超过 3 次，每次延长期限不超过 6 个月。参展在 24 个月以上展览会的展览品，在 18 个月延长期限届满后仍需要延期的，由主管地直属海关报海关总署审批。

2）出境展览品的暂准出境期限是 6 个月，即自展览品出境之日起 6 个月内复运进境。超过 6 个月的，出境展览品的发货人可以向海关申请延期，延期最多不超过 3 次，每次延长期限不超过 6 个月。参展在 24 个月以上展览会的展览品，在 18 个月延长期限届满后仍需要延期的，由主管地直属海关报海关总署审批。延长期限不过 6 个月。

（3）不使用《ATA 单证册》的展览品进出境申报。不使用《ATA 单证册》的展览品进出境申报如下：

1）进境申报。展览品进境前，展览会主办单位应当向主管地海关提交有关部门备案证明或举办展览会的批准文件以及展览品清单等，办理备案手续。展览品的进境申报手续可以在展出地海关办理。从非展出地海关进境的，可以采用转关运输的方式，将展览品在海关监管下从进境地口岸转关至展出地主管海关办理申报手续。展览会主办单位或其代理人应当向海关提交报关单、展览品清单、提货单、发票、装箱单等。展览品中涉及检验检疫等管制的货物，还应当向海关提交有关许可证件。展览会主办单位或其代理人向海关提供担保。

2）出境申报。展览品出境之前，展览会主办单位应向主管地海关提交有关部门备案证明或批准文件以及展览品清单等相关文件。在境外举办展览会或参加国外展览会的企业应向海关提交国家主管部门的批准文件、报关单、展览品清单一式两份等单证。展览品属于应当缴纳出口关税的，向海关缴纳相当于税款的保证金；属于核用品、核两用品及相关技术的出口管制的商品，应当提交出口许可证。海关对展览品进行开箱查验，核对展览品清单。查验完毕，海关留存一份清单，另一份封入关封交还给发货人或其代理人，凭此办理展览品复运进境的申报手续。

（4）展览品的核销阶段。展览品必须在规定的期限内复运出境，海关分别签发报关单证明联，凭此向主管海关办理核销结关的手续。

进境展览品在展览期间被人购买的，出口展览品在境外参加展览会后被销售的，或展览品被放弃或赠送的，按照一般进出口货物办理进出口报关手续。在展览会展出期间被损毁的展览品，海关根据其损坏程度进行估价征税。在展览期间丢失或被盗窃的展览品，海关按照进出口同类货物征收进出口关税和环节税。

3. 集装箱箱体

集装箱箱体既是一种运输工具，又是一种货物。当货物用集装箱装载进出口时，集装箱箱体就是一种运输工具；当集装箱作为商品被购买或者销售出口时，集装箱就是一种货物。这里介绍的是通常作为运输工具暂时进出境的集装箱箱体。

境内生产的集装箱及我国营运人购买进口的集装箱投入国际运输前，营运人应当向其所在地海关办理登记手续。无论是否装载货物，海关准予暂时进境和异地出境，营运人或者其代理人无须对箱体单独向海关办理报关手续，进出境时也不受规定的期限限制。

境外集装箱箱体暂准进境，无论是否装载货物，承运人或者其代理人应当对箱体单独向海关申报，并应当于入境之日起 6 个月内复运出境。因特殊情况不能复运出境的，向暂准进境的海关提出延期申请，经海关核准后可以延期，但是延期不超过 3 个月。

4. 暂时进出境货物

（1）范围。暂不缴纳税款的一共有 12 种货物，除了使用《ATA 单证册》报关的货物和不使用《ATA 单证册》报关的展览品、集装箱箱体以外，其余的都属于暂时进出口货物的范围。

（2）暂时进出口货物的期限。应当自进境或出境之日起 6 个月内复运出境或者复运进境，超过 6 个月的可以向海关申请延期，延长最多不超过 3 次，延长期限最长不超过 6 个月。18 个月延长期限届满后仍然需要延期的，由主管直属海关报海关总署审批。

（3）进出境申报。进出境申报如下：

1）暂时进口货物进境申报。暂时进境货物进境时，收货人或其代理人应当向海关提交主管部门允许货物为特定目的而暂时进境的批准文件、进口货物报关单、商业及货运单据等，向海关办理暂时进境申报手续。暂时进境货物不必提供进口货物许可证件，但有特殊规定的除外。例如，国家规定需要实施检验检疫的，或为公共安全、公共卫生等实施管制措施的，仍应提交有关的许可证件。暂时进境货物在进境时，暂时免交进口税，但要向海关提供担保。

2）暂时出口货物出境申报。暂时出口货物出境时，发货人或其代理人应当向海关提交主管部门允许货物为特定目的而暂时出境的允许暂时出境的批准文件及相关的单据，向海关办理暂时出境申报手续。暂时出境货物，除易制毒化学品、监控化学品、消耗臭氧层物质等出口管制条例管制的商品以及其他国际公约管制的商品外，不需交验许可证件。

（4）核销结关。核销结关有以下几种情况：

1）复运进出境。暂时进出境货物复运出境或复运进境，进出口货物收发货人或其代理人必须留存由海关签章的复运进出境的报关单以备报核。

2）转为正式的进口。暂时进出境货物因特殊情况，改变特定的暂时进出境目的转为正式进出口，进出口货物收发货人或其代理人应当向主管地海关申请，按照规定提交有关许可证件，办理货物正式进口或出口的报关纳税手续。

3）放弃。暂时进出境货物在境内完成暂时进境的特定目的后，如货物的所有人不准备将货物复运出境的，可以向海关申明将货物放弃，海关按放弃货物的有关规定处理。

4）核销结关。暂时进出境货物在报关后续阶段均应按货物的实际去向，提供有关的单据、单证核销结关，办理核销结关手续或相关手续，海关退还保证金等。复运进出境的凭复运进出境报关单核销结关；转为正式进口的提交相关许可证件，缴纳税费；放弃的按放弃货物处理。

三、典型工作项目演示

1. 案例

日本三菱公司进境参展：2012 年 10 月 15 日在广州举办广交会，日本三菱公司应邀参加展览，展览的货物包括电子机械、宣传印刷品、说明书、演示消耗材料等，装运货物的运输工具在 9 月 25 日由集装箱装运进境。

在广交会期间，三菱公司向看展经营商分发了很多的免费宣传印刷品和说明书等资料，并进行了电子机械的现场演示，使用了部分的演示用消耗材料。

2012 年 11 月 20 日展出结束后，应长沙某主办方的要求，电子机械将于 2013 年 4 月 21 日赴长沙展出，在这期间，电子机械展品一直保存在国内，2013 年 4 月 21 日电子机械按时转关至长沙参展，其间部分被国内某公司购买，2013 年 4 月 25 日，展出结束，剩余电子机械、演示消耗材料运回广州，复运出境。当事人向海关办理相关手续。

2. 工作任务

任务 1：判断海关监管货物的类型。

任务 2：办理相关海关业务。

3. 任务实施

（1）任务 1：判断海关监管货物的类型。该批电子机械属于暂准进出境货物。因为是广交会的参展货物，所以该货物属于适用《ATA 单证册》报关的货物。

（2）任务 2：相关海关业务。与海关相关的业务如下：

1）申领《ATA 单证册》。三菱公司在参加展会前 9 月 1 日，向中国国际商会广州分会提交申请，交保证金，申领《ATA 单证册》，公司于 9 月 10 日取得《ATA 单证册》。

2）审批备案。进境展览由境内展出单位的上级主管部门审批。因此，三菱公司派代理人到广州商务部（或人民政府）审批。凭商务部（或人民政府）的有关批件，展品清单及其他展出资料到广州海关展览物品主管部门备案。

3）进境报关。物品到港后，报关员先将中国国际商会广州分会《ATA 单证册》上的内容预录入与商会联网的 ATA 单证电子审核系统，然后向主管展览会的黄埔海关提交纸质 ATA 单证、装箱单、发票、提货单等相关单证报关。取得海关签注的白色进口单存根联和签章的提货单，凭此提货。在布置展出时，陪同海关查验，负责搬移货物、开拆包装或重封包装。

4）办理延期手续。该批电子机械存储期限已经超出了 6 个月，三菱公司在 2 月 10 日向中国国际商会广州分会递交申请提交"货物暂时进/出境延期申请书"及相关单证，办理续签 ATA 单证手续，同时长沙展会主办方向长沙海关办理申请延期手续，取得长沙海关的"中华人民共和国海关货物暂时进/出境延期申请批准决定书"。

5）办理转关。凭长沙展出单位上级主管部门的批件、展出清单及其他资料到长沙海关备案。向长沙海关提前报关转关或向广州海关申请办理直接转关的转关运输手续。

6）内销货物进口报关。该批电子机械在长沙被国内某企业购买，按照货物的实际流向，由原来的暂准进出境货物变成了实际进口货物，此时按照一般进口货物办理报关纳税手续，涉及许可证管理的，购买方负责向海关提供许可证件。

7）办理转关。向黄埔海关提前报关转关或向长沙海关申请办理直接转关的转关运输手续。

8）出境报关。报关员持国家主管部门的批准文件、纸质《ATA 单证册》、装货单等单证向黄埔海关报关，海关在绿色封面单证和黄色出口单证上签注，并留存黄色出口单证（正联），退还存根联和《ATA 单证册》其他各联给报关员，正常结关。

参考文献

［1］海关总署报关员资格考试教材编写委员会. 报关员资格全国统一考试教材［M］. 北京：中国海关出版社，2013.

［2］中国海关报关实用手册编写组. 中国海关报关实用手册［M］. 北京：中国海关出版社，2013.

［3］海关总署关税征管司. 中华人民共和国进出口税则［M］. 北京：中国海关出版社，2012.

［4］海关总署关税征管司. 中华人民共和国海关进出口商品规范申报目录［M］. 北京：中国海关出版社，2012.

［5］季琼，刘海源. 报关与报检实务（第二版）［M］. 北京：高等教育出版社，2012.

［6］郑俊田，徐晨，刘文丽. 报关单填制与商品归类技巧专项训练［M］. 北京：对外经济贸易大学出版社，2013.

［7］邢娟，陈鼎. 进出口报关综合实训［M］. 上海：立信会计出版社，2012.

［8］刘笑诵. 报关原理与实务［M］. 北京：中国人民大学出版社，2011.

［9］刘北林，周雅璠. 报关实务［M］. 北京：科学出版社，2011.

［10］海关总署报关员资格考试教材编写委员会. 报关员资格全国统一考试历年试题标准答案及详解［M］. 北京：中国海关出版社，2013.

［11］章艳华，张援越，徐炜，席坤伦. 报关综合实训［M］. 北京：中国海关

出版社，2014.

[12] 报关水平测试教材编写委员会编. 报关业务技能 ［M］. 北京：中国海关出版社，2014.

[13] "关务通·加贸系列"编委会编著.《中华人民共和国海关审定内销保税货物完税价格办法》实用指南 ［M］. 北京：中国海关出版社，2014.

[14] "关务通·监管通关系列"编委会编著. 便捷通关一本通 ［M］. 北京：中国海关出版社，2013.

[15] "关务通·监管通关系列"编委会编著. 通关典型案例启示录 ［M］. 北京：中国海关出版社，2013.

[16] 中华人民共和国海关总署网站，http：//www.customs.gov.cn/.

[17] 中国电子口岸网，http：//www.chinaport.gov.cn/.

[18] 中华人民共和国商务部网站，http：//www.mofcom.gov.cn/.

[19] 国家外汇管理局网站，http：//www.safe.gov.cn/.

[20] 中国海关律师网，http：//www.customslawyer.cn/.

[21] 百度文库，http：//wenku.baidu.com/.

[22] 豆丁网，http：//www.docin.com/.

[23] 中华考试网，http：//www.examw.com/.

[24] 56 考试吧报关员考试网校，http：//www.exam8.com/zige/baoguanyuan/wangxiao/.